国家开放大学
THE OPEN UNIVERSITY OF CHINA

社区心理学

孟　莉　主　编

中央广播电视大学出版社·北京

图书在版编目（CIP）数据

社区心理学/孟莉主编 . -- 北京：中央广播电视
大学出版社，2016.1（2017.5 重印）
ISBN 978 - 7 - 304 - 07653 - 5

Ⅰ.①社… Ⅱ.①孟… Ⅲ.①社区服务—心理学—开
放大学—教材 Ⅳ.①C916 - 05

中国版本图书馆 CIP 数据核字（2015）第 314827 号

社区心理学

SHEQU XINLI XUE

孟　莉　主编

出版·发行：中央广播电视大学出版社
电话：营销中心 010 - 66490011　　　总编室 010 - 68182524
网址：http://www. crtvup. com. cn
地址：北京市海淀区西四环中路 45 号　邮编：100039
经销：新华书店北京发行所

策划编辑：安　薇　　　　　　　版式设计：赵　洋
责任编辑：宋　莹　　　　　　　责任校对：张　娜
责任印制：赵连生

印刷：北京市平谷早立印刷厂
版本：2016 年 1 月第 1 版　　　2017 年 5 月第 3 次印刷
开本：787mm×1092mm　1/16　　印张：13.5　字数：300 千字

书号：ISBN 978 - 7 - 304 - 07653 - 5
定价：26.00 元

前 言 PREFACE

"社区心理学"是国家开放大学公共事业管理（教育管理与社会教育）专业（专科）学生的一门必修课程，3 学分，课内 54 学时。

随着我国改革开放的社会变革，近年来，"小政府大社会"已经成为重要的社会理念之一，也是重要的社会管理改革方向，并且正逐步通过多种途径方式付诸实践。与此相适应，社区的建设发展和社区教育的作用也日益被重视，国家也发布了众多的相关法规和文件，建议设立社区教育组织，优化教育环境，提升全民素质。从目前我国社会发展状况看，社区越来越可以承担包括教育功能在内的多种功能。关注社区，在社区内实施社会教育，应引起高度重视。国家开放大学开设这门课程，正是为了适应这样的社会发展背景的需要。

社区心理学是以社区为平台，以人为对象，以心理学、社会学、教育学等学科为基础，揭示社区中的个体和群体的心理问题，解决工业化进程中人的心理问题的一门应用学科。

社区心理学在我国还是一个新领域。在社区心理学发展成熟的美国，其社区结构、发展历史和社区管理模式与我国有很大的不同。本教材在介绍国外社区心理学学科的同时，尽量增加我国的相关资料，注意比较国内外的异同，使本教材更能与我国实际相结合。本教材也力图将"社区"和"教育"相结合，使之更适合教育管理与社会教育专业的学生学习和使用。本教材在结构上与以往教材不同，主要由三个部分组成：第一章、第二章，是对社区心理学的基础知识和基本理念的介绍；第三章、第四章、第五章，是从社会生态的微观、中观、宏观视角对社区中个体心理进行描述；第六章、第七章、第八章，注重讲解社区心理学知识在实际运用中的主要问题。在编写教材时，编者在每章正文前后设置"本章概要""学习目标""学习建议""引言""本章回顾"（包括"内容小结"与"关键词"）、"思考与练习"几个部分。其中，正文是每章的主体，正文中穿插"资料窗"，利于理论联系实践，启发学员思考。

在课程开发中，本课程采用"文字教材、视频教材、微课程、网络课程"的立体化课程建设模式，以期达到教学效果最优化，提升社区心理学在我国社会发展与学科建设中的作用与地位，适应社会成员对个人品质生活的需求，促进社会和谐。

孟 莉

2015 年 10 月于北京建筑大学

目 录 CONTENTS

第一章 社区心理学概述

CHAPTER

本章概要

社区是每个人生存的最基本的场所，也是提升个人身心健康水平、完善社会功能的重要场所。社区不仅是我们满足基本吃、住、睡等基本需求的物理空间，而且实际上承载着更为重要的、内涵深刻的社会功能。社区心理学家的研究不断证明，良好的社区归属感、更多的社区参与，与个人的身心健康和幸福感有高度的正相关关系；与物质依赖、学生出勤等个体的适应问题也密切相关。

本章首先阐述了社区的定义，强调社区服务对个人、对社会的价值和意义，然后阐述了心理健康的基本概念和内容。在此基础上，详细介绍了社区心理学。社区心理学是心理科学和心理健康在社区应用中所形成的一门学科，关注行动与社会参与，以促进社区内的个体健康和良好的社区归属感和社区氛围。社区心理学于 1965 年诞生，目前已成为极有影响力的一个心理学分支学科，形成了本科、硕士、博士培养体系，并将继续发挥重要作用，以促进个体的幸福和社会的进步。

学习目标

理解社区、社区管理、社区心理学等基本概念，以及三者之间的相互联系。

了解社区管理、心理健康在社区中的运用，了解社区心理学产生的社会背景，了解社区心理学在世界各地的发展状况。

掌握社区心理学的基本概念，掌握社区心理学研究的主要内容。

在理解和掌握上述学习目标的基础上，根据自己所学的相关知识，对自己熟悉的某个社区进行调查，提出可能的改善建议；或者对某个自己关注的学生，从社区心理学的视角搜集相关资料，整理自己在此过程中的一些态度变化。

学习建议

利用各种资源，扩展自己对社区和心理健康这两个主题的认识，例如，可以主动找社区的管理者了解情况。

社区心理学是一门行动取向的学科，所以，不必太多地关心概念的精确和不同，要将注意力更多地转向实际做了什么，可以做什么。

➡ 引　言

"我们每一个人都是在社区中出生、长大、成家甚至死亡的。"当听到这句话并且还没有深思熟虑的时候，你一定觉得这是对的，因为事实也正是如此。但是，如果我们接着询问："你能描述一下你生活的社区吗？""你认为社区对你的影响是怎样的？"……面对需要更多思考才能回答的问题，相信许多人的答案是不一致的，有的人会说到家庭，有的人会说到南方与北方或者城市与乡村，有的人会描述自己的学校经历和工作经历对自己的影响，但真正能够清晰地描述自己所生活的社区是如何影响自己的其实很少。是的，社区就是这样的一个概念，似乎人人都知道，但又无法准确地定义；我们好像感觉到社区和我们的关系很密切，但仔细想来，又无法清晰地描述这种关系。社区心理学希望通过社会生态的视角和个人视角的交互来帮助人们更清晰地认识这个问题，以帮助个人认识到社区对个人的重要性和价值，帮助社区认识到如何更好地了解和服务社区中的个人，最终促进社会与人的发展和成长。

第一节　社区与社区服务

一、社区及其类别

随着经济上的改革开放，工业化、城市化成为我国社会发展的重要特征，在这个过程中，形成了大规模、大数量的社区。与此同时，人们的社会身份也发生了巨大的变化。此前，人们的社会身份与自己的工作单位（在农村表现为生产队）密切结合在一起，人们不仅在单位工作，同时，住房、娱乐、婚姻关系、政治表现、子女出生、疾病、死亡等与工作没有直接关系的生活内容，也由单位大包大揽，这一现象被称为"单位人"的社会管理模式。也就是说，单位不仅管理个人的工作，更要全面地管理个人社会生活的方方面面。但是，随着改革开放带来的社会变化，人群流动性增强，以公司为特征的市场化管理增多，这种"单位人"的社会管理模式的作用越来越有限。由于工作单位与个人的双向选择性，居住场所、居住方式的多样化，越来越多的人与工作单位主要是一种工作关系，而个人更多的社会需求、社会属性、社会管理需要社会来承担。作为社会管理的最基层组织，社区开始承担越来越重要的社会职责，个人与社区的关系也更加密切。为适应这种转变，党和政府在近些年来也越来越重视城乡社区建设。本节中，我们将从社区的概念入手，描述我国目前的社区和社区管理状况。

(一) 社区的概念

在了解社区这个概念时，我们最容易联想到的就是空间居住地。实际上，社区是一个引入时间很短的外来词汇。在我国的社会发展历史中，我们更熟悉的居住地一般指村、街、坊、单位。20 世纪 30 年代，我国著名的社会学家费孝通先生在翻译德国社会学家费迪南德·滕尼斯 (Ferdinand Tönnies) 的 Community and Society (1887) 一书时，将书名翻译为《社区与社会》，自此以后，"社区"一词才渐渐在我国使用起来。而社区真正开始受到重视，其实是我国改革开放以来社区开始承担更多的社会职责后的事情。

"社区" (community) 一词的拉丁语词根来源有两个，"com"的意思是"一起的，共同的"，"mun"的意思是"公共的，感情亲密的"，合起来有"共同的东西和亲密的伙伴关系"的意思，其中既有共同空间、共同物质的因素，也有在此因素下产生的感情上的亲近和交往的密切。滕尼斯所说的是指"由具有共同的习俗和价值观念的同质人口组成的，关系密切的社会团体或共同体"，因此，"community"一词也被翻译为"共同体""集体""公社"等。虽然滕尼斯提出"社区"这个概念已经一百多年了，学者们对这个概念也进行了各个角度的研究和探讨，但直到今天，还无法用一个"最准确"的概念来对其进行界定。这一方面可能是由于概念中隐含了丰富的内涵，另一方面也许是因为这个概念真正体现了一个社会学的重要现象，因为社会学绝对不是一个能够用单一变量、单一对象、单一情境来界定的学科。也许，最有价值的研究不是对社区概念的准确描述，而是我们在尝试准确描述的过程中对社区产生的更为深刻、全面的认识。

对于社区的概念，可以从地理的角度理解，也可以从具体的某个小社会的角度理解，还可以从文化历史的角度理解。也有学者从"社"（人际关系角度）和"区"（地域角度）的交集来界定社区。

为了使大家更好地理解社区的概念，我们先列举几个已有的概念。

美国芝加哥大学的社会学家罗伯特·E. 帕克 (Robert Ezra Park，1921) 是最早给社区下定义的学者，他认为社区是"占据在一块被或多或少明确地限定了的地域上的人群汇集"，"一个社区不仅仅是人的汇集，也是组织制度的汇集"。在这个概念中，社区包含地域、人群、制度三个要素。

世界卫生组织 (World Health Organization，WHO) 在 1974 年的社区卫生报告中曾这样定义："社区是指一个固定的地理区域范围内的社会团体，其成员有着共同的兴趣，彼此认识且互相来往，行使社会功能，创造社会规范，形成特有的价值体系和社会福利事业。每个成员均经由家庭、近邻、社区而融入更大的社区。"这个概念认为社区不仅具有地域、人群、制度三个要素，还特别强调社区内彼此的互动，以及在互动基础上形成的规范或制度，并关注到大的社区是由小的社区构成的这种层次关系的存在。

我国第一本《社区心理学》的作者刘视湘认为，"社区是某一地域里个体和群体的集合，其成员在生活上、心理上、文化上有一定的相互关联和共同认识"[①]，强调地域、个体

[①] 刘视湘：《社区心理学》，3 页，北京，开明出版社，2013。

和群体、成员的相互关联。

据统计，目前对社区的各种定义有 100 种以上，但归纳起来可以分两大类：一类是功能主义观点，强调社区的社会作用，认为社区就是由有共同目标、共同利益关系的人组成的社会共同体；另一类是地域视角观点，强调社区的地理划分特性，认为社区是指在一个地区内共同生活的人群。前者强调的是社区的"社会性"的一面，看到了虽然可以从地理特征上对社区进行硬性区分，但并不能凸显社区的社会功能；在某种意义上看，社区是社会管理的一个最基本的单位，因此需要重视社区的社会意义和功能。后者强调的是社区的"区域性"的一面，试图将社会性界定在某一个客观的边界内；如果不关注区域性，社区与社会就很容易混为一谈，就削弱了社区这个概念的意义。这两个观点提醒我们，在运用"社区"这个概念时，既要注意区域特性，也要注意区域的社会性。

我们尝试从这些定义中的共同点来认识社区。

第一，社区是由一定数量的人组成的。一定数量的人应该是社区与社会的重要区别——社会人员可以数量极大，社区人员则应该有一定的限制，但也不能过少。例如，我们无法把一个城市看作一个社区，也无法把十几个人或者几十个人看作一个社区。但这个数量的界线又无法清晰地划定。所以，社区的人数应该大于家庭、家族的人数，但又不应该涵盖太多人口。

第二，社区应该有一个地理边界范畴。无论是城市的"社区"，还是农村的"村庄"，最显著的特征都是有清晰的地理划分。地理划分也许可以被认为是社区最客观、最鲜明的特征，但由于社区是一个社会学的概念，单纯的地理特征无法完全体现社区更丰富的内涵。但无论如何，地理边界是社区最容易被理解的特征。

第三，社区是一个有松散组织的正式的社会单元。虽然从表面上看，人们居住在某个村庄、社区，最重要的角色是居住者，但实际上，任何一个村庄、社区都设有正式的管理组织。只是由于我们的社区建设时间还比较短，普通居民对社区管理的重视程度根本无法和工作单位相比较。这说明，社区虽然是严格的社会管理单位，但相对于工作单位管理和更高级别的政府管理来说，显得比较松散。

第四，社区互动是社区的重要特征。社区的"社会"特性，是指在一定的地理边界所界定的社区内人口之间，由于共同的经济利益或社会利益所产生的各种正式或非正式的、全体或部分的、自发或规定的、密集或松散的、长期或偶尔的丰富互动，并在互动中产生认同感、归属感。这种社区互动既可能是出于社区内人口共同的经济利益需要，也可能是出于社区内人口的情感交流需要。

第五，社区也有时间特征。无论是老旧社区还是新建社区，一旦形成，都会存在较长甚至相当长一段时间，社区的存在时间具有持续性和持久性。而社区感常常也意味着社区成员由于在社区生活较长时间产生的归属感和认同感。虽然人们不一定会因为单纯的时间维度自然而然地产生社区感，但时间是社区感产生的一个重要维度。

第六，社区具有自身的文化特性。由于历史、教育等的影响和风俗习惯的延续，每一个社区都具有不同风格的文化特点，以区别于其他社区甚至邻近社区。社区的文化制度可以引导、调整、干预社区中人们的行为方式。由于不同社区的经济条件、社会条件、历史传统不同，不同社区的居民在人际交往、业余生活、生活习惯、生活节奏等方面都会形成各自不同的特点，使社区具有自身的文化特性。

我们对社区概念的实际运用，可能只偏重于上述某一个或某几个特征，也可能涵盖所有特征。例如，以流动人口为主的社区，可能更多地表现为地理特征的社区；由改革开放前的大型国有企业或机关单位所构成的社区，可能具有上述六个方面的特征；在城市化进程中出现的新建社区，地理特征和人口特征可能更为突出，而缺少归属感与认同感。

在我国当前的社会转型历程中，政府在社会管理层面越来越重视社区（乡村）工作，社区（乡村）是最基层的政权管理，也是提升社会管理水平、创新社会管理机制的重要场所。特别是近十年来，国务院、民政部就社区建设、社区管理、社区法规等方面问题不断出台各种文件和政策，社区以及社区建设已经进入一个回应社会发展需求、改善社会管理水平、提升公民社会素质的重要阶段。与此同时，我国的社区建设也面临许多问题：居民主动性低，社区归属感差，社区组织能力弱，缺乏对社区心理学的关注和重视，等等。

（二）社区的类型

1. 小型社区、中型社区和大型社区

根据社区人口的规模大小，可以将社区分为小型社区、中型社区和大型社区。小型社区一般指社区人口数量在 3 000 人以下的社区，中型社区一般指人口数量在 5 000 人以下的社区，大型社区一般指人口数量在 5 000 人以上的社区。但在实际执行中，这些数量界定只是相对概念。例如，一个人口数量为 6 000 人的社区，如果是在一个社区规模比较大的大型城市中，可能就会被看作一个中型甚至偏小型的社区；但如果是在一个中小型城市中，就可能被认为是一个偏大型的社区。此外，如果一个社区容积率很高，即虽然人口比较多，但社区地域面积比较小，既可能被根据人口看作一个偏大型的社区，也可能被根据面积看作一个偏小型的社区。因此，规模大小，也是一个动态的相对的与社区所处地区、社区管理方式相联系的区分维度。

2. 城市社区和农村社区

根据社区所处的地理区域，可以将社区分为城市社区和农村社区。虽然现在一些城市也有所谓"城中村"，一些乡村的基础条件建设已经优于城市社区，但在我国的社会管理体制中，对城乡的管理和划分还是非常严格的。城市社区的管理机构是街道，农村社区的管理机构是乡镇。同时，可能有些城市人口会在某个农村社区购买房屋或长期租住，有些农村人口也可能会在城市社区购买房屋或长期租住，但城市社区和农村社区的管理还是以户口所在的居住地管理为主的。

3. 虚拟社区和真实社区

随着网络的发展，越来越多的人有了自己的网络社区身份，如在微信群、论坛、贴吧、游戏社区等，也会产生影响力、认同感、信息交流等真实社区的一些功能。虚拟社区虽然也需要一些身份认证等进入条件，但与真实社区的特点非常不同。

4. 居住社区与其他社区

提到社区，人们的第一反应往往是生活居住地，但在我国城乡行政管理上，以及学者们的社区研究视角中，我们所工作的学校、机关、军队、公司等，虽然名称上不叫作社区，也没有社区居委会的设置，但也具备社区的基本特征，例如人口数量、地理界线、归属感等。这些社区也可以被称为工业社区、商业社区、政治社区等。

"中国社区"标识使用管理办法①
（民发〔2012〕125 号）

第一条　为促进"中国社区"标识在城乡社区的推广使用，提高城乡社区建设的规范化、标准化水平，提升城乡社区的整体形象，特制定本办法。

第二条　本办法所称"中国社区"标识，是指由民政部发布、识别城乡社区服务设施和社区工作者的标志。

第三条　"中国社区"标识所有权属于民政部，并经国家工商行政管理总局作为官方标志备案。

未经民政部同意，任何单位和个人不得将与该标识相同或者近似的图案作为商标注册和使用。

第四条　"中国社区"标识使用管理实行分级负责制。民政部负责全国范围内"中国社区"标识的宣传推广并对标识管理工作进行指导、监督。

县级以上地方各级人民政府民政部门负责本行政区域内的"中国社区"标识管理。上级民政部门对下级民政部门的"中国社区"标识管理工作进行指导、监督。

第五条　"中国社区"标识样式由民政部统一规定。"中国社区"标识中的图案与文字是完整的统一体，不能拆分或者变相拆分使用。

各级民政部门应当根据规定样式使用"中国社区"标识，可以按比例放大或者缩小，但不得变更"中国社区"标识的图案组成、文字字体、图文比例、颜色标准等。

"中国社区"标识由县级以上地方各级人民政府民政部门负责统一印制或者监制。

第六条　城乡基层党组织、城乡基层群众性自治组织和城乡社区工作者，社区群团组织、社区志愿互助组织、其他社区社会组织和驻社区单位，有权使用"中国社区"标识。

第七条　城乡社区党组织、城乡基层群众性自治组织需要在办公场所、城乡社区服务设施和城乡社区公共空间使用"中国社区"标识的，应当在明显位置统一安装使用。

"中国社区"标识可以应用于社区工作者胸牌、徽章、办公桌标，以及各种和社区建设有关的公益活动、会议、宣传用品、媒体资料和相关出版物等。

第八条　县级人民政府民政部门应当定期对本行政区域内的"中国社区"标识使用情

---

① 中华人民共和国民政部，http：//www. mca. gov. cn/article/zwgk/tzl/201207/20120700336140. shtml，2012－07－23。

况进行检查，对不符合规定的使用情形，应当责令纠正。

第九条　有下列侵害"中国社区"标识合法权益情形之一的，应当立即停止侵害；造成损失的，应当承担赔偿责任：

（一）故意贬损、毁坏"中国社区"标识的；

（二）未经批准擅自制作"中国社区"标识的；

（三）在与社区建设无关的活动、场所中擅自使用"中国社区"标识，或者在物品上冒用标识的；

（四）使用"中国社区"标识进行营利性活动的；

（五）其他侵犯"中国社区"标识专用权的情形。

二、社区组织与社区管理

（一）社区组织

社区是社会管理的基层单位。为了满足社会发展的需要，有效地进行社会管理，维护和稳定社会环境，在适应我国国情和历史发展的基础上，目前我国已经建立了一整套社区管理的组织机构。其中最高的行政组织机构是民政部下属的基层政权和社区建设司，在城市，最基层的组织机构是街道办事处的社区建设科（也有社区管理科、社区发展科等名称），街道办事处向社区派出具体工作人员，街道办事处负责为各个社区建立社区工作站，帮助社区成立居民委员会；在农村，最基层的社区组织是由乡镇政府派驻各村的村民委员会。

就基层社区本身的管理而言，社区的工作人员包括街道办事处正式招募的社区工作者，街道办事处因工作需要不定期聘请的信息员、医保员等，街道办事处招募或政府购买岗位的社会工作者，以及街道开发的各类公益性岗位工作人员。

除上述社区管理组织外，社区还有基层党支部。社区中的社区党支部和社区工作站是社区内的正式组织，分别对应着街道（乡）党委和街道（乡）政府，是党和政府最基层的工作机构。近年来，为形成"小政府大社会"的社会管理新格局，党和政府也大力推动和鼓励在社区内建立各类非正式组织——各类社会组织，特别是鼓励在社区内成立各种公益类、自治性的社会组织，在社区内提供更为丰富的各类服务，以满足社区居民的多样化需要。

这里要特别介绍一下居（村）民委员会。在过去的管理模式下，居（村）民委员会一直扮演行政管理者的角色，代表政府在社区内落实各项工作。1989年通过的《中华人民共和国城市居民委员会组织法》（简称《城市居民委员会组织法》）明确规定"居民委员会是居民自我管理、自我教育、自我服务的基层群众性自治组织"，2010年通过的《中华人民共和国村民委员会组织法》（简称《村民委员会组织法》）明确规定"村民委员会是村民自我管理、自我教育自我服务的基层群众性组织"，要求通过民主选举过程产生居（村）民委员会。虽然目前很多地区在实际运行中可能仍然存在管理混乱的情况，但在社区内建立政府派出人员、党组织、居委会"三位一体"的管理结构，是政府正在努力推进的重要工作内容。就农村社区来说，村民委员会是乡镇政府的代表组织，村小组是村民的自治组织，再加上村党支部，构成了乡村的"三位一体"的管理结构。

(二) 社区管理

社区管理是指党和政府自上而下地对社区所开展的各项工作。而社区居委会或社区社会组织，主要是自下而上地对社区开展补充性、丰富性的服务工作。无论是正式组织还是社会组织，无论是政府派出的还是居民选举的，其进行社区管理的最终目的都是为居民提供更多、更好的社会服务，通过社区提升居民的社会素养，化解社会矛盾，维护社会稳定，促进社会和谐，推动社会进步。社区管理具有"麻雀虽小，五脏俱全"的特点，同时，由于社区组织的松散性特点，社区管理的实际工作显得十分烦琐。根据目前社区的实际情况，一般而言，社区管理主要包含党建宣传，就业服务，社区救助服务，社区卫生和社区计划生育工作，社区文化、教育、体育服务，社区流动人口管理和服务，社区安全服务与综合治理等工作。

（1）党建宣传：主要通过各种宣传媒体，促进和完善基层党组织建设，进行社区党员管理和社区宣传。

（2）就业服务：目的是为社区内适龄人口或无法就业的人口提供各种服务。可以开展社区内就业或再就业咨询、就业或再就业技能培训、就业岗位信息提供、公益性岗位开发等工作，为失业人员自谋职业或自主创业创造条件，促进和帮助低保人员就业。

（3）社区救助服务：落实相关社会福利政策，如低保人口核实与补贴落实，以及动态管理，落实"应保尽保"，落实高龄人口补助、残疾人口救助、留守儿童服务、伤残军人优抚等，加快发展居家养老服务，大力发展社区慈善事业。

（4）社区卫生和社区计划生育工作：建立健全以社区卫生服务中心（站）为主体的社区卫生和计划生育服务网络，为每3万~10万名居民设立一所社区卫生服务中心（站）。开展爱国卫生教育、社区居民卫生教育等。为社区居民提供医疗保险缴费、医疗救助等服务。以妇女、儿童、老年人、慢性病人、残疾人、贫困人口为重点，为社区居民提供健康教育、预防、保健、康复服务，以及一般常见病、多发病、慢性病的诊疗服务。实施辖区内实际居住的人口登记、暂住人口流动管理、办理准生证、生育教育等计划生育工作。

（5）社区文化、教育、体育服务：设立方便社区居民开展阅读、健身等文体活动的场所，调动社区资源、力量，支持和保障社区内中小学校开展素质教育和社会实践活动，为青少年和儿童健康成长创造良好的社区环境。

（6）社区流动人口管理和服务：按照"公平对待、合理引导、完善管理、搞好服务"和"以现居住地为主，现居住地和户籍所在地相互配合"的原则，与户籍人口同宣传、同服务、同管理，为流动人口的生活与就业创造好的环境和条件。

（7）社区安全服务与综合治理：加强社区警务室建设，依托社区居委会等基层组织，挖掘和利用社区资源，加强群防群治队伍建设。深入开展法制宣传教育和咨询服务活动，建立社情民意反馈工作机制。组织开展以社区保安、联防队员为主体，专职和义务相结合的"巡逻守望、看楼护院"活动。建立有效的矛盾纠纷排查、调处机制，加强对刑满释放人员、监外执行人员和不良行为青少年的帮助和转化工作。配合安监部门排查社区内居民生活和商业活动、工作生产中的各种隐患。

(8) 其他社区工作：各类统计上报工作，民兵及征兵工作，团委、妇联、老龄委等各类社会组织的相关工作，以及政府临时性的各类工作。

三、社区中的社会服务

社区管理的目的，一方面是针对上级部门的，即完成上级部门布置的各种工作，另一方面是针对下面的社区居民的，即为居民提供更多更满意的服务。从宏观的层面来看，这两者的最终目标也是具有一致性的。

社区服务是丰富多彩的，包括家电修理、洗衣缝补、美发美容等生活类的服务，也包括体育锻炼、文化学习等文体类的服务，还包括解决家庭纠纷、提供法律咨询等服务。相对来说，这些社会服务是我们司空见惯的服务方式。而建立在社区心理学研究基础上的社区服务，对提升社区的内在品质、解决社会问题有重要的作用。

社会学家和社区心理学家都认为，贫穷是最严重的社会问题，也是很多社会问题的根本原因。贫穷不仅仅表现为缺乏金钱，还包含绝望感、偏见、被歧视、缺乏支持等隐性贫穷，以及犯罪、物质滥用、学校适应问题等一系列问题。因此，社会福利就成为改善社会中贫困者生存状况的重要手段。

传统的社会福利的主要形式是慈善捐助、公共福利、互惠互助，现代的社会福利还出现了社会保险和社会服务。社会保险是指政府通过税收为各类需要救助的人群提供的包含金钱、教育、医疗、住房等内容的帮助计划。社会服务又称为公共慈善，是非物质形式的救助方式，是由政府出钱，以提供劳动服务的方式为需要帮助者提供非竞争性的各种工作机会，从而帮助被救助者获得工资的福利方式。社会服务通常是由专业人士进行设计和运作的，既要达到提供服务的工作目标，又要达到帮助接受工作的被救助者进行个人发展的工作目标。

社区中的社会服务是社会服务的重要组成部分。一些特殊的社会问题更加依赖社区社会服务方式，例如儿童虐待的预防、老年人服务、青少年怀孕等。

（一）儿童虐待的预防

儿童虐待几乎都发生在社区内，是最严重的社会问题之一，与其密切相关的问题还包括父母的生活压力大、贫穷、被孤立、物质滥用、夫妻关系不良等，"家丑不外扬"与"棍棒底下出孝子"等文化因素也使这个问题更加复杂化。儿童虐待一旦发生，对儿童的影响将是持久深刻的。很多影视作品都生动地刻画了早期受虐待的经历对个人的严重影响。这一观点与弗洛伊德的理论相一致。卡巴瑞诺和寇斯特内（Garbarino & Kostelny, 1992; Garbarino, 1994）认为，儿童虐待的高危险发生群体和地区的特征是居民缺乏社区认同感，而低危险群体和地区的特征是具有社区意识或很强的社区凝聚力。因此，儿童虐待不仅仅是个人或者家庭的困扰，也是整个社区有类似问题的征兆。卡若宾和考尔顿（Korbin & Coulton, 1996）的研究认为，不信任邻居，不信任社会机构，日常生活充满危险和不文明的行为，限制了邻居相互照顾的行为，使儿童虐待更容易发生。美国最著名的预防儿童虐待的社区社会服务方案是由大卫·奥的斯（David Olds）设计的产前及婴儿早期照顾计划（Olds et al, 1986；Olds，Hill & Rumsey，1998）。在该计划中，由护士为不足 20 岁的首次怀孕的母亲提供定期的上门家庭服务，以预防儿童虐待，并处理母亲和儿童的健康问题。护士教给家长有关胎儿和婴儿的知识，促进其家人和朋友一起支持母亲并照顾婴儿，帮助家庭成员与社区其他人群和服务机构建立联系。通过与对照组进行对比发现，这一方法可以减少 75% 的儿童虐待，孩子也会有更多的玩具，婴儿因疾病和意外到医院的情况也更少。

（二）老年人服务

随着医学的进步和计划生育，人口老龄化问题越来越突出。人们到了老龄阶段，不仅身体每况愈下，对社会支持的需求也更高。研究发现，老年人口的健康和认知功能与个人的自我控制感相关（Baltes & Baltes，1986），因此，研究者将养老院的老人分为两组，一组允许他们自己根据自己的意愿布置房间、会见客人、安排休闲、照顾植物；另一组则全部由工作人员负责。结果发现，18 个月后，前一组死亡的老人数目是后一组的 50%。可见，良好的社区服务不是一厢情愿地尽可能帮助老年人做更多的事，而是让老年人维持自尊和自信。

（三）青少年怀孕问题的社区社会服务计划

阿伦等人（Allen，Philliber & Hoggson，1990）研究了青少年早孕问题，发现青少年怀孕和众多的社会问题相关，如辍学、学校中的疏离、同伴压力、贫穷、低自尊、疾病、精神障碍等。提供免费的避孕用品和性教育课程的帮助计划，对降低青少年怀孕有一定的效果，但有一项更好的"青少年卓越计划"（Teen Outreach Program of the Association of Junior Leagues），是向青少年提供包括人类发展知识、决策的知识和技能、支持性的团体决策、社区服务等一系列内容的服务计划。研究者发现，对年龄稍大的研究对象而言，社区社会服务的效果最好；对年轻的研究对象而言，更多密集的课程的效果最好。

—— **资料窗** ·

民政部发布 2014 年社会服务发展统计公报①

一、综合

截至 2014 年年底，全国共有省级行政区划单位 34 个，地级行政区划单位 333 个，县级行政区划单位 2 854 个，乡（镇、街道）级行政区划单位 40 381 个。

全国共有社会服务机构 166.8 万个，职工总数 1 251.0 万人。全国社会服务事业费支出 4 404.1 亿元，占国家财政支出比重为 2.9%。中央财政共向各地转移支付社会服务事业费 2 150.0 亿元，占社会服务事业费比重为 47.8%。社会服务事业基本建设施工项目 14 001 个，全年完成投资总额 282.2 亿元。

二、社会工作

（一）提供住宿的社会服务

全国各类提供住宿的社会服务机构共有 3.7 万个（其中登记注册为事业单位机构为 1.6

---

① 节选自 http：//www.gov.cn/xinwen/2015 - 06/12/content_ 2878622. htm，2015 - 06 - 12。

万个），拥有床位613.6万张，包括：提供住宿的养老服务——全国各类养老服务机构和设施共有94 110个；提供住宿的智障与精神病服务——民政部门管理的智障与精神疾病服务机构共有254个，拥有床位8.0万张；提供住宿的儿童福利和儿童救助服务——儿童收留抚养救助服务机构共有890个；其他提供住宿的社会服务——相关社会服务机构共有2 622个，拥有床位17.0万张。

（二）不提供住宿的社会服务

全国共有老龄事业单位2 558个，老年法律援助中心2.1万个。全国集中供养孤儿9.4万人，社会散居孤儿43.2万人。全国共有为残疾人提供服务的机构16 389个。全国共有城市低保对象1 026.1万户，全年各级财政共支出城市低保资金721.7亿元。下拨中央救灾资金98.73亿元，累计救助受灾群众7 500万人次。全国共建立经常性社会捐助工作站点和慈善超市3.2万个，全年筹集福彩公益金585.7亿元。国家抚恤、补助各类重点优抚对象917.3万人。

……

全国共有各类社区服务机构31.1万个，社区服务机构覆盖率为45.5%。其中，社区服务指导中心918个，社区服务中心23 088个，社区服务站120 188个，社区养老服务机构和设施18 927个，互助型的养老设施40 357个，其他社区服务机构10.7万个。城镇便民、利民服务网点30.9万个。社区志愿服务组织10.9万个。

三、成员组织和其他社会服务

截至2014年年底，全国共有社会组织60.6万个，社会团体31.0万个，基金会4 117个，民办非企业单位29.2万个。基层群众自治组织共计68.2万个。全国共有事业单位性质的婚姻登记机构2 236个，全国共有殡葬服务机构4 559个。

第二节　社区心理学的概念及发展

一、社区心理学的概念

虽然心理学是研究个体心理活动特点和规律的学科，但社区心理学家更关注的是环境对个体心理的影响。发展心理学家布朗芬布莱纳对影响个体心理的社会环境进行了系统概括，提出了著名的个体心理发展的社会生态理论，全面描述了外界环境与个体心理的相互关系。

（一）外界环境与个体心理

社会生态理论的发展心理学家布朗芬布莱纳（Bronfen-brenner，1979）将影响个体心理发展的因素归因于微观系统、组织系统、地域系统、宏观系统四个环境因素与个体之间的相互影响（见图1-1）。

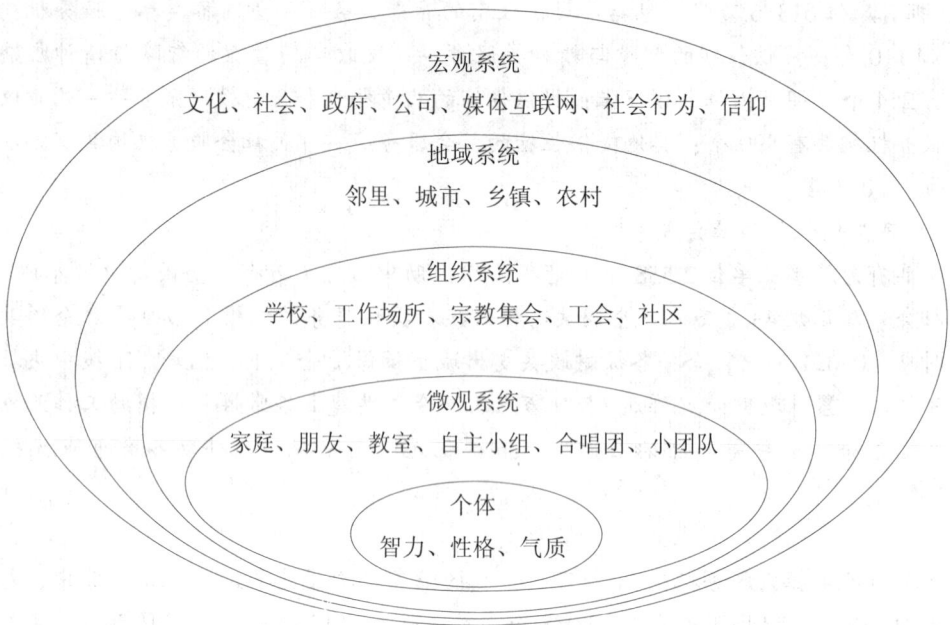

图1-1 布朗芬布莱纳的社会生态发展图[①]

虽然从理论上人们很容易接受个体心理是受环境影响的，但在实际中，研究者发现，人们对个体社会行为有一个根本性的归因错误，就是更容易将人的行为更多地归因于个人因素，而对环境因素并不能给予足够的估计。若斯（Ross，1977）通过实验，设计出不同的情境让演员展示，发现观察者在观察演员时往往高估演员性格特征的重要性而低估情境因素的重要性，也就是说，被试们总是倾向于用演员的性格原因而不是情境的原因来解释演员的行为。而社区心理学家致力于在个体的社会情景中努力理解人们，并且为了改善人们的生活质量而去改变情景。

1979年，布朗芬布莱纳提出"个体心理发展的生态理论"，强调不同层次的社会环境对人类发展的影响重要，这一观点影响到发展心理学与社区心理学两个领域对个体所处微观系统和宏观系统的重视和研究。个体系统是个体自身的生理心理特征，微观系统是与个体生活时空和情感上紧密相关的家庭、朋友、团队等因素，组织系统是指直接影响到个体的社区、学校、工作单位等社会系统，地域系统是指个体所生活的城市自然环境、人口环境、生活方式等，宏观系统是指个体所处的政治、历史、文化、技术、经济等因素。

根据这一思想，我们也可以将社区心理学依照生态层次分析的理论模式，分为包括"个人"（individuals，如有差别的个人的能力、气质、性格）、"微系统"（microsystems，如家庭、朋友关系、紧密亲戚、工作伙伴、自助团体）、"组织"（organizations，如学校、疗养

[①] [美]詹姆士·H·道尔顿等：《社区心理学——联合个体和社区》，2版，王广新等译，13页，北京，中国人民大学出版社，2010。

院、宗教团体、工作单位、社区组织等）、"地域"（localities，如所在地区的儿童健康状况、个人成就、当地工作机会、所在地区的犯罪和社会问题、城乡人口特征、城市环境等）、"宏系统"（macrosystems，如文化发展、科技进步、社会变革、国家管理、大众媒体信仰系统、全球化等）不同层次。

社区是介于微系统、组织、地域三个系统之间的环境，必然对个体的心理产生全面和深刻的影响。如前所述，这种环境性的影响又很容易被我们低估。

（二）社区心理学的基本概念

最早在美国出现的社区心理学，是临床心理学家们在社区运用心理咨询和心理健康的理论和知识时所形成的与心理健康领域密切相关但又有所差异的一门学科。他们在这一领域的工作取得了令人信服的成就，因此在1975年社区心理学成为美国心理学会下属的第27分会。为了强调社区心理学是一门注重应用和行动干预的心理学，美国心理学会将社区心理学会命名为——社区研究与行动分会（the Society for Community Research and Action，SCRA）。社区研究与行动分会致力于提升理论、研究及社会行动，以促进社区福祉，增进社区邻里关系，并预防社区问题。为了帮助大家理解社区心理学，我们先来学习几个有影响的社区心理学概念[①]。

（1）社区心理学……演变成为探究社会系统和环境对个体行为影响效果之研究，同时分别从个体、团体、组织和社会的层面来加以分析（Heller et al，1984）。

（2）社区心理学的某一部分是，企图以其他选择来处理偏离社会常模的行为……从这个观点来看，社区心理学企图支持每一个人成为独特个体的权利，个体应该无须担心因冒险而受到物质或心理制裁之苦（Rappaport，1977）。

（3）社区心理学被视为处理人类行为问题的介入取向，强调环境对个人发展的影响力，并借由运用此影响力来接触个人的痛苦（Zax & Specter，1974）。

（4）社区心理学关注的是个体与社区、社会的关系，通过相互合作研究和采取共同行动，社区心理学家致力于理解和提高个体、社区和社会的生活质量。社区心理学的核心价值是个体和家庭健康、社会感、尊重人类的多样性、社会公正、公民参与、合作和团体力量、实验基础（James H. Dalton，2006）。

社区心理学是跨学科的领域，要从公共健康、社区发展、人类发展、人类学、社会学、社会工作、地理学及其他方面吸收概念和方法。以社区心理学为核心的美国心理学会第27分会，之所以没有被命名为"社区心理学分会"，而是被命名为"社区研究与行动分会"，正体现了这个思想。所以，社区心理学的体系建构，不能单独从心理学学科体系进行演绎，而要从用心理学促进社区行动的角度来建构。

社区心理学不仅仅关注个体，也不仅仅关注社区，其关注的是两者的交互作用，即个体

---

① ［美］詹姆士·H·道尔顿等：《社区心理学——联结个体和社区》，2版，王广新等译，11页，北京，中国人民大学出版社，2010。

如何影响社区，社区又如何影响个体，在两者互动过程中又会发生些什么。这种交互作用，也包括具体的社区与更高层次的社区（社会）之间的互动关系。

社区心理学是将问题研究与社会行动合而为一的，研究者一定是社区改变的行动者，社区中的个体也积极参与到研究中来，体现出鲜明的行动研究特点。（对于这一特点，我们在后面还会论述，也特意将本书中第八章内容确定为"社区支持与社区行动"，以呼应这一思想。）

（三）社区心理学的内涵分析

从对上述概念的分析中，我们可以发现以下几方面内涵：

第一，研究者们首先强调的是社区心理学重视与个体密切相关的环境因素对个体心理健康的影响。研究人格和精神病学的心理学家倾向于用个体的特质去解释个体的行为，临床心理学家只关注需要帮助的个体本身，强调通过改变个体或者改变个体看待世界的方式取得改变和进展。而社区心理学家关注的是人类行为的情境性，纽约大学心理学系教授玛丽贝斯·沙宁（Marybeth Shinn, 2010）指出，社区心理学家的工作是，试图理解人们的行为及行为结果如何受到文化、物理和社会环境，以及可以自由支配的资源的影响[①]。

第二，与关注心理咨询与治疗的中立立场不同，社区心理学家更多地要扮演教育者的角色，致力于促进心理健康的知识和技巧在社区的发展和运用，理解社区作为支持系统的作用，多样化地设计和评估社区项目，社区心理学是一门适应人们独特文化背景的科学，这是社区心理学的中心思想。

第三，社区心理学家更关注预防的方式和作用，他们常常致力于设计和实施各种预防项目，也就是说，他们更强调实际干预的实施和研究。詹姆斯·凯利（James G. Kelly, 2010）指出，人们现在越来越把预防理解为个体积极品质的不断培养和社会环境的发展。例如，社区心理学家的工作是通过对社区成员的家庭教养能力和家庭适应能力的培养，并对这个培养过程进行研究，从而降低社区居民的毒品滥用或危险行为。因为他们认为，改变个体所处的社会环境能促进个体社会能力和心理健康相关议题的提升。这样，社区心理学家不再以研究为核心，而是以促进改变为核心，他们更多的是通过预防问题来在社区工作。

第四，社区心理学家关注人们如何在某个具体情境中作出有效的决策，并对与情境相关的各种组织风格、组织文化、组织结构等直接影响工作效果的相关因素进行改变，以真正发挥社区组织在社区心理学中的作用。这一观点，用布朗芬布莱纳的"人类社会生态理论"来看，就是解决在"组织"这一社会层次的问题。社区心理学需要研究不同社区风格、社区文化、社区结构对个体行为的影响。

第五，社区心理学家会积极致力于发展社区组织、社区联盟，这一角色改变了以往的心理专家的角色。他们会将社区、学校、公安部门、政府等有机结合起来，通过对人们的组织

---

① ［美］詹姆士·H·道尔顿等：《社区心理学——联结个体和社区》，2版，王广新等译，11页，北京，中国人民大学出版社，2010。

和教育来发挥社区心理学的效应。这使社区心理学家在角色上不仅是一个应用型的心理学家，也是一个促进社会发展的社会工作者。他们会积极关注社会政策的各种反映，并愿意向政府和社会提供更具体的指导。

第六，社区心理学家也是社区问题和社区干预的研究者。结合社区工作的特点，他们的研究更强调参与性行动研究。他们会将社区研究与社区居民的表现联系起来，通过这些联系来了解：项目是否有效？在多大程度上有效？导致有效性的因变量到底是什么？在设计和实施一个服务项目过程中，他们也需要采用研究的视角来进行形成性评估和疗效评估。

总之，社区心理学家是关注于社区层面来认识人和情境的关系的。瑞格（Riger, 2001）呼吁社区心理学重视人是怎样对情境作出反应的，以及他们在改变情境时是怎样获得力量的。沃特兹拉维克（Watzlawick et al, 1974）区别出两个层级的人和情境相关关系的变化形式：第一层级是改变环境或资源、制度、结构等外在因素，例如，家庭成员增加或减少，学校增加新的教师岗位，等等，当这些因素发生改变时，个体的行为会出现怎样的相应改变。第二层级的改变是关系和氛围等内在因素，例如，夫妻沟通更为有效，员工与领导之间更加信任。第二层级是更高层级的改变。在社区心理学家的观点中，即使第一层级或者第二层级的改变并没有真正解决社区或者社会问题，但重要的是，在解决问题的尝试过程中，社区中的人和情境都产生了过程性的改变，因此，社区心理学不仅关注改变的结果，更相信改变过程的价值。

基于上述分析，我们可以将社区心理学的定义概括为：社区心理学聚焦于中观环境对个体行为的影响，是以促进社区组织氛围和居民心理健康为目标的，运用心理学知识来改善社会环境的实际工作过程。

美国心理学会第27分会——社区研究与行动分会的前任会长、南加州大学的布雷克·考尔斯（Bret Kolls）指出，信息的传播、预防、行动研究、多元议题、跨领域、和其他学科及组织的联结、社会政策等，对未来社区心理学的发展有重要的意义。社区心理学家需要研究如何将大众传媒手段如社区App、QQ群、微信群等作为开展工作的重要途径。未来的社区行动研究，既要重视以后的对干预方案的效果分析，也要重视过程分析；既要相信效果的量化，也要关注质性研究可能发掘的广泛性因素。多元议题不仅仅包括不同种族之间的差异，也应该涵盖对更多特殊群体的研究，例如同性恋或双性恋者，有司法问题者，等等。关注和推动社会政策也是社区心理学家与一般心理学家最为不同的地方之一，社区心理学家会更广泛地关注和积极参与各项社会政策的出台、实施和评估反馈。

—— **资料窗** •————————————————————————————————————

"牛津之家"社区心理服务项目[①]

传统的改变物质滥用的手段常常是在第一层级，但是，一旦患者返回原有的生活环境，

———————————————————

① ［美］詹姆士·H·道尔顿等：《社区心理学——联合个体和社区》，2版，王广新等译，10页，北京，中国人民大学出版社，2010。

很容易复发。"牛津之家"项目是用第二层级的角度来促进物质滥用患者康复。"牛津之家"为患者在低犯罪社区中提供空间更大的居住环境，患者需要工作并提供社会服务，也可以选择参加专业治疗或者户主小组。居住者在居住同伴中以民主方式选出管理者，来制定"牛津之家"的管理制度。研究者证明，平等的关系和被尊重的社区氛围使患者的康复效果更好、更持久。

（四）社区心理学与其他学科之间的关系

1. 社区心理学与健康心理学

健康心理学是以个体自身为关注点的，心理咨询师在工作时的聚焦点主要在个体身上。即使了解环境可能对个体有影响，心理咨询师还是更加关心个体的表现是什么，以及如何促使个体发生改变。社区心理学的理论基础与健康心理学相同，但社区心理学家更关注如何从社区情境与个体互动的关系上促进个体的改变。这种视角的差异，使健康心理学更关注问题发生后的治疗与康复，社区心理学更关注事先的预防。健康心理学更注意微观，社区心理学更注意中观。健康心理学更强调问题，社区心理学更强调个体的潜在优势。健康心理学更重视传统实证研究中专家的指导性和权威性，社区心理学更重视社区成员与专家的合作关系基础上的行动参与研究。

2. 社区心理学与社会心理学

社会心理学更关心阶层或文化等宏观层面的解释，重视环境对人的影响性，更多采用以专家为核心的实证研究模式；社区心理学更关心与个体直接相关的中观层面的解释，重视人和环境的互动关系，更强调与专家合作的参与行动研究。

3. 社区心理学与公共卫生学

两者都从预防、控制、治疗的三级预防角度来看待社区中的公共心理卫生问题，但公共卫生学倾向于医学思维模式，更关心出现公共问题的规律性、流行状况、筛查手段等；社区心理学更倾向于从社会行动角度出发，致力于直接改善，并且在改善中更强调赋权、社会参与等社会工作视角的行动过程。

4. 社区心理学与临床心理学

两者有共同的心理咨询与治疗的学科基础，但社区心理学强调前期预防，临床心理学强调后期治疗。社区心理学家提供的更像外展服务，临床心理学家更像坐等上门的专业服务。社区心理学的诞生是临床心理学发展的一个成果。

5. 社区心理学与社会工作

社区心理学汲取了社会工作中的优势视角、聚焦环境、个体和群体的交互关系、关注弱势群体的社会公正等思想，社区心理学与临床社会工作有非常大的重复性。但是，社会工作关注个案层面、小组层面、社区层面的临床问题，社区心理学更注重社区层面；社会工作者更强调对弱势群体的工作倡导和选择适合弱势群体的干预手段，而社区心理学的关注点是整个社区，而非单纯的弱势群体的心理健康。

二、社区心理学的发展历史

(一) 社区心理学产生的历史背景

心理学科于 1879 年产生于德国莱比锡大学。在整个心理学科中，都着重于对个体特质、个体机能、个体改变的研究，无论是行为主义强调环境刺激对个体行为反应的对应关系，还是心理动力学关心个人内心深层的潜意识的结构和作用，抑或是人本主义强调自我导向的实现潜能，或者认知心理学对个人加工信息的规律的研究，都是以独立的个体为重点的。即使是社会心理学，注重的也是个体在社会情境下的认识和态度反应。相对而言，心理学科缺少从群体与个体密切互动的角度研究的视角。虽然个体的改变也能够给个人带来提升和幸福感，但显而易见，组织、社区、社会的变革同样能够带来个体的生活和生命质量的提升。

20 世纪 40 年代的第二次世界大战，给社会带来了深刻影响。战后大规模的退伍军人出现严重的心理问题，促进了临床心理学的兴起和社区心理学的诞生。詹姆士·H·道尔顿 (James·H. Dalton) 认为，可以将引起社区心理学诞生的五个因素归纳如下①。

(1) 预防重于治疗的观点被普遍认可。公共医学的预防观点，改变了以往以治疗为核心的医学观。受此影响，一些心理健康工作者和学校心理学家改变了以往将工作重心放在事件发生后提供帮助的做法，他们根据以往研究的指导，筛选出需要重点关注的人物和事件，对需要干预的家庭或个人提供事先的教育团体服务、支持性服务。这一做法将心理健康的相关工作前置于社区教育、学校教育、机构教育当中，使社区成为重要的心理健康工作场所。

(2) 对心理健康工作系统的改革。美国国会在 1963 年通过了《社区心理卫生中心法案》，要求在全国建立 2 000 个社区心理中心，将对病人的治疗和康复重点放在社区。这一措施使社区在国家心理健康工作体系中的地位凸显出来。

(3) 团体动力和行为研究的发展。第二次世界大战期间，德国著名心理学家库尔特·勒温 (Kurt Lewin) 移民到美国，创办了美国国家训练实验室，致力于"用心理学解决社会问题"，对团体动力对个体和团体活动的影响进行了卓有成效的研究。早期的社区心理学家与勒温及其研究者们进行合作，将社区心理健康与团体动力与行动的研究结合起来，在社区创办了一个人际关系中心，致力于通过与居民形成有效的团体合作氛围来提供教育服务、危机干预和短期治疗。

(4) 社会变革和解放运动的兴起。20 世纪 60 年代，美国的民权运动、平权运动挑战了以白人为中心或者以男性为中心的不平等，倡导对多样性的尊重和民主参与。这一观点，促使社区心理学改变以心理学家为中心，重视和倡导似乎是弱势一方的居民在社区改变中的价值和作用。

(5) 潜在的乐观主义思想的影响。20 世纪 60 年代的美国政府，充满了"我们有能力做

① ［美］詹姆士·H·道尔顿等：《社区心理学——联结个体和社区》，2 版，王广新等译，28～34 页，北京，中国人民大学出版社，2010。

任何事"的乐观主义精神，致力于推动种族平等、消除贫困等，改善相关社会问题。政府通过了大量教育改革项目，希望心理学作为解决社会问题的学科能对这些社会问题提供帮助，促进了心理学在应用层面的创新和多元化。

（二）社区心理学的诞生

1965 年，39 位美国心理学家聚集在马萨诸塞州海滨港口城市斯维姆斯哥特召开会议（Swampscott Conference），讨论在新的国家心理健康工作体系下，如何训练心理学家，以适应新的要求。1963 年《社区心理卫生中心法案》的通过，使新的国家心理健康工作体系的重点落脚于社区。经过几年的工作经验，许多人已经积累了在学术研究、社区心理健康工作、公民教育之间的经验，因此，与会专家呼吁建立社区心理健康新的训练模式，建议关注"在复杂的交互作用过程中，联结个体行为和社会系统的心理学过程"（Bennett et al, 1966），建议用"参与者—概念构建者"的特点来描述社区心理学家，认为社区心理学家既应该作为社区变革的参与者，又应该是对这些社区变革的有效性进行研究的研究者和引导者。会后，社区心理学从社区心理健康体系中独立了出来，成为一个专门的学科。1973 年，出现了《美国社区心理学》和《社区心理学杂志》两个期刊以及其他社区心理学期刊①，也出现了一些研究生培养项目，莫瑞（Murre, 1973）、黑勒尔（Heller & Monahan, 1977）、拉普波特（Rappaport, 1977）、莱维宁（Leving & Perkins, 1987）等人相继出版了一些有影响力的社区心理学教材。

1975 年 4 月，大约 100 名社区心理学家和学生在奥斯汀的得克萨斯大学召开了奥斯汀会议，主题就是社区心理学。这次大会是社区心理学从原有的心理健康运动中分离出来的一个重要里程碑。与会代表们认为，自 1965 年以来的十年中，社区心理学呈现出更多、更明显的独立学科的特征。例如，与心理健康相比较，社区心理学家更注重问题出现前的预防而不是问题出现后的治疗；萨瑞森（Sarason, 1974）提出了"心理的社区感"这一个重要的研究概念；道瑞温德（Dohrenwend, 1978）提出了生活中问题改变的生态学模型（见图 1-2），成为社区心理学的重要理论基础。她还确定了社区心理学所采用的不同于以往心理学家的干预措施，如技能培训、教育和社会化、政治行动、社区和组织发展。奥斯汀会议还有一个重要的主题是关于社会胜任力的，此外，会上也提出尊重人的多样性应成为社区心理学的重要核心价值。

政治行动、社区和组织发展、教育和社会化、个体技能训练、危机干预、矫正疗法是社区心理学角度的干预措施，这些干预措施都带有社会行动、社会教育的特点。心理成长、非

---

① 几种有影响力的美国社区心理学期刊：《美国社区心理学》（American Journal of Community Psychology）、《社区心理学杂志》（Journal of Community Psychology）、《乡村社区心理学》（Journal of Rural Community Psychology）、《社区与应用社会心理学》（Journal of Community and Applied Social Psychology）、《初级预防》（Journal of Primary Prevention）、《社区预防与介入》（Journal of Prevention and Intervention in the Community）、《社区心理学家》（The Community Psychologist）、《社区研究与行动》（Society for community Research and Action）。

物质的永久心理变化、心理病理学（心理障碍）是各种环境影响导致的个体心理的变化结果，环境经验有可能促进个人的心理成长，也可能导致个人的心理疾病。个体的心理特点和心理调节，是指个体自身的心理状态，在同样的环境因素或者教育条件下，会因个体自身状态的不同而产生不同结果。生活事件、不利的物质条件或社会支持条件等各种情境因素，会在个体身上表现出某种即时的压力反应。压力反应是一个中介因素，它影响个体的成长或产生障碍，个体如果能够事先对各种干预性措施保持良好的学习状态，就能拥有良好的心理调节能力。这一模型从环境改变、个体心理状态、干预措施、压力反应、结果六个方面，描述了环境对个体心理的影响过程。

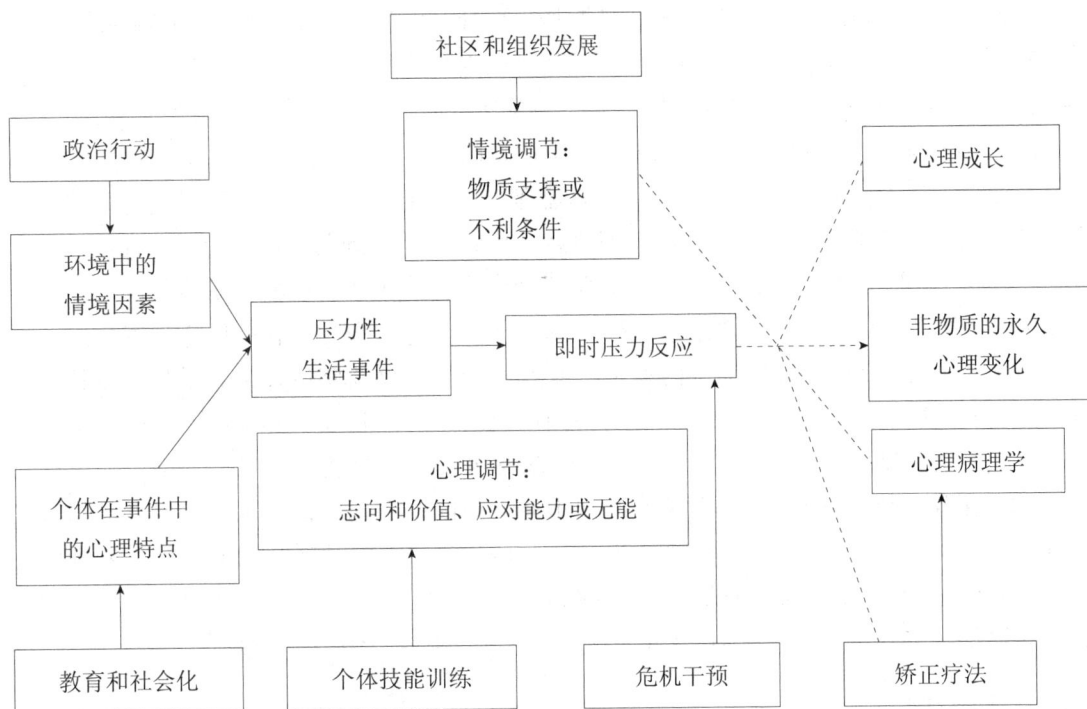

图 1-2　道瑞温德的生态学模型

（三）社区心理学的现状

社区心理学诞生后，世界各国都受到鼓舞和影响。

在北美洲其他国家，1982 年加拿大心理学会成立了"社区心理学协会"，并出版发行了《加拿大社区心理卫生》（Canadian Community Mental Health），2003 年拉瓦尔大学与魁北克大学蒙特利尔分校设置了社区心理学博士课程毕业班，2010 年在渥太华大学举办了首次全国社区心理学会议。

在大洋洲，澳大利亚心理学会在 1983 年成立了社区心理学家委员会，每两年固定与新西兰合作举办"泛塔斯曼（Trans-Tasman）社区心理学会议"，2001 年将已内部发行了 17 年的《社区心理学通讯》（Journal Community Psychology）期刊改版为正式出版发行的《澳洲社区心理学家》（Australian Community Psychologist）期刊，2010 年将社区心理学纳入《卫生机构执业管理法》认可的心理专业领域之一。2004 年，新西兰心理学会设立社区心理学分会。

在欧洲，英国于 1983 年成立了"社区环境心理学家"（Psychologists in Community Settings）跨专业团体，1990 年开始每年固定举办社区心理学家会议，2010 年英国心理学会设立社区心理学组。此外，德国、法国、意大利等国也都设立相应的专业社区心理学组织，1996 年成立了包括挪威、波兰、西班牙、葡萄牙等国家代表组成的"欧洲社区心理学家网络"组织；2005 年成立了欧洲社区心理学学会。

在非洲与拉丁美洲，1975 年，波多黎各大学首创"社会—社区心理学"（Social-community Psychology）硕士学位课程；2004 年，墨西哥国立自治大学开设"心理学与社区"（Psychology and Community）实务课程；2005 年，哥伦比亚的哈维里亚纳大学开设了"社区心理学"硕士学课程，2006 年，厄瓜多尔举办该国首届社区心理学会议。

在亚洲，日本在 1969 年就举办了"社区心理学专题研讨会"，1997 年创立《日本社区心理学》期刊，1998 年成立日本社区心理学会，并从 2004 年起与韩国固定举办社区心理学研讨会。在中国，台湾于 1990 年在中正大学心理研究所首次开设社区心理学课程，1991 年政治大学心理系开设社区心理学系列课程，2004 年举办"心理专业在社区心理卫生服务领域的多元参与机会及未来教育训练的思考"专题座谈会，2005 年翻译出版了第一本社区心理学教科书，2006 年暨南国际大学辅导与咨商研究所开始招收社区心理学方向的博士研究生；香港大学也开设了社区心理学课程，并于 2008 年召开"香港的社区心理学"专题研讨会；2009 年我国与美国社区心理学家在天津市通过城区街道进行合作研究，2010 年出版第一本社区心理学的简体中文版教科书；2012 年我国出版第一本社区心理学教材（刘视湘主编）；2014 年 8 月在西南大学举办了第一届社区心理学研讨会，并成立了社区心理学专业委员会（筹备）；2015 年 9 月在苏州召开了社区心理学专业委员会第一次会议。

—— **资料窗** ●

中国心理学会社区心理学专业委员会（筹）第一次学术会议通知[①]

尊敬的同仁：您好！

为推动中国社区心理学的研究与实践的发展，由中国心理学会社区心理学专业委员会（筹）主办，苏州大学教育学院、江苏省心理学会社区心理学专委会（筹）、苏州市心理学会联合承办的"中国和谐社区的心理学研究与实践"大会将于 2015 年 9 月 18 日至 20 日在美丽的古城苏州召开。

本次大会的主题为"和谐社区的心理学研究与实践"。大会内容包括：中国社区心理学的研究与实践（诸如农民工及其子女融入城市社区的心理学问题、社区心理健康服务、社

---

① 黄希庭主编：《社区心理学研究》，208 页，广州，暨南大学出版社，2015。

区老年人心理学问题、亲子教育、社区服刑与有前科人员的心理评估与矫正、社区残疾人心理服务问题、突发灾难后社区心理辅导等）和国外社区心理学研究介绍。会议的形式包括：大会特邀报告、分会场主题报告等。大会将邀请金盛华、陈红、苏彦捷、马建青、时勘、刘电芝等知名专家作大会报告。

主办：中国心理学会社区心理学专业委员会（筹）

承办：苏州大学教育学院

江苏省心理学会社区心理学专委会（筹）

苏州市心理学会

2015 年 5 月

（四）美国的社区心理学教育

美国社区研究与行动分会公布了截至 2010 年美国、加拿大、澳大利亚、新西兰等国家所办的社区心理学相关硕士班、博士班的校系信息（Guide to Education and Training Opportunities in Community Psychology）。社区心理学在高等教育层面，可分为社区心理学（大学部、硕士班、博士班），社区—临床心理学（硕士班、博士班），社区研究、行动与预防（跨领域的硕士班及博士班）三大类别，总计有 69 个校系招生。

美国很多大学提供社区心理学课程①，有些心理学系也提供社区心理卫生或社区临床心理学课程。教学中会让学生通过参加大学所在社区或学生家乡的服务工作来增加学习经验，也有学生会通过做社区义工的方式来增加经验；另一个学习机会是参加社区行动与研究分会的各项工作 。

萨德勒和科勒（Sandler & Keller，1984）在一个针对社区心理学研究所课程的研究中发现，多数社区心理学课程计划采用科学实务工作模式（scientific practitioner model），不仅训练学生制订计划，并且要求学生尝试实施计划，或以科学理论基础来研究社区心理学。一方面，临床社区心理学课程强调培养学生做研究的能力，也常常让学生参与儿童及家庭服务，或医院、社区心理卫生中心的工作；另一方面，独立的社区心理学课程强调培养学生的组织行动能力，让学生参加民众服务工作，以及具有倡导功能的组织行动（Maton，Meissen & O' Connor，1993）。研究生阶段的课程通常包括方案评估、社区心理学研讨会、跨领域课程。课程内容既包括系统改变、个人改变、预防及特殊背景的心理学，也可能涉及更广泛的领域。沃尔福什等人（Walfish，Polifka & Stenmark，1986）对社区心理学博士课程毕业的结果进行了研究，发现学生们很容易就能找到工作，主要工作环境是大学、社区心理卫生中心、医学院、研究与咨询机构、医疗机构。

表 1－1 列举了美国开设社区心理学的博士课程和硕士课程的部分学校。这些课程有些

---

① ［美］卡伦·G. 杜菲等：《社区心理学》，许维素译，28～33 页，台北，心理出版社，2005。

是临床取向的博士课程，有些是跨学科取向的博士课程，也有自费的博士课程和硕士课程。一般硕士课程需要在学士课程结束后再进行 2 年的全日制学习，博士课程需要在硕士课程结束后再学习 4～6 年。

表 1-1　美国开设社区心理学的部分学位课程与学校①

课程	学校
自费性社区心理学课程（博士学位）	Georgia State University
	Michigan State University
	University of Illinois at Urbana-Champaign
	University of Virginia
	University of Waikato
社区/临床课程（博士学位）	Arizona State University
	Bowling Green State University
	DePaul University
	George Washington University
	Rutgers University
	University of California-Berkeley
	University of South Carolina
社区心理学/跨学科（博士学位）	Claremont Graduate University
	Lowa State University
	Penn State University
	University of Minnesota
	Wayne State University
社区心理学（硕士学位）	Central Connecticut State University
	Mansfield University
	The Sage College
	University of Massachusetts at Lowell
	University of New Haven
	University of North Carolina-Charlotte

---

① ［美］卡伦·G. 杜菲等：《社区心理学》，许维素译，32 页，台北，心理出版社，2005。

—— 资料窗 ●——————————————————

社区心理学的硕士和博士学位课程分类①

（1）独立的心理学课程，侧重社区心理学。

（2）社区—临床心理学课程，在社区心理学和临床心理学两方面都进行培训。

（3）跨学科的课程，社区心理学与相关学术教学、研究和管理相结合，比如结合发展心理学和社会心理学，有些项目也和法律、规划、社会工作或公共健康领域合作。

社区心理学家的工作领域

社区心理学家的工作包含：（1）关于社会问题、项目评估、社会政策的研究；（2）倡导社会政策的变化；（3）作为民选官员或与其一起做有关社会政策制定的工作；（4）制订和协调预防/推广计划；（5）与其他机构合作；（6）管理社区服务和程序；（7）社区机构、学校或工作场所的咨询机构；（8）协调社会联盟。

心理健康问题已随着我国社会的工业化、城市化变得十分重要，同时，经济高速发展和物质的极大丰富也使大众从基本生存需要转向更高层次的个体幸福感的追求。特别是自我意识和个人权利被认可的"80后""90后"群体逐渐成为社会生活的主体角色，对环境和制度有了新的要求和目标。与此同时，以促进基层社会自治为目的社区建设在我国也开始得到高度重视。在此背景下，社区心理学能够很好地回应当前我国社会发展的需求和民众自身的需求。2014年首次召开的中国社区心理学研讨会正是这种需求的反映。

但是，我国的社区结构与其他国家不同，文化背景也与其他国家不同。虽然我们能够从国外学习很多的理论和经验，但更需要植根于自身的实际情况，探讨、积累、研究、发展社区心理学。

第三节 现代社会中的心理健康问题

一、心理健康的含义

虽然对很多中国人来说，认识到心理健康的重要性可能只是近些年的事情，但事实上，早在1948年，世界卫生组织就指出，健康不仅是没有疾病和虚弱，而且是生理的、心理的和社会适应的完好状态。1989年，世界卫生组织再次定义，健康包括躯体健康、心理健康、社会适应良好、道德健康。可见，心理健康是个体健康的重要组成部分。在对心理健康的认识上，我们应该注意到以下几方面含义②：

---

① ［美］詹姆士·H·道尔顿等：《社区心理学——联结个体和社区》，2版，王广新等译，15～22页，北京，中国人民大学出版社，2010。

② 贾晓明主编：《大学生心理健康——走向和谐与适应》，5～13页，北京，北京理工大学出版社，2010。

第一，心理健康是一个不断变化的动态过程，而不是一种静止的稳定状态。

一个心理健康的人，是处在一个健康成长过程之中的人，他可能遇到许多麻烦，也会在某些时刻感受到内在困扰，但健康的个体能够有力量应对和处理自己的问题。也就是说，心理是否健康，不能只看一个人此时此刻某一方面的表现和感受，而是要从过去到现在的整体状态上来看他表现的是否是健康的状态。如果一个人处于困境中，不能从此刻的困境来判断他是否是心理健康的，而是看他是否有力量来应对困境，是否能够不断调整自己，以使自己向更有意义的方向做出行动和改变。所以，心理健康不是静止的良好，而是在矛盾、迟疑中学习面对和改变，正如美国心理学家卡尔·罗杰斯（Karl Logers）所说，"好或者就意味着改变"。改变意味着新的可能性，改变意味着发展。一个心理健康的人应该是一个接受、愿意、也有能力面对改变的人，他生活在"过程"之中。

第二，心理健康并不意味着没有心理困扰和烦恼。

每个人在生活中都会遇到各种困扰，但是这不等于心理不健康，心理健康意味着能够有效地解决问题。当一个人因某些原因感受到焦虑、烦恼、压抑、紧张、愤怒时，不能因为他有这些消极情绪而认为他心理不健康，但有些人就会因为自己"有时候""会有"这些负面情绪而怀疑自己有心理问题。其实，每个人在面临困难时，都能感受到这些困难带来的压力，都会无意识地想逃避或否认。如果他在体会到这些不良情绪时能采取措施来处理，能继续有效地改变处境，这恰恰是心理健康的表现。

第三，心理健康是一种积极的、建设性的协调状态。

从个体本身来说，自我的协调问题是心理健康的核心。我们心中存在许多个充满矛盾的"我"，例如：自私的"我"与关爱他人的"我"并存，努力的"我"与倦怠的"我"并存，开朗的"我"与封闭的"我"并存，热情的"我"与冷淡的"我"并存，快乐的"我"与不安的"我"并存。这些生活在"我自己"这个大家庭中的"我"，如果不能相互协调，或者在协调时产生严重的冲突和困扰，自我就无法表现出积极的、建设性的状态。

自我的协调也包含身心的协调。身体的健康，有助于心理的健康。身体的高矮胖瘦或者一些缺陷和不完美之处，常常给人们特别是青少年的心理带来很大的困扰。在面对这些困扰的过程中，人们如果能够表现出积极的建设性的态度，则会向心理健康的方向迈进；如果人们无法接受因自己身体的不完美而带来的怀疑、挫折和自卑心理，就容易陷入心理不健康的状态。临床医学的社会心理生理观认为，各种生理疾病都是身体、心理和社会三者交互作用的结果。健康不是指一个人没有任何问题，而是指整体状态上是积极的、建设性的、协调的。

心理健康已经成为现代人追求的重要目标。在经历了改革开放后的经济飞速发展之后，当社会上绝大多数人都能够满足温饱甚至小康物质生活时，人们必然也希望自己的人生过得幸福、充实、快乐、有意义。2012年中央电视台进行的大型主题调查"你幸福吗"，正是对人们这种需求的反应。心理健康对每个人来说都具有积极的人生意义。

其一是因为心理健康能给心灵带来自由感。追求心理健康的过程，也是不断自我解放、给自己心灵自由的过程。但如同一把刀的两面，一面钝另一面也钝，一面锋利另一面也锋利。人的精神的成长一定是一个不断突破自我，不断面对自我的内在冲突的过程，人在这个过程中也能够不断感受到改变的价值。每个人都是自己，又都可以成为不一样的自己。只要你希望改变，鼓起改变的勇气，面对改变的困难，就能够感受到心灵的自由和力量。每个人都有自己的人格特点和生活方式，但如果用"这就是我"或"我愿意这样"等观念来束缚自己，封闭改变的方向，其实就失去了向更好的自我发展的机会和自由。

人们常说，人最大的敌人就是自己。在生活的挑战前，在生存的压力下，在环境的左右中，我们首先要克服的一个障碍就是自己，即来自自己内心的束缚。客观了解和把握自己，敢于超越自己，敢于为自己的梦想付出行动，我们就会在"做自己"的过程中感受到进展和成就，发现自己不断提高了应对能力，从而充满信心和力量。

资料窗

弗兰克对人生意义的追寻[①]

心理学家维克多·弗兰克（Viktor Frankl）与他的父母、兄弟、妻儿曾经均被囚禁在奥斯维辛集中营，但最后只有他一人生还。在集中营的岁月里，他确信了一个信念：在任何情况下，人都有选择的自由，即使在可怕的情况下，人类也能保持精神的自由和心灵的独立。他说，虽然在集中营时他没有空间上的自由，但他人永远无法阻止他思想上的自由。这也是他能够在集中营里生存下来的原因。战争结束后，他生活在极为痛苦和愤怒的状态下，他发现自己痛苦的根源在于无法原谅德国士兵。在经受过无数精神折磨后，他决定宽恕他们，改变自己的态度。而这一改变，给了他新的生活的勇气和内心的安宁。他坚信，无论在任何既定的环境下，人均能选择自己的态度和方式。

其二是因为心理健康的最终目的是让自己的人生更加丰润。人生应该是一道色彩斑斓的彩虹。一个一味减肥的厌食症患者，会因拒绝必需的营养而危及自己的生命，而单一枯燥的生活最终可能使人感到乏力，生命之树也因此而枯萎。人生就像一场健身运动，不因贪食而肥胖过度，不因拒绝进食而瘦弱不堪。这其实就是一个生活方式的问题。采取怎样的生活方式，受到个人和社会许多因素的影响，但做出怎样的决定是个人的权利。适合自己的、能不断感受到生活的美好和滋润的生活方式是我们应该追寻的。

二、心理健康的标准

与生理疾病的诊断不同，在判断心理健康问题时，需要考虑到以下几方面：

第一，心理健康问题无法像医学一样通过各种仪器进行客观的诊断。身体患病，比如感冒，可以通过检查身体是否发烧、是否流鼻涕、是否咳嗽等得出结论。然而，由于人的心理

[①]　贾晓明、陶勑恒：《大学生心理健康》，12 页，北京，北京理工大学出版社，2005。

的复杂性，常常无法运用仪器去测查心理的状况而得出结论。因此，心理健康问题具有主观性。同时，在判断一个人的心理健康问题时，也不能像医学上一样着眼于某一个或某几个具体的指标表现，而应该综合个人的整体状况、整体环境、应对能力、以往经验等因素进行判断。

第二，心理健康问题不能简单地用社会规范和道德标准去衡量。比如，有的学生上网、逃课、不完成作业，从学校的管理要求和道德行为角度来看，这些行为是不对的，但不能因此就推断他们心理不健康。很多心理不健康的人，例如许多强迫症、抑郁症患者，常常表现得十分遵从各种社会规范和道德。因此，虽然良好的社会适应也与个体的心理健康有关系，但两者绝不是同一个标准，或者一定具有因果联系。

第三，心理健康问题也具有文化相对性。不同文化中，对人的心理行为理解不一样。不同的地区、不同的民族及不同的国家有不同的文化，在一个国家中被接受的行为，在另一个国家可能就会被认为是异常。例如，谦虚谨慎是中国文化非常认可和推崇的一种优良品质，但在西方文化中，鼓励自我表现和表达，按照他们的标准，一个我们认为谦虚谨慎的人，有可能被认为是内向或与人沟通有问题。同样，西方文化鼓励人的独立性，因此帮助他人并非在任何情况下都是被鼓励的，但是在中国文化背景下，我们有可能把不轻易帮助他人认为是某种程度的冷漠、自私。

第四，人的心理状态是不断变化的，年龄的变化、情境的改变等都直接影响到人的心理。某一次出现症状和问题，也并不能表示这个人就是有问题的人，因此，需要动态地理解和认识心理。

正是基于上述特点，目前对心理健康的标准都是描述性、感受性的，而无法用一个或几个绝对的维度和精确的量化的指标来予以判断。在实际运用中，也存在多种观点和多种工具。简单或片面地采用某个不一定适合的量表或其他工具，轻易地给自己或他人的心理问题下结论，是不科学的做法。如果真的遇到此类问题，建议寻找具有专业资质的人员寻求帮助。

马斯洛和麦特曼认为，健康的心理应该符合以下十个标准[①]：

（1）具有充分的适应力；

（2）充分了解自己并能对自己的能力做适当的评价；

（3）生活目标切合实际；

（4）与现实环境保持接触；

（5）保持人格的完整与和谐；

（6）具有从经验中学习的能力；

（7）保持良好的人际关系；

（8）进行适当的情绪发泄与控制；

---

① 贾晓明主编：《大学生心理健康——走向和谐与适应》，7页，北京，北京理工大学出版社，2010年。

（9）在不违背集体利益的情况下，做有限度的个人发挥；

（10）在不违背社会规范的情况下，对个人基本需求予以恰当的满足。

在对照这些标准的时候，希望大家记住著名心理治疗教育家科里（G. Corey）的观点：重要的不是我们是否达到了心理健康的标准，而是我们是否在朝向心理健康的道路上。

三、心理健康问题的预防与干预

对心理健康问题的关注，与20世纪初期的心理卫生运动兴起有关，也与当时出现了以弗洛伊德为代表的第一个系统的心理治疗理论给人们带来的影响有关。在那个时期，以弗洛伊德的精神分析为代表的心理学，开始成为一门给社会带来极大影响的应用心理学理论，并最终促成了心理咨询与治疗这一学科的形成和成熟。

美国的专业心理咨询的发展过程中，有多个重要的发展契机都是由美国国会的立法行动引起的。如1946年美国国会通过《乔治－巴顿职业教育法案》，该法案规定，由政府提供资金，资助高校设置课程培养学校咨询员。在此法案支持下，一批高校开设了咨询员培养的硕士课程，为在高校开展心理咨询工作提供了强大的人力资源和政策保障。1958年美国国会通过了《国防教育法案》，该法案中最关键的规定是，通过拨款加强各州的学校辅导工作，并资助高校培养心理辅导人员。该法案推出后的六年时间里，各州共拨款3 000万美元用于培养心理辅导人员，使中学的辅导员由12 000人增加到30 000人，使中学的辅导员与学生比由1∶960提高到1∶510。1955年美国国会通过一项立法，对心理卫生工作进行研究，该研究于1961年提交了一份题为《为了心理健康，行动起来》的研究报告，促使美国国会于1963年正式通过《社区心理卫生中心法案》。这一法案推动了在全国范围内新建和加强社区心理卫生中心。该法案要求在全国建立2 000个社区心理卫生中心，并规定了社区心理卫生中心的职能、运作方式和资金来源。1996年通过的《心理健康保险平权法案》，是心理健康服务获得与医疗服务同等的保险待遇迈出的关键性的一步。

在美国心理咨询与治疗的发展历程中，我们能看到从专业治疗和专业机构到以预防和社区为核心的转变。正是这个转变，促成了社区心理学的诞生。

◆ 本章回顾

内容小结

社区心理学是以社区为对象，以心理学特别是健康心理学为依据，以促进社区文化、制度、内容、社会政策建设为目标，通过专家与社区居民的行动与合作，达到个体生活质量与社会政策相互促进和发展的一门学科。本章从社区的概念入手，描述了社区以及我国社区组织和社区管理的基本情况，介绍了西方关于社区服务以及基于社区心理学的社区服务的经验。从社区心理学产生的社会背景、基本概念、发展历史、社区心理学与其他相关学科的关系等方面，帮助读者认识和了解社区心理学及其特征。本章还对西方的社区心理学教育进行了较为详细的描述，希望不仅强化学员对社区心理学学科的科学理解，而且能够为学员的进一步学习提供帮助。

关键词

社区　社区组织　社区管理　社区服务　社区心理学　行动参与　本土化

思考与练习

一、简答题

1. 什么是社区？如何从不同角度理解社区的内涵？
2. 社区组织和社区管理有什么不同？
3. 社区服务与社区心理学有什么关系？
4. 社区心理学产生的历史背景对我们有何启示？
5. 为什么社区心理学学会又被称为社区研究与行动分会？

二、论述题

社区心理学有一个重要的观点是，多方参与与多方平衡的社区问题的解决过程，有时候是一个"浪费的民主过程"，但重要的不是最终结果，而是过程中的讨论。甚至有学者提醒说，对于一个观点没有异议或一个观点被认为绝对正确的时候，恰恰是我们需要高度反思的时刻。谈谈你是如何理解这句话的。

三、案例分析

电影《美丽心灵》是根据诺贝尔经济学奖的获得者美国普林斯顿大学的数学系教授约翰·布什的真实生活改编的。约翰是患有精神分裂症的数学天才。在发病期间，他经历了各种不同形式的临床治疗，最终他不仅获得了诺贝尔奖，而且从疾病中走了出来，继续从事数学教学的工作。其中最重要的一个转折点，是他努力让自己再次回到学校中，学校也创造条件让他能够继续教学。请你在观影后（或者选择一个类似的影视作品）从社区心理学的角度对电影进行分析。

第二章 社区心理学的核心价值

CHAPTER

本章概要

社区心理学作为一门影响他人和社区的应用性学科，必须不断地反思其在具体应用中可能对他人产生的影响，是基于怎样的价值体系；也必须在实践过程中不断地了解所有服务对象的潜在价值观与行为选择之间的关系。

本章首先在第一节中讨论心理科学对人性和价值的基本观点。这些观点在社区心理学实践中的各个环节都可能产生影响。同样一个希望干预的社区问题，从不同的价值观点，可能采取不同的理论取向。

本章第二节专门就社区心理学本身的核心价值问题进行了讨论。核心价值越清晰，我们就越能够清楚地阐述"为什么"要在社区进行干预，从而帮助我们觉察和反思干预中的各种现象。这是讨论社区心理学价值问题的意义所在。综合学者们的观点，社区心理学的核心价值一般包括：强调优势与能力，追求个人和家庭的幸福，尊重个人权利，重视社区感，秉持社会生态观，跨领域协同合作，预防胜于治疗，赋能，尊重多样性，参与行动研究，重视实验研究的科学态度，等等。

学习目标

理解人性观和价值观在社区心理学中的重要性。

了解价值、价值观、价值体系、价值冲突、核心价值等概念的区别。

理解并运用社区心理学的核心价值观点来分析具体的社区服务项目或行为，并在此基础上提出可以进一步工作的可能性。

学习建议

本章的内容理论性非常强，并且有一定难度。学习者如果平日没有思考基础和探究意识，没有关注社会问题，可能理解起来比较困难。但由于其重要性，我们无法回避此问题。建议学习者首先熟悉这一章的观点中的主要概念，在后面的章节中，围绕这些概念，针对某个具体的观点或行为，问自己"为什么需要这么做"；当有一个答案时，再继续问自己"为什么需要这么做"；如此反复，至少三次。不断地思考行为和项目背后的"为什么"，正是本章的意义所在。

➡ 引　言

在一次报告会上，一个演讲者面对几百位听众，从钱包里抽出 20 元面额的纸币，举起来问大家："我没有任何条件，你们谁想要这 20 元钱？"绝大多数人都举起手来。这时，他说："我确实打算把这 20 元钱送给你们其中的一个人，但在给他之前，我还想做一件事。"说完，他把手里的钱扔到了地上，然后问大家："现在还有谁愿意要这 20 元钱呢？"听众中还是有一些人举起手来。接着，他又用脚把钱踩得又皱又脏。然后，他捡起地上的钱，问大家："现在还有谁愿意要这 20 元钱呢？"虽然举手的人更少了，但还是有人举手。于是，他将钱仔细用纸巾擦拭干净，并将它整理得平平整整，送给其中一位，并问他为什么会坚持要这 20 元钱。那个人回答说，无论是钱包里的，还是扔在地上的，甚至是弄脏的，20 元钱的性质并没有变，依然是 20 元钱。演讲者伸手握住那个人的手，说道："谢谢你！这正是我想说的！"然后他面向大家说道："其实在我们的生活中，有些事和人的价值就像这 20 元钱，如果你认为它是有价值的，那么无论我们在一生中遇到任何情境，顺利或坎坷，高高在上或伏于地面，干净或肮脏，我们要时刻看到事物本身的价值，而不要被外在的情境的改变所蒙蔽或干扰。无论发生什么，或者即将发生什么，我们都要找到并相信我们内心所相信的真正的价值！

第一节　价值观与心理学中的人性、价值问题

一、价值与价值体系

认知心理学家将知识体系分为陈述性知识和程序性知识。陈述性知识是描述事物及其关系的知识，是关于"是什么"的知识。程序性知识是完成某项任务的行为或操作步骤的知识，是关于"如何做"的知识。社区心理学在一些具体的项目执行中，似乎是一种程序性知识的设计和安排，但作为直接对社会成员产生影响的一个学科、一种干预、一个决定，我们必须了解其背后的知识背景。也就是说，社区心理学从理论到实际工作环节，我们不仅要知道"如何做"，更要思考和关心"为什么"要这么做。因为，这个世界上每个人都是不同的，即使是相似的人，在相似的情形下，也没有一个简单统一的答案是"正确答案"，因此在对一个"人"进行干预，让他发生某种改变的时候，我们必须不断地觉察和反思："为什么他应该这样改变？""他愿意并同意这样改变自己吗？""我有权利使（让）他这样吗？"等等。例如，一个身患疾病的妊娠妇女，如果必须在决定是否继续妊娠时作出唯一选择：要么牺牲自己的生命让胎儿出生，要么牺牲胎儿的生命让自己活下来。她该怎么选择？任何一

种选择都有一定的道理，任何一种选择都有痛彻心扉的割舍。只有在个体清楚选择的理由并能发自内心地接受这个理由时，才能让自己避免长久地陷入冲突矛盾中而影响自己的生命品质。这内在隐含的其实就是人性观和价值观的问题。鉴于社区心理学的学科基础更倾向于心理学科，本章将更多地从心理学的人性观和价值观角度进行讨论。

（一）价值观与价值体系

价值观的核心问题之一是确定人存在的意义及标准。通俗地说，就是确定什么样的人生是值得的，什么样的人生是不值得的。这个问题与心理学应该怎么用、用于谁大有联系。人类应该共存一些绝对的、根本性的价值问题，但是，在不同时代、不同社会，始终存在当代意识形态的价值体系的。中国封建社会推崇"仁、义、礼、智、信"；目前我们倡导的"富强、民主、文明、和谐、自由、平等、公正、法治、爱国、敬业、诚信、友善"的社会主义核心价值观①，则体现我国当前发展的主流价值观。

个体不是生活在真空世界中的，我们的选择每时每刻都与价值问题密切相关。当个体自身的价值观与他人或其所生活的社会一致时，个体就能体验到幸福；反过来，如果个体的价值观与他人或其所生活的社会不一致，就会感到痛苦。个体的价值选择与主流价值的关系，往往是人的心理问题的一个症结。对价值问题的思考，与存在主义所说的"觉察"相似，如果一个人只是满足于肉体上的活着，没有形成或认识到自己的价值观，他就只是像行尸走肉一般。但人之所以成为人，就是因为觉察到自己是谁，为什么要这样，这时价值观就是一个必须面对的问题。个体的价值观的形成源于自身所处环境的影响，但在个体成长中的教育和经历也会不断修正个人的价值观。

任何一种事物或一个选择的价值，都包含两个相互联系的方面：一个方面是，该事物的存在对某个人、某个群体的作用或意义是什么，也就是要探索事物本身有怎样的价值和意义。就社区心理学而言，我们在模仿、学习、反对某个社区心理学的概念或方法的时候，应该了解和认识这个学科、这个概念、这种方法的价值和意义是什么。另一个方面是，某个人、某个群体对于这种价值的认识和评价是怎样的。就社区心理学而言，当我们希望对某个人或者某个群体采取某种行动的时候，需要了解和清楚他们对这种行动的认识和评价，或者说，要让他们表达对这种行动的认识，清晰地作出评价。当这种评价与学科所采取的行为一致时，才可能发挥最大的效用和持续性。

人类的价值观和价值体系也是随着社会的进步而不断改变和进步的，形成共同的价值观也是维系社会管理重要的认识基础。在人类历史发展的蒙昧时代，最重要的价值就是生存，因此为了生存而采取的各种行为就变得有价值和有意义。围绕着以生存为核心的价值观，武力、服从等社会规则就显得天经地义。随着物质的丰富和人类意识的觉醒，人们不再崇尚武

---

① 2013 年 12 月 23 日中央办公厅印发《关于培育和践行社会主义核心价值观的意见》，将 24 字核心价值观分成三个层面：富强、民主、文明、和谐，是国家层面的价值目标；自由、平等、公正、法治，是社会层面的价值取向；爱国、敬业、诚信、友善，是公民个人层面的价值准则。

力，而将忠诚、博爱、信任等具有人类文明特征的精神作为最重要的社会价值，并通过诗歌、美术、音乐、建筑、文学等各种形式来赞美和传播这些思想观念。在科技引导和重视个人价值的现代社会，有依据的科学研究精神和重视个人价值的行为，就顺理成章地成为人们进行价值选择的共识。历史的进步过程，也是人们逐步深入认识自身的需要、实践新的核心价值的过程。

───── • **资料窗** • ─────

如何看待你的价值

这是一位自称波尔斯的女士发在某论坛上的帖子：

"本人25岁，非常漂亮，是那种让人惊艳的漂亮，谈吐文雅，有品位，想嫁给年薪50万美元的人。在纽约，年薪100万才算是中产，本人的要求其实不高。这个贴吧上有没有年薪超过50万的人？结婚了吗？我怎样才能嫁给你们这样的有钱人？我是来诚心诚意请教的。有几个具体的问题：有钱的单身汉一般都在哪里消磨时光（请列出酒吧、饭店、健身房的名字和详细地址）？我应该把目标定在哪个年龄段？为什么有些富豪的妻子看起来相貌平平？你们怎么决定谁能做妻子，谁只能做女朋友？（我现在的目标是结婚。）"

下面是一个华尔街金融家的回帖：

"亲爱的波尔斯：

让我以一个投资专家的身份，对你的处境作一分析。我年薪超过50万，符合你的择偶标准，所以请相信我并不是在浪费大家的时间。从生意人的角度来看，跟你结婚是个糟糕的决策。抛开细枝末节，你所说的其实是一笔简单的'财''貌'交易：甲方提供迷人的外表，乙方出钱，公平交易。但这里有个致命的问题：你的美貌会消逝，但我的钱不会无缘无故减少。事实上，我的收入很可能会逐年递增，而你不可能一年比一年漂亮。因此，从经济学的角度讲，我是增值资产，你是贬值资产，不但贬值，而且是加速贬值！美貌消逝的速度会越来越快，如果它是你仅有的资产，十年以后你的价值堪忧。用华尔街术语说，每笔交易都有一个'仓位'，跟你交往属于'交易仓位'，一旦价值下跌就要立即抛售，而不宜长期持有——也就是你想要的婚姻。听起来很残忍，但对一种会加速贬值的物资，明智的选择是租赁，而不是购入。年薪超过50万的人，当然都不是傻瓜，因此我们只会跟你交往，但不会跟你结婚。所以我劝你不要苦苦寻找嫁给有钱人的秘方。顺便说一句，你倒可以想办法把自己变成年薪50万的人，这比碰到一个有钱的傻瓜的胜算要大。"

─────────────────────────────

体系是一个相互联系的系统。对个体来说，对某一现象、某一事件的价值的认识，应该具有系统性。例如，一个人如果认为健康是人生第一重要的事情，他在某一天的饮食中会考虑选择健康的食物和进餐时间，他在工作应酬和身体锻炼的时间发生冲突时也更可能选择保证自己的锻炼时间，他在与他人交往中也会常常用这样的观点来影响他人，在购买东西的时候可能愿意把钱花在跟健康关系更大的方面而不是只关心潮流或品牌。也就是说，个体的价值观不仅仅是对单一对象的某一片刻的观点和态度，而是在某一类型或某个体系内都体现出相同的观点和态度。而且，一个人的价值观不可能只是一个观点，而是由相互联系的具有内在一致性的一系列观点组成，这就体现出价值体系的特点。个体可以有自己的价值体系，一个群体甚至一个民族、一个国家同样具有价值体系。

（二）价值冲突

价值还可以从个体价值体系和社会价值体系两个维度来看。个体价值体系是每个人对自己的生命意义以及自己与他人、与社会的关系的根本观点，是构建个体对待事物和人物的基本态度的骨架和基础。社会价值体系是某一个社会群体对整个群体的意义和其社会关系的根本观点，是构建一个社会意识形态的基本骨架和基础，并为了得到群体的集体认同，常常采用各种教育方式和行为仪式来进行巩固和强化。

个体价值体系有时候可能与群体价值体系相一致，或者个体通过学习教育将群体价值体系作为了自己的个体价值。但个体价值体系有时候也可能与群体价值体系发生冲突，这时个体就面临着放弃或者坚持的选择和压力，这就是价值冲突。价值冲突一方面可能带来困扰和矛盾，但另一方面也可能促进某一方或者双方发生改变，从而推进价值体系的进步。价值冲突可能表现在个体与个体之间，也可能表现在群体和群体之间，个体或群体之间的矛盾和冲突以及发展机遇并存。

建立和维持个体间的价值冲突的表达和处理机制，能够让双方达到某种平衡；群体和群体间的价值冲突，需要更加小心地、有技巧和艺术地处理。如果群体规模庞大，价值冲突也可能导致巨大的社会灾难。另外，我们也需要思考，价值观到底是一个坚定不移的结构和态度，还是需要根据具体的情境来落实。在注重情境的社区心理学中，这一观点显得尤为重要。

每个人都有自己的价值观。虽然我们总是根据价值观来作决定，但未必能够清晰地描述自己的观点。而在以影响他人、影响社区甚至影响社会政策为目的的社区心理学的学习和观点运用中，我们必须对此有所思考，并在工作中不断反思专业价值观、自我价值观以及他人的价值观。从某种意义上来说，最重要的不是我们得到了什么结论，也不是我们要批评他人的价值观，而是在反思的过程中去决策所要做出的行为，这样才更符合学科的精神。正是基于这种原因，我们认为需要花时间和篇幅来讨论这个问题。

资料窗

罗克奇价值观调查

这是国际上广泛使用的价值观调查问卷，由美国密西根州立大学社会心理学家、精神病学家米尔顿·罗克奇（Milton Rokeach）于1973年编制。它包含终极性价值和工具性价值各18项，每项价值后都有一段简短的描述（见表2-1中括号里的文字）。终极价值观是指个人希望达到的终极存在状态，是个人希望通过一生努力去实现的目标。工具价值观是为达到终极价值观而采用的行为方式或手段。施测时，让被试按其自身所认可的重要性将两类价值系统分别排序，最重要的排第一，次重要的排第二，以此类推。该量表可测查不同价值在不同人的心目中所处的相对位置，或者相对重要性的程度。它把各种价值观放在整个系统中进行研究，体现了价值观的系统性和整体性。

表2-1　罗克奇价值观调查表①

终极价值观	个人排序	工具价值观	个人排序
舒适的生活（富足的生活）	（　）	雄心勃勃（辛勤工作）	（　）
振奋的生活（刺激、积极的生活）	（　）	心胸开阔（开放）	（　）
成就感（持续的贡献）	（　）	能干（有能力、有效率）	（　）
和平的世界（没有冲突和战争）	（　）	欢乐（轻松、愉快）	（　）
美丽的世界（艺术和自然的美）	（　）	清洁（卫生、整洁）	（　）
平等（兄弟情义、机会均等）	（　）	勇敢（坚持自己的信仰）	（　）
家庭安全（照顾自己所爱的人）	（　）	宽容（谅解他人）	（　）
自由（独立、自主的选择）	（　）	助人为乐（为他人的福利工作）	（　）
幸福（满足）	（　）	正直（真挚、诚实）	（　）
内在和谐（没有内心冲突）	（　）	富于想象（大胆、有创造性）	（　）
成熟的爱（性和精神的亲密）	（　）	独立（自力更生、自给自足）	（　）
国家的安全（免受攻击）	（　）	智慧（有知识、善思考）	（　）
快乐（快乐、休闲的生活）	（　）	符合逻辑（理性的）	（　）
救世（救世的、永恒的生活）	（　）	博爱（温情的、温柔的）	（　）
自尊（自重）	（　）	顺从（有责任感、尊重的）	（　）
社会承认（尊重、赞赏）	（　）	礼貌（有礼的、性情好）	（　）
真挚的友谊（保持亲密关系）	（　）	负责（可靠的）	（　）
睿智（对生活有成熟的理解）	（　）	自我控制（自律的、约束的）	（　）

二、心理学中的人性观与价值干预问题

作为以人为研究对象的心理学科，由于人本身的复杂性，无法用一个单一的结论性的观点来描述心理学的人性观。在不同的心理学理论中，蕴含着不同的关于人的本质的观点。但无论哪一个心理学派，都认可人是重要的，重视人的价值。

（一）不同心理学理论的人性观

人格心理学家奥尔波特（G. Allport, 1968）指出，心理学中对人的本质有三种描述，

① Vinson D. E, Munson J. M, & Nakanishi, M. （1977）. An investigation of the Rokeach value survey for consumer research application, Advances in consumer research, 4（1）, 247-252。

分别把人看成"反应的存在""深层反应的存在""自主的存在"①。行为主义的人性观与"反应的存在"一致,将人的本性看作被外在条件决定的结果;精神分析的人性观与"深层反应的存在"一致,将人的本性看作由遗传而来的"力比多"决定的;存在—人本主义的人性观与"自主存在"一致,将人的本性看作可信赖的自我决定的结果;进化心理学否认人性有"善"或"恶"的先天倾向性,认为进化过程不仅影响着人类的生物特性,也影响着人类的亲密、爱等社会特性。

1. 行为主义的人性观

在行为主义者看来,人没有所谓的"善恶""优劣"的先天倾向性,每个人都是自身所处环境的产物,环境决定个人、塑造个人,而个人不可能反过来对环境有任何有实质意义的影响,人的自发、自主、自由都是美丽的谎言。人也没有真正意义的意识上的动机,肉体的生存和舒适性是促动人行为的根本原因。如果一个人感觉到他是自由和自主的,这感觉是不能算数的,因为这感觉也是被决定的。斯金纳(Burrhus Frederic Skinner)说,我们之所以还需要一个"自主的人"这样的概念,是因为我们需要拿它来解释我们现在还解释不了的东西。当我们了解得多一点,自主的概念就消失一点。

从根本上说,人是服从于决定论的。通过控制外在条件来形成个体的行为,是所有学习的根本途径。这种观点把人看成一个被动反应的生物,其存在方式完全由环境所决定、塑造,人的行为是被环境决定的。行为主义人性观提醒社区心理学家,要将注意力聚焦于各种宏观环境、微观环境、自然环境、人文环境对个体的影响。

2. 精神分析的人性观

弗洛伊德(Sigmund Freud)认为,人是有先天倾向的。人的行为的最根本原因在于人的机体,在于蕴藏于人机体之中的本能力量,这种本能力量是人心深处的生物性力量——"力比多"。人性是由自身的生物本能决定的,因此人是被动性的,与行为主义不同的是,这种被动来自人自身而不是外在环境。人的任何行为,无论表面上看起来是什么,根本上都源于无意识动机。

个体生命最初五年的"力比多"满足方式,决定了人一生的动机,甚至越是生命早期的经历越富有决定作用。因此可以说,人是非理性的,是按"力比多"所决定的快乐原则行事的,社会要求所产生的理想原则与个体的内在快乐原则处于冲突状态,由此才导致协调双方的现实原则出现。从社区心理学的角度来看待这一观点,社区心理学的意义就显得尤为突出。因为与人的生命早期最密切的外部环境就是家庭与社区。在进入幼儿园阶段以前,个体需良好的社区环境与氛围,即使在五岁前,个体最重要的生活场所也是社区。社区在个人的人格养成方面的作用十分重要。

3. 存在—人本主义的人性观

存在—人本主义强调人存在先天倾向性,但这个倾向的性质与弗洛伊德的本能截然相

---

① 江光荣、林孟平:《三种人的本质观及其对心理治疗的影响》,载《中国临床心理学》,2003(2),153～156页。

反，它是积极的、建设性的和亲社会的。马斯洛用"自我实现"来表述它，卡尔·罗杰斯用"实现趋向"来表述它。因此，人性基本上是值得信任的。当个体听任本性的指导而自由地选择时，最终总会作出有益于社会的选择。

因此，人是有自我意识的，要"有意义地"活着，自己为自己设立目标，并努力实现这些目标。人不是被自己的过去所决定的，而是主动的、有自发性的活动者。人要意识到自己存在的不可替代性，意识到必须做自己。人也是自由和负责的。每一个人都有独特的价值，都值得尊重并给予自由选择的机会。这一观点启示社区心理学家，在影响和干预社区时，要给予社区居民选择权和自主权，要注意建立自身的权威与居民的权利之间的平衡。

4. 进化心理学的人性观

进化心理学不同于以上三种人性观中的任何一种，它强调人类行为具有遗传学的基础。进化心理学甚至也能从人的利他、爱情等亲社会行为中寻找到基因作用的痕迹。因此，进化心理学的人性观拒绝以"性善"和"性恶"来判断人性。

进化心理学提供了大量证据，表明人脑自出生起就不是"白板"，而是在长期进化的历史基础上形成了有复杂"电路"的"电路板"。这些"电路板"因不同的进化种族和历史而有所不同，也带有生物学和文化学的先天差异。因此，在认识人类行为及其变化时，需要把个体进化中的共同生物学因素和差异性纳入考虑。进化心理学作为视角更加宏观的一种心理学学科，提醒我们在认识和改变人类时，不仅要关注直接相关的因素，也要关注漫长的历史条件对人类的不易觉察的影响。

(二) 心理学中的价值干预问题

心理学家一直强调价值中立的问题，就是说，心理学家不应该用自己的价值观来使来访者发生改变，或者说不应该用自己的价值观来影响来访者的决定，这一观点已成为心理咨询中的一条重要伦理准则。在审视这一观点时，我们恰恰可以发现，心理学对人的干预是隐含着某种价值观的干预。这种价值观既有学科观点背后的价值观问题，也有实施干预的心理学家自身的价值观问题。对社区心理学而言，社区心理学家需要从学科和自我两个方面来认识价值观与价值干预问题。

卡尔·罗杰斯曾提出两条衡量心理治疗效果的标准：一是自我中心的"价值条件"是否减少，也就是说，心理学家是不是以自己的价值观来衡量他人的好坏；二是无条件的自我关注是否增加，也就是说，人们是否不再只关注外在的好坏，而能够关注到自我的感受。从这个观点来看，当人们有力量觉察和建立自己的价值体系及自我的评价准则时，就更加接近心理健康的状态。

另外，我们还可以用理性情绪行为疗法来认识心理学的价值影响问题。理性情绪行为疗法是阿尔伯特·埃利斯（Albert Ellis）所创立的一种理论。理性情绪行为疗法认为，人的心理障碍发生的原因，根本上来源于个人解释世界的方式，源于采用绝对地、极端化地看待事情的方式，即所谓的"非理性信念"。从根本上来说，非理性信念大多是价值观，或者反映着价值观。埃利斯指出："咨询师不仅要有针对性地处理当事人特定的非逻辑思维，还应该向当事人表明，一般来说人容易跟从哪些主要的非理性信念，以及应该用哪些较为理性的人生哲理来取代它们。"从价值观的角度来解释，就是说，心理学家需要为人们建立更为理性的符合逻辑的价值观。

在临床心理学学科发展的历史中，学者们总结出了几条重要的价值干预的原则。这些原则也有助于社区心理学家来认识自己所做的工作。

第一，咨询师应该对自己的价值观有高度的自觉，对咨询中的价值问题有高度的敏感，并能小心地处理咨询师和来访者的价值观的不一致。咨询师的重要的个人能力之一，就是对此保持高度敏感。

第二，应承认并尊重多元化价值取向存在的权利。多元化价值观既涵盖对不同文化背景下的群体价值体系的关注和尊重，也包括对个体价值的尊重和接纳。咨询师不能因为与当事人的价值观不同而拒绝当事人，或粗暴地对待当事人。心理咨询与德育工作的一个关键区别，就在于对价值的处理方式不同。德育工作本质上是以一套既定的、统一的价值观去塑造人的心灵，而心理咨询则不以品德塑造为基本目的，不制定任何既定的价值观，不从内容上干预当事人的价值取向。

第三，应遵循一些相对具有普遍意义的价值。布洛切（Blocher, 1987）提出：尊重人的生命；尊重真理，尊重自由和自主；信守诺言和义务，关心弱者和无助者，关心人的成长和发展，不让他人遭到损害，关心人的尊严和平等，关心感恩和回报，关心人的自由。他认为，这些价值在美国文化中有普遍性，应该是咨询师在进行价值判断时的导向。由于社区心理学是建立在心理健康基础上的，社区心理学家在社区工作中也需要具备同样的个人能力和态度。

我国学者江光荣建议，在价值干预中，临床工作者要侧重功能干预，避免内容干预。价值的功能干预是引导当事人把自我探索集中于个人选择与个人需要之间的关系，而不是由咨询师根据自己的价值判断来评判一个选择是否有价值，然后把自己的观点加于当事人。例如，帮助当事人澄清其价值追求，让当事人意识到自己有什么样的价值观，帮助当事人明确自己的真实需要是什么，让当事人领悟其价值观与行为和情感之间的矛盾及其后果。在这个工作过程中，要避免内容干预，既尽可能避免价值说教，也不对当事人的价值观作好坏、正误的判断。临床工作者表明自己的态度，目的也是在于扩大当事人的视野，认识到有多种价值选择的可能性，不应该直接给予影响和要求。

第二节　社区心理学的核心价值分析

社区心理学隐含着对他人的价值干预的问题。价值的本质，是人的需要与其存在的条件之间的关系。通俗地理解，价值其实就是：对于一个人来说，什么是好的，值得要什么；什么是不好的，不值得追求。从古到今，关于价值问题争论不休，其中一个重要的原因就是很难找到一个价值的绝对标准（马斯洛，1987；奥尔波特，1977）。如果认可个体价值合理，那么，我们自身的个体价值是什么，我们的学科所秉持的价值体系是什么，我们应该允许他人保持个人价值还是必须修正他人价值，都是需要深入思考和明确的问题。在本节，我们就对社区心理学中的核心价值进行讨论。

坚持多元推理是认识社区心理学价值观的一个重要出发点。多元推理是指在相互对立的观点中发现多个事实，尊重多个事实的客观存在，在此基础上建立起能够保持平衡的协议或措施。科尔伯格（Lawrence Kohlberg）曾经用"为重病的妻子偷药"的两难情境问题，研究不同年龄的道德水平，得出结论：简单地"惩罚"，并不是最成熟的表现。社区心理学的早期引领人之一拉帕波特（J. Rappaport）主张，在相互对立的观点中发现多个事实，认识到相互冲突的观点可能共存，避免将问题过于简单化、绝对化。尊重双方不同的立场，进行观点对话，而不注重辩论的输赢。他说，不论你如何坚定地热爱自己的观点，一定要记住，你的观点只是事实的一个方面。并且，当你发现你的观点"完美"到没有一个人反对的时候，恰恰是你需要谦虚谨慎地小心对待问题的时候。因为社会问题是如此复杂，单一的观点往往隐含着一种无法改变的强势力量，也隐含着对某些群体而言极大的不公平。

在社区心理学中，关于价值的讨论有许多作用①。

第一，价值有助于我们研究、选择和行动。社区心理学家是否与某个组织和某个社区合作，取决于他们内在的价值。他们可以出于对弱势社区的社会正义感而申请经费，进行呼吁和改造；他们也可以与强势的社区合作，为了提供更好的服务方案，并从中获得利益；他们可以以自身的研究为出发点来要求社区与之合作；他们也可以改变自己的计划而顺应社区的需求。

第二，不断开展有关价值观的讨论，有助于辨识社区行动与不同群体价值是否匹配，是否会导致不同的结果。要做到这一点，社区心理学家需要理解和掌握价值观的相关知识和讨论技巧，并能够在符合学科价值的基础上进行引导和选择。可见，认识和不断提升自己的价值观，是社区心理学家的重要素质之一。

第三，社区价值也是多元化的，没有"放之四海而皆准"的单一的社区价值。社区心理学家要理解、尊重社区独有的文化和价值。例如，农村里的群体依赖关系，有其根深蒂固的社会文化历史原因，并不能用落后、懒惰等道德评价的视角来解释或进行简单的改造。

第四，社区心理学需要通过社会行动和社会政策的途径直接改造社区及其居民的价值观，从而达到改善社会环境的目的。因此，价值观是社区心理学重要的理论基础，需要认真深入地讨论和学习反思。

虽然每一个社区价值都是重要的，但是在一个具体的情境和问题中，必然存在价值的冲突，因此，平衡这些社区价值，建立起不同群体不同价值的相互制衡机制，才是讨论和研究社区心理学价值问题的真正意图。为了便于学生理解和掌握，我们将研究者对社区心理学核

---

① ［美］詹姆士·H·道尔顿等：《社区心理学——联结个体和社区》，2 版，王广新等译，15～21 页，北京，中国人民大学出版社，2010。

心问题的观点从个体价值、群体价值、社会价值三个方面来陈述。这样呈现，既是为了方便学习，更是希望学习者意识到：社区心理学的核心价值涵盖了个体、群体、社会三个层面。需要说明的是，这样的区分是相对而言的，严格来说，也就某一个层面的某一个具体的价值观点，不仅属于这个层面，也可能与其他层面相关，我们只是从侧重性来进行相对而言的区分。

—— **资料窗** ●——————————————————————————————

我们①

杭州开展的"我们的价值观"主题实践活动，以社会主义核心价值体系为主要内容，旨在进一步推动社会主义核心价值体系大众化，使其成为全体市民内化于心、外化于行的自觉行动，使深植于社会、深植于人民群众心中的感恩、奉献、互助等核心价值得到进一步的升华、普及和实践，成为城市文明的重要力量。

价值观，好比人生的指南针，不可或缺，对一座城市而言同样如此。物质财富固然重要，精神财富更为可贵，那是一座城市的灵魂。

每个月，都有关键词。从1月到12月，民生、礼仪、诚信、感恩、奉献、关爱、信仰、责任、科学、爱国、创新、和谐，与我们日常的节庆日相伴而来。

"我们的青春""我们的社区""我们的媒体""我们的杭商"……一个个"我们"，汇结成了这一年来杭州的最热词——"我们的价值观"。

社区是社会的单元和城市的细胞。"我们"社区系列课题组向全市发出了共建共享"我们的社区价值"的倡议，呼唤仁爱互助的价值观，力图让社区成为我们共同的美好家园。

践行"我们的价值观"正在成为杭州人的自觉。

一、社区心理学中的个体价值

社区心理学中的个体价值观点主要包括以下内容：

（一）社区心理学家要高度关注社区的优势与能力

优势或优势观点的含义，是说虽然社区心理学家在开始的时候是以"存在什么问题"的视角来发现问题的，但在推进和处理问题的时候，更多采取的是优势的视角，即社区有怎样的资源和能力、条件可以介入这个问题的干预过程，将社区的各种条件和资源从积极的角度来解读分析，从而设计和实施具体的干预过程。这就像预防感冒一样，最好的预防效果不是在某个特定的时间注射预防疫苗，而在于平时的锻炼、日常的作息等。因为我们相信，通过这些做法，个体自身能滋生出用于预防的源源不断的资源。所谓能力，是指个体在与环境互动时的一种控制感，是人们感觉到自己有能力管理或改变自己、他人或环境的基本欲望。

---

① 根据相关资料整理，参见 http：//z. hangzhou. com. cn/11jzg_ xfcsll/index. htm。

能力与预防的概念密切相关，如果在生命早期能够增强个体的优势与力量，日后会更容易避免问题的产生。社区心理学家在工作早期就重视能力的概念，相信能力与个体所处的社会生态环境密切相关，改变个体的社会生态因素有助于个体能力的提升。

（二）个人有权利追求个人与家庭的幸福

如果你一天工作 12 小时，也许能够使你的事业对社会更有价值，但你需要牺牲个人的享受和与家人相处的时间。你还有另一个选择，就是坚持工作 8 小时后，让自己放松，回归家庭。前者很多成为社会榜样，后者可能显得不具有更高的社会责任。但社区心理学家更认可和支持后者的选择，认为个人有权利追求个人与家庭的幸福，个人与家庭的幸福不仅有助于个体的身心健康，而且有利于提升工作满意度，提升整个社会的生活品质。因此，社区心理学在这种观点的指引下，愿意就提升个体的社会情绪问题、个人的社会支持网络、建立互助团体、提出职场健康计划等问题进行实践和研究。若一个人无法保持自身和家庭的幸福，其对社会的价值也会大打折扣。社区心理学家不认为个体的幸福与社会的贡献相矛盾，即使退一步讲，当认为两者出现矛盾时，社区心理学家更关注个体和个体微观环境的重要性，更倾向于扮演心理学家的角色，而不是社会学家、政治家的角色，这正体现出其对自身学科价值的态度。

（三）尊重个人权利

社区心理学家本身也会有自己的观点和态度偏好，但绝对不能用建立在自己的观点和态度上的标准来"要求"或"改变"当事人。因为社区心理学主张，每个人都是不同的，每个具体的服务都没有所谓"最好"的或者"唯一必须"的标准，任何人都没有权利把一个绝对的标准强加于某个具体的人，个体自己拥有选择"做"或"不做"的权利。正是基于这个观点，社区心理学家在实务干预中尽可能给出多种选择，因为单一的选择答案不一定能够适应所有的社区人口。提供适合不同群体和个体的多样化的选择服务，才是最好的社区服务。要创造条件使社区中的每个人都有权利参与社区服务，并选择最适合自己的方案。绝对化的、单一的服务方案，不能够提供社区服务的选择机会。社区心理学家在提供社区服务时，不能让社区的人通过改变自己来适应服务计划，而要让服务计划能够为社区的各种人群甚至每个个体提供选择的可能性，这不仅体现出对个人权利的尊重，也更能方便地让人们获得社区服务。虽然在实际中无法完美地达到这个目标，但这个目标应该成为社区心理学家努力秉持的一个原则。

二、社区心理学中的人际关系价值

（一）认可和重视社区感的重要性

社区感（sense of community）是指社区中的居民群体感觉到自己和社区中的其他居民之间的连接感、共同感、认同感，它与社区意识、社区精神等概念有巨大的重叠性，是指社区内个体对其他居民所产生的归属、亲切等感受。拥有社区感的居民，会对所在社区有认同感，也愿意与邻居们分享个人的观点，表达个人的情感。研究者发现，社区感与主观幸福感之间呈现正相关关系（Davidson & Cotter，1991）[1]，而缺乏社区感使个体在社区内感到疏离、冷漠。社区感的缺乏常常会导致居民恐惧，会出现暴力和犯罪、儿童心理健康指数低、儿童学校行为问题增加、孤独感上升等问题。缺乏社区感会导致社区认同混乱，这种混乱既有可能加强社区内小团体的凝聚，也可能引发个人危险，或者使小团体的冲突更容易上升为大的冲突。麦克米兰等（McMillan & David W.，1996）将社区感分为四个方面：成员身份、影响力、融合、情感联结[2]。成员身份是指人们自己所体验到的归属于所在社区的个人感受；影响力是指人们感觉自己可以让所在社区有所改变；融合是指社区成员相信社区可以满足他们的需要；情感联结是指社区成员之间能够拥有共同的历史、经历、时光。目前，社区心理学家已开始进行邻里、学校、教室、互助团体、宗教组织、职场、网络社群等相关社区意识的主题研究。

―― **资料窗** ――――――――――――――――――――――――

社区发展计划[3]

斯塔尼司（Starnes）是致力于推动亚特兰大社区感的社区心理学家。她被认为是倡导中等收入和低收入居民混合居住的先驱，致力于住房多样化群体邻里和社区的联结。她推动了开展新生活品质规划和建设条例，为鼓励邻里互动，建议住房前面建设门廊和人行道，以使社区居民能够方便地看到对方，也更方便聊天。她强调尊重多样性这一价值观，努力推动不同社会经济地位、不同种族等各种多样化的多元社区。她推动建立了社区法院制度，针对非暴力犯罪适用恢复性司法原则，如清理乱涂乱画现象和进行社区服务，让违法被捕的妓女为无家可归者提供帮助和服务。

在亚特兰大，斯塔尼司担任了 24 个社区的社区联合会主席，推动社区参与城市政策的讨论，鼓励他们提出意见和建议。虽然这是"喧闹的民主"，但社区发出了自己的声音，就能够影响到最终的决策，也推动了公民和专业团队的合作。

――――――――――――――――――――――――――――――――――

（二）秉持社会生态观

社会生态观是社区心理学家最重要的理论依据和信念。社区心理学家不会认为只有一个"最好"的方式可以使所有的社区人口受益，不会有一个"最好"的社区模式适合所有的社区来复制学习。相反，社区心理学家强调人与环境的适配性，也就是说，没有最好的，只有

―――――――――――――――――――

[1] Davidson, William B., Cotter, Patrick R. The Relationship Between Sense of Community and Subjective Well-Being: A First Look. Journal of Community Psychology. Jul91, Vol. 19 Issue 3, 246 – 253.

[2] Mcmillan, David W. Sense of Community. Journal of Community Psychology. Oct96, Vol. 24 Issue 4, 315 – 325.

[3] 参见［美］詹姆士·H·道尔顿等：《社区心理学——联结个体和社区》，王广新等译，19 页，北京，中国人民大学出版社，2010。

最适合的。从适配性的角度来看，社区心理学的目标之一，就是找到人与环境的最佳组合，对问题的分析应该同时从两个方面的交互作用来认识和改变。瑞帕波特（Rappaport，1977）指出：生态观点意味着检视个人与其所处的环境（包括物理环境和社会环境）之间的关系，并建立个人与情境的最佳适配性，偏向任何一方都是不恰当的。

（三）重视并促进跨领域的协同合作

社区心理学家不会把自身以及自己的学科凌驾于其他专业人士和其他学科之上，他们致力于跨专业的协同合作的社区服务模式的建立。跨领域的协同合作是社区心理学非常重视的专业价值与实务理念。如前所述，跨学科的社区心理学服务模式，已成为社区心理学培养的三大模式之一。社区心理学家既重视多学科的跨领域合作，也重视在实务中与社区内的个人和社区整体的协同合作，愿意建设并通过公民参与的方式形成一种合作关系，从而让服务群体自身成为社区改变的最有价值、最可持续的力量。为促成这种多学科的协同，社区心理学家常常不会在社区内扮演专家等高级身份，他们重视社区内的社会网络、组织、文化传统和其他各种资源。社区心理学致力于在社区成员和社区心理学家之间建立起一种合作性的关系，双方都对社区提供积极的和有贡献的知识和资源。

三、社区心理学中的社会价值

（一）问题预防胜于问题出现后的治疗

"预防胜于治疗"的理念是受到公共卫生运动的激励后，由斯维姆斯哥特（Swampscott）研讨会①提出来的重要的专业核心概念。此主题隐含的意义是：在介入处理过程中，治疗时机太晚，个人的问题已经形成很久之后才能获得治疗，因此治疗效果也有限。著名的心理学家艾默瑞·考恩（Emort Cowen，1980）提出：我们逐渐警觉到，一旦过了某些关键期，心理创伤之康复工作是充满了挫折与悲观的；心理卫生的基本取向是既耗时、成本又大且受文化束缚的，虽然的确有效，但因为社会大众的需求极大，因此服务取得不易。②

在社区心理学中，预防介入有不同的层次。初级预防是试图在问题出现之前或最早出现时立即介入的，就像疫苗一样，保护机体不被感染。初级预防常常以活动的形式呈现给身心健康的社会大众，以帮助其维持和促进个人的身心与情绪健康。次级预防则企图在特定问题开始恶化或变成持久困扰的最早可能时间点上就给予处置，例如预防高中生吸烟或饮酒上瘾。三级预防是给予处于危机中的个人以支持性的帮助，例如精神病患者的社区融入。基本上，预防优于"早期发现早期治疗"，更优于"治疗复健"，因此初级预防比次级预防和三级预防更为重要。初级预防也称为"全面性预防"（universal prevention），其主要目标在

---

① 斯维姆斯哥特是美国马萨诸塞州的一个海港城市，1965 年在那里举行的美国国家心理健康系统的会议上，专家建议进行社区心理健康训练，这成为社区心理学诞生的标志性事件。

② Cowen，Emory L. and Kilmer，Ryan P. Positive psychology：Some Plusses and Some Open Issues. Journal of Community Psychology，Jul2002，Vol. 30 Issue 4，449 - 460.

维持个人的完好（well being）状态，减低问题或疾病的发生率。初级预防的对象是整个群体而非少数或单一的个人，可以从增加或减少个人行为，增加或减少社会情境，增加或减少物理环境几个方面进行。

（二）信任并帮助给予居民增能

增能是包含了个体以及个体所在组织的概念，指个人、组织与社区通过一种学习、参与、合作等过程或机制，掌握控制自身相关事务的能力与技巧，以提升个人生活、组织功能与社区生活品质。增能是一种建构，联结了个体的优点和能力的、自然形成的助人关系，以及参与社会政策和社会改革的主动性。增能的理论、研究以及介入措施，皆是把个人的福祉纳入更大的社会和政治环境中来考虑（Zimmerman，1995）。增能是社区心理学的重要精神与概念之一。增能通过由下而上、公民参与、协同合作、非正式协助系统等方式，使人们相信自己本身是有能力的，事情是可控制的或有改变的可能性，社区心理学家在这个过程所扮演的角色是合作者与促发者。

（三）尊重多样性

社会是多样性的，社区也是多样性的，个体更是多样性的。尊重人类多样性，表现为社区心理学家了解并欣赏不同文化的价值和资源，需要将自己的研究与文化相结合。尊重多样性，需要理解不同的团体和个体，并在他们的价值之间建立平衡。人类多元价值建立在尊重不同的性别、种族、文化传统、语言、宗教、国籍、性取向、智能、社会地位、收入、年龄等的基础上。为了顺利、有效地进行社区介入工作，社区心理学家必须接受多元文化的相关训练，累积不同于自身社会文化背景的实务经验，培养高度的文化敏感度，以及避免不必要的歧视、偏见或社会分化。因此，在以服务群体最佳利益的考虑之下，"间接"服务是较可行的协助方式，例如倡导、咨询或相关机构人员教育训练等。社区心理学欣赏多样性，因为每个人都有权利与众不同，而与众不同不代表优劣。如果能够把与众不同视为生活中的既定事实，那么资源就应该被分配到这些独特的个体身上。这种信念源于对独特的生活方式、世界观和社会组织的肯定。对这些独特差异的肯定，能让我们避免用主流的文化标准来衡量多元种族。

（四）通过参与行动研究促进社会公平

美国社区心理学的兴起受到20世纪60年代各项社会与政治改革浪潮的影响，社区心理学家最强调的专业价值就是社会正义。针对社会改变的部分，可以通过大众媒体倡导或社会行销等方式，影响社会政策或改变公众态度。黑尔等人指出，研究应该促进社会的改变（Hill，Bond，Mulvey & Terenzio，2000）。社区心理学的多数行动研究是参与式的。在行动研究中，受困扰的个体不仅是被试，也是形成研究框架的积极参与者。行动研究的标准形式是：研究者与研究对象之间是积极的伙伴关系。行动研究所关切的是社区心理学家所拥戴的哲学观："没有我的参与，就失去对我的意义。（Nothing about me，without me.）"（Nelson，Ochocka，Griffin& Lord，1990）所谓"社会正义"（social justice），乃是在社会中，权利、义务、机会、资源等能够做到公正合理地让所有民众均衡享有。

除本节所阐述的三个核心价值之外，还有一种观点，就是重视实验研究的科学态度，这也是社区心理学的重要核心价值之一，是指在社区中虽然无法严格控制，影响变量极多，但还是要尽可能根据实证研究结果整合社区研究和社区行动，通过研究更好地了解和解释社区行为。社区心理学家既重视定性研究，也重视定量研究，他们也关心研究者在研究中所持的价值观和理论假设，并与社区价值进行比较和反思。这个过程虽然要涉及更多的问题，增加了研究和行动的难度，但也是一个必须遵循的科学态度。

◉ 本章回顾

内容小结

本章阐述了社区心理学的核心价值。核心价值是回答"为什么"的问题，即我们需要针对我们的社区干预行动寻找到其背后的哲学和价值。社区心理学的核心价值包括：强调优势与能力，追求个人和家庭的幸福，尊重个人权利，重视社区感，秉持社会生态观，跨领域协同合作，预防胜于治疗，赋能，尊重多样性，参与行动研究，重视实验研究的科学态度，等等。在技术为王的现代潮流下，我们还是认为以干预人的行为为目标的学科中，诸如价值观的哲学思考是重要和必要的。

关键词

价值　价值观　价值体系　个体价值　社会价值　社区感　社会生态观
赋能　参与行动研究

◉ 思考与练习

一、简答题

1. 各种不同流派的心理学理论是如何界定人性观、价值观问题的？
2. 如何理解价值冲突？
3. 什么是社区心理学的核心价值？
4. 社区心理学的核心价值有什么意义？
5. 你是如何理解人类多样性的？

二、论述题

试述你个人对社区心理学价值意义的认识。本章中的哪一个观点令你印象最为深刻？你如何解释自己为什么会这样重视这一观点？

三、案例分析

菲利普·津巴多（Philip George Zimbardo）是斯坦福大学退休的美国心理学家。他的父母是意大利西西里岛人，他出生在美国纽约的南布朗克斯区。他曾经设计了一个社会心理学实验，把两辆报废的汽车分别放在他出生的南布朗克斯区和他所工作的斯坦福大学所在地即加州的帕拉奥托区，然后用隐藏的摄像机记录人们的行为。一天之内，放在南布朗克斯区的汽车遭到23次破坏性的拆卸、攻击，而放在帕拉奥托区的汽车却没有被任何人动过，而且，直到实验结束把车开走，有3位邻居打了报警电话。这个实验让人们思考：环境对人的影响是什么？

1971年，他又设计著名的"斯坦福监狱实验"。在斯坦福大学心理系的地下室，他临时模拟建了一个监狱，然后在全校招募了24名大学生实验者。每个实验者在实验前都进行了性格测试、临床检查、背景调查，他们全都是健康安全的被试。然后他随机把其中9人分为狱警组，9人分为犯人组，其余6人作为后备组。他告知实验者，他们每人每天可以得到15美元的酬劳，如果实验延续2周，每人可以得到4 000美元酬劳。实验的所有过程都可以被监控，任何人都有权利随时叫停，但如果有一个人退出就结束实验，他们也无法得到4 000美元的酬劳。

实验开始后，狱警组很快就变得暴力、专制，犯人组也变得冷漠、情绪低落，以至于第二天就有人出现了歇斯底里症状而要求退出。在实验过程中，一直有研究者、牧师、家长、真正的狱警等一百多人前来观察。直到第六天，津巴多的女朋友——伯克利大学的心理学教师克丽丝缇娜来进行访谈研究时看到"狱警"和"犯人"之间的伤害而无法忍受，坚决要求终止实验，实验才不得不提前结束。

津巴多自己对这次实验的解释是：环境对人的影响力，比大多数人想象中的要强大得多，可是很少有人意识到这一点。后来，他形成了"人、环境、制度交互作用"的学术观点。

请你以此为线索，搜集相关资料或者观点相反的资料，并根据资料分析：环境与个人行为的关系是怎样的？

第三章 微观视角：个体心理健康

CHAPTER

➡ 本章概要

社区心理学强调从社区结构、社区互动的层面来提升社区整体氛围和品质，但社区是由很多独立、独特的个体组成的，只有了解每个个体不同的心理成长阶段与需求，才能有的放矢地提供有效的心理服务，真正提高社区心理健康的品质。

本章希望通过对个体心理及其心理健康的介绍，给学习者提供微观视角的社区心理学的基础知识。在社区心理学的实务中，我们必须看到具体服务中的个体层面的微观需求和社区层面的中观需求之间的关系，只有全面顾及这两者的关系，才可能真正达到社区心理学的工作目标。

➡ 学习目标

掌握从童年期到老年期个体不同发展阶段的心理表现，以及与此相关的心理健康主题，建立毕生发展的观点，并在此基础上思考社区心理学的相关议题。

➡ 学习建议

本章对个体的描述是从一个"平均值"的个体角度来进行的，现实的情况是，每个具体的人都有自己的独特性。虽然总体来说每个人都经历过本章所描述的所有阶段，但从独特性的角度来说，也许一个孩子是符合一般成长发育规律的，但另一个孩子就发育略早或略迟，甚至某些方面略早，某些方面正常，还有一些方面略迟，通常，这反而更符合实际的个体情况。因此，建议大家在学习的过程中高度关注和思考某一个年龄阶段的"一般规律"和具体的某一个个体的"独特性"之间的灵活、辩证的关系，不能简单地拿一般规律来生搬硬套于某个个体，进行"好""坏"的判断，应该将规律作为理解和关注个体的背景知识，进而理解和解决问题。此外，学习时需要注意年龄发展特征与社会变迁的关系，因为很多年龄特征不仅仅是随年龄增长自然而然出现的，而是与社会变化有直接关系，例如，进入老龄化社会后，老年人的心理和精神健康问题越来越受关注。按上述这样学习，有利于我们更好地认识社会教育的内涵。

○ 引　言

　　小金是个 16 岁的小伙子，因抢劫而被拘留。他非常聪明，在小学三年级学校智商测试中得了第一名。初二那年，小金的父亲因患肝癌去世了，其母亲沉浸在悲伤中无法自拔，家庭收入直线下降。小金也因为失去父亲及经济拮据，情绪非常低落。他想要赚钱，开始与社会上的一些人交往，慢慢荒废了学业。初中毕业后进入了职业学校，但他已经没有兴趣读书，不到一个月就退学并成为一个青少年团伙中的成员，跟在"大哥"后面参与很多不法活动，包括抢劫、卖毒品等。后来，当他发现他们这些"小兄弟"总受"大哥"剥削时，他就决定自己做"大哥"，靠着健壮的身体参与打架斗殴，成了远近闻名的"大哥"。他觉得自己很威风，母亲苦苦相劝，他也不为所动。他对手下的"弟兄"很好，但是，当因抢劫被抓的时候，他的"弟兄"却把所有的责任都推给了他。拘留期间，也没有一个"弟兄"来看他。他很失望。

　　是什么让这个聪明的少年误入歧途？社区是不是有可能在事情恶化之前就为其提供一些帮助？社区现在还可以做些什么？

第一节　童年期的个体心理

一、童年期的心理发展

(一) 胎儿期的生理和心理发展

1. 胎儿期的生理发育及分娩过程

　　受精卵在 24～36 小时后开始进入细胞分裂过程，游出输卵管，进入子宫。第 3 周到第 8 周为胚胎期，所有主要器官都开始发育。第 20 周开始出现胎动。第 38 周之后发生分娩。不是所有的孕妇都会顺利自然生产，许多人也采取剖宫产方式。剖宫产的妇女和自然分娩的妇女相比，更需要慢慢恢复，同时必须照顾一个新生儿，这种经历将会使她们感到疲劳和耗竭，从而可能产生更多的沮丧和忧郁。

2. 胎儿期的心理发展

　　有研究证实，胎儿能对各种刺激做出反应。例如，把一束强光照在孕妇的腹部，胎儿的心率就会增加。在孕期第 17 周的时候，胎儿身体的几乎所有部分都对外部刺激能产生反应。当抚摸孕妇的肚皮时，胎儿会有感觉反应；胎儿会显示出对某种味道的喜爱；胎儿对外部的声音也有听觉反应；当孕妇笑或咳嗽的时候，胎动会增加。

　　孕妇的体重、身高、孕史、年龄、营养、疾病、情绪状态等都对胎儿的发育发展有影响。研究发现，非头生子出生时体内的激素水平会低于头生子；高龄产妇的胎儿缺陷率更高；在母亲情绪波动状态下，胎动会明显增加，长期如此会导致胎儿不安，出生时体重较轻。大卫·巴克（D. Barker）通过追踪研究，发现出生时低体重的人群在成年期更容易患有冠心病；临床医学的研究也发现，高血压、糖尿病等许多慢性疾病也与子宫内营养不良或胎儿期的生长发育迟滞相关。

（二）新生儿的生理与心理特征

新生儿的体重一般在 2 500 ~ 4 300 克之间。观察新生儿是否健康可以通过客观性测试的方式，运用艾普加量表（见表 3 - 1）进行评分。在婴儿出生 1 ~ 5 分钟之内，对婴儿的肤色、心率、对刺激的反应、肌肉的收缩性和呼吸进行评估：7 ~ 10 分，被认为是"好"；5 ~ 7 分被认为是"不好"，婴儿可能需要一些医学干预；0 ~ 4 分是"很不好"，婴儿可能需要抢救。

表 3 - 1　艾普加量表

迹象	分数		
	0	1	2
心率	没有心跳	少于 100 次/分钟	100 ~ 140 次/分钟
呼吸	没有呼吸	不规则的浅呼吸	强有力的呼吸和哭泣
反应	没有反应	弱反射反应	强烈的反射反应（打喷嚏、咳嗽、做怪相）
肌肉伸缩性	易曲	四肢有微弱的弹性	四肢有强有力的弹性
颜色	身体和四肢蓝色	身体粉红色，四肢蓝色	身体和四肢粉红色

新生儿有七十多种无条件的反射行为，如吮吸反射、觅食反射；有些反射是遗传留下的人类过去生活的痕迹，如游泳反射等；还有一些反射是神经回路现象，如行走反射等。这些无条件反射很多在出生后数周或数月内消失。尽管有些反射并不具有生物意义，但常用来作为新生儿是否健康发育的指标。

新生儿还表现出一些具有社会意义的行为，例如，对母亲的声音更为注意，喜欢注视人脸，喜欢母乳胜过牛奶。

产后抑郁是以显著而持久的情绪低落为主要特征的一种情感性精神障碍，一般在产后 6 周内发病，最常见的特征是疲乏、易怒、沮丧、焦虑、恐惧等，严重时会出生自杀行为，约有 10% ~ 20% 的产妇会出现产后抑郁。

（三）婴儿期的生理和心理发展

1. 婴儿期的生理发育

婴儿期指的是从个体出生到 3 岁这段时期，这是人生中发育最快的时期之一。

1 岁时，平均身高增长 25 ~ 26 厘米。2 岁时身高比 1 岁时增加大约 10 厘米，已经是成年人身高的一半左右。3 岁时身高比 2 岁时增加 7 ~ 7.5 厘米。1 岁时，体重已经是出生时的

3 倍左右。2 岁时，体重达 12 千克左右。3 岁时，体重增长明显减慢，但也会增加约 2 千克。

婴儿身体的各部分并不是以相同的速度增长的。新生儿的头部占身体比例的 1/4，2 岁时头部占身体的 1/5，随后身体的其他部分才逐渐赶上来。

生命的第一年是人一生中大脑发育最快的时期，要吸收大量的优质蛋白来满足快速发育的生理需要，因此饮食至关重要。婴儿的早期感觉经验，既影响神经元的大小，也影响神经元的连接。在缺乏刺激的环境中成长的婴儿与在丰富、良好环境中被抚养的婴儿相比，其大脑的结构和重量都有较大的差异[①]。

婴儿期的动作发展遵循从头到脚、由近及远、由粗到细的规律。随着神经系统和肌肉的发育，加上大量的自发性练习，婴儿开始学习控制身体各个部位的精细动作。婴儿动作发展虽有一定的规律，但也有个体差异，例如，有的婴儿 6 个月就会爬，有的婴儿 9 个月才会爬，这都属于正常的发展速度。身体发育和动作发展的速度主要是遗传的结果，但也会受到环境的影响，例如，如果阻止婴儿爬行探索，就有可能使婴儿爬行动作的发展受阻。

2. 婴儿期的语言和情绪

婴儿语言的发展可分为两个阶段：1 岁以前是婴儿口头语言开始发展的时期，称为言语的准备期或前语言阶段；1～3 岁，婴儿语言发展主要体现在词汇发展和表达能力发展两个方面。尽管婴儿的语言发展有可预见的顺序，但是，在 2 岁的时候，不同的孩子所掌握的词汇数量会有很大的不同。有的 2 岁大的孩子只能说简单的双字词组，而有的孩子可以说比较长的句子。两者都是正常的。识别语言发育的快速与迟缓很重要，对有听力障碍的孩子来说尤其如此。

婴儿具有先天的情绪机制，在外部刺激的诱发下会获得和发展出愉快、感兴趣、惊奇、厌恶、痛苦、愤怒、惧怕和悲伤八种基本情绪。微笑是婴儿的一个社会性行为，哭泣是婴儿表达情绪的另一种常见方式，微笑和哭泣可以引起周围对他的积极反应。

3. 婴儿期的情感依恋

（1）依恋是婴儿与主要照顾者之间特殊的亲密关系。

鲍尔比（Bowlby）的研究发现，人类生来就具有寻求与他人形成依恋关系的倾向。婴儿和照顾者形成亲密的关系来保证自己存活。发展心理学家认为，依恋是一种积极的、充满热情的相互关系，婴儿与照顾者之间的相互作用不断强化这种情感上的联结。建立正常的依恋关系对儿童的发展有极其重要的意义。鲍尔比和艾斯沃斯（Ainsworth）将婴儿依恋的发展分为四个阶段（见表 3-2）。

---

① ［美］罗伯特·费尔德曼：《发展心理学——人的毕生发展》，4 版，苏彦捷等译，139 页，北京，世界图书出版公司，2007。

表 3 - 2　　婴儿依恋发展阶段及特征

婴儿依恋发展阶段	特征
无差别的社会反应期 （出生至 3 个月）	此时婴儿对人的反应是不加区分的、无差别的反应，缺乏辨别不同个体的能力，因此他们对所有人的反应几乎是一样的，喜欢所有的人，愿意注视所有人的脸，看到人的脸或听到人的声音都会微笑、手舞足蹈；相对于物体，更喜欢人
选择性的社会反应期 （3 个月至 6 个月）	此时婴儿对人的反应有了区别，对母亲更偏爱，对所熟悉的人和陌生人的反应也是不同的；他们更频繁地对熟悉的面孔微笑、发声，而对陌生人的微笑则相对减少，甚至消失；开始能辨认并偏爱所熟悉的人，喜欢与熟悉的人接触；在母亲面前表现出更多的微笑、咿呀学语、依偎、拥抱，而对其他家庭成员和陌生人的反应就少了许多；所熟悉的人往往能更迅速、更广泛、更频繁地引起婴儿的微笑和发声；这时期的婴儿还不怯生，同时也不在意所熟悉的人离开
特定依恋期 （6 个月至 3 岁）	此时婴儿对母亲的存在极为注意，特别喜欢与母亲在一起，当母亲离去时，开始通过哭泣表示抗议，表现出分离焦虑，出现了明显的对母亲的依恋，形成了对母亲的特殊情感；同时，他们对陌生人的态度变化很大，见到陌生人不再微笑、咿呀学语、依偎，而是表现出更为明显的警惕、戒备和退缩，产生怯生现象
目标调整的参与期 （3 岁以后）	此时婴儿越来越主动地进行各种接触，开始理解依恋对象的目的、情感和特点，并据以调整自己的行为，表现出较多的灵活性；他们也能容忍与依恋对象之间的距离逐渐加大，并且逐渐善于与同伴和不熟悉的人进行交往

（2）依恋的类型。

美国心理学家艾斯沃斯在 1978 年进行了一个陌生情境实验研究，发现了三种依恋类型：安全型依恋、回避型依恋、矛盾型依恋。依恋类型虽然在婴儿期就已经形成，但这些早期经验会影响到成人后的交往模式。而且他发现，一个人成人后的依恋类型与婴儿期几乎是一致的。

①安全型依恋。实验中，大约 65% 的 1 岁婴儿属于这一类型。安全依恋型的婴儿和妈妈在一起时会主动探索，分离时会烦躁不安；当母亲返回时，会和母亲进行身体接触，以抚平忧伤。

②回避型依恋。大约 20% 的 1 岁婴儿属于这种不安全的依恋类型。他们与母亲在一起时似乎对探索不感兴趣，与母亲分离后也没有多少忧伤，母亲返回时常常避免与母亲接触。他们对陌生人没有特别的警惕，但常常采取回避和忽视的态度。

③矛盾型依恋。大约 10% 的婴儿属于这种不安全的依恋类型。这类婴儿与母亲在一起时紧靠母亲，很少有探索行为。母亲离开时，他们非常悲伤。母亲返回时，他们表现出矛盾心理，对母亲曾经离开感到非常生气，试图留在母亲身边，但对母亲的接触又表示反抗。

后来有学者又发现一种混乱/迷惑型依恋①。大约有 5% 的婴儿属于这种类型，陌生情境对他们造成的压力最大。这是一种最不安全的依恋类型，显示出一种矛盾型和回避型依恋的古怪结合，反映了对养育者靠近与回避的矛盾。与妈妈重聚时，婴儿可能茫然、冷淡，也许会走近妈妈，但妈妈想要靠近时，他们又突然跑开，而且，在两次重聚情境中会表现出两种不安全依恋。

婴儿的依恋性质在很大程度上取决于父母与婴儿的交往方式。如果一个婴儿的首要照顾者能够根据婴儿的需要去照顾婴儿，关心婴儿所处的状态，注意婴儿发出的信号，能够准确地理解，并做出及时、恰当的反应，婴儿就能产生和发展出对母亲的信任和亲近，容易形成安全的依恋类型，有更好的人际关系和自信心。矛盾型依恋婴儿的父母对孩子往往是根据自己时间的许可和情绪状况做出反应，而且大部分时间不做出反应，所以婴儿会使劲通过纠缠、哭喊来得到情感支持，如果仍无法得到就会生气和怨恨。回避型依恋婴儿的父母通常很焦躁，对孩子缺乏耐心，常常对孩子表达消极情绪，很难从亲子交往中获得快乐，但也有可能是热情过度的父母，给孩子太多的刺激。混乱/迷惑型婴儿对养育者既想接近又害怕，因为养育者曾对他们有忽视或体罚。

· 资料窗 ·——————————————————

婴儿依恋和婴儿气质②

托马斯和切斯（Thomas & Chess）将婴儿的气质类型分为困难型、慢热型和容易型。困难型气质的婴儿会极力拒绝日常活动的变化，所以面临陌生环境时会感到压力，不能对母亲的安慰做出积极反应，容易被划分为矛盾型依恋；慢热型气质的婴儿，在陌生情境中会显得冷漠和退缩，因此容易被划分为回避型依恋；容易型气质的婴儿容易被划分为安全型依恋。总而言之，敏感的养育行为与安全依恋之间有重要关系，同时，儿童的气质对婴儿形成的依恋类型也有影响。

儿童的依恋性质并不是一成不变的，如果照顾者的压力发生了变化，儿童的依恋也可能发生改变。如果早期缺乏社会性刺激，缺乏关系、爱抚，儿童就难以形成对任何人的依恋。

（3）婴儿的自我意识。

3 岁左右是人的自我意识的第一个质变时期。婴儿自我意识的产生是一个生物、认知、情感和社会能力总体推进的过程。其基本过程包括分离和个体化的双向过程：分离指的是逐渐同母亲、同别人、同外部世界脱离，个体化指的是成为独立的个人。精神分析学家马勒（Mahler）把分离—个体化的过程分为六个小阶段③。

---

① ［美］谢弗：《社会性与人格发展》，5 版，陈会昌等译，152 页，北京，人民邮电出版社，2014。
② 林崇德：《发展心理学》，132 页，杭州，浙江教育出版社，2002。
③ 林崇德：《发展心理学》，132 页，杭州，浙江教育出版社，2002。

①正常的孤独性（0～2个月）。在这个阶段，婴儿大部分时间花在睡眠上，马勒用一个鸟蛋形容婴儿封闭性的心理系统模型。这一阶段的任务是，婴儿在子宫外完成生物的内环境平衡。这时婴儿不能区分自己的感觉和别人的感觉，对外界不注意或很少注意。这是一个真正的未分化阶段。婴儿逐渐有一个朦胧的感觉：需要的满足不能由自己完成，而必须来自他自身之外的一个人。

②共生期（2～5个月）。在这一阶段，婴儿会慢慢意识到某个人正在照顾他，但是他没意识到那个人跟他是分开的。他认为母亲的边界就是他的边界，在这个边界范围内，他认为自己无所不能。在5个月末时，婴儿开始获得一种自我和非自我的意识。在这个年龄，婴儿会用视觉和触觉探索妈妈的脸，逐渐意识到自己不是母亲的一部分，自我概念开始形成。

③分化期（5～10个月）。这一阶段，婴儿注意的重点开始转向外部事件。婴儿的意识状态开始从与母亲的共生状态中"孵化"出来，出现自己独特的与母亲不同的意识状态，成为具有独特体验的个体。在同母亲脱离的阶段里，婴儿在发展自己的同时却比过去更具有依恋性：当母亲离开他时，会表现出苦恼忧伤。但与熟悉的人在一起，或是在家里等熟悉的地方，这种情绪会有所缓和。

④实践期（10～15个月）。这一阶段，婴儿开始爬和行走，由于运动范围扩大，以及认知图式形成和思维综合能力增强，在身体和心理上都同母亲分离，这时，他们能够从妈妈身边走开，但还有矛盾，会经常回过头来看一眼、笑一下。其他人，尤其是父亲，成为婴儿视觉和触觉探索的中心。每隔一段时间，婴儿又会回到母亲的身边，因为母亲是信息和情绪加油的主要"基地"。

⑤和睦期（15～24个月）。随着学会走路、说话，以及用心理表象表现自己和各种关系的能力形成，婴儿的心理诞生了。尽管婴儿仍然对母亲表示依赖与顺从，但同时也在不断努力争取进一步的独立性。

⑥个体化和心理常性期（24～36个月）。这个阶段婴儿已经有了强烈而稳定的心理表象，其中最重要的是母亲，正是母亲这一心理表象给了婴儿情绪常性。母亲的心理表象使得她不在婴儿身边时，也能给予他爱、信任、信心和保护、关怀的情感。此外，随着认知、情感和社会能力的迅速形成和发展，婴儿已经有了对自我的明确的心理表象。

（四）学龄前期儿童的生理、心理及社会性发展

学龄前期是指儿童从3岁到六七岁这个阶段。因这一时期的儿童处于幼儿园学习阶段，因此也常常被称为幼儿期。

1. 学龄前儿童的生理发育

学龄前身高和体重的发育速度较婴儿期开始变慢，一般每年长高6厘米，体重增加2 500～3 000克，幼儿期的儿童开始变瘦，身体脂肪含量缓慢下降，不再有婴儿式的面容了。他们的脑袋与身体比起来仍然相对较大，六七岁时脑重约为成人脑重的90%。这一时期的孩子不断跑、跳、爬、跌，享受挑战身体时的快乐，精细运动协调能力也发展得很快。然而他们会因灵巧度和精确性的不足而受到挫折。

2. 学龄前儿童的心理发展

随着符号功能的发展，如语言、想象性游戏等，幼儿从单纯的动作模仿中摆脱出来，开始进行初步的逻辑思维。由于知识经验的贫乏和语言能力的相对薄弱，幼儿的思维还必须借助外界事物的形象，例如，数数往往要掰手指头。幼儿通过游戏、学习、劳动、与成人积极交往，各种感觉会更加完善起来。幼儿听觉感受性在音乐、语言和游戏活动中也进一步发展起来。幼儿由于知识经验缺乏和理解力较差，对材料的识记经常根据事物的表面特征和外部联系进行机械记忆，例如：他们能完整地唱出某首流行歌曲，却不知其含义；可以流利地背出很多唐诗宋词，却不知其所指。

3～6岁是人一生中词汇量增长最快的时期，3岁幼儿的词汇量为1 000个左右，4岁为1 500个左右，5岁为2 500个左右，6岁则可掌握3 000～4 000个。语言使幼儿能够以原先他们没法实现的方式与别人共享或者互动。语言开启了一个由秘密、玩笑、结伴玩耍与正面强化的新世界。

资料窗

亲子互动与语言发展①

语言发展也受到大人对孩子说话的频率以及反应类型的激励。对向孩子提出许多问题以及主动与孩子进行频繁口语互动的父母来说，他们倾向于促进学龄前儿童对句法规则的学习，并且使孩子能够更长时间地进行表达。到5～6岁时，与那些和父母谈话较少的孩子相比，这些孩子认识的字母和数字更多。

---

3. 学龄前儿童的社会性发展

学龄前儿童的性别认同包括四个部分：正确地使用性别标签；了解性别是稳定不变的；了解性别的生殖器基础；建立性别恒常性。随着年龄的增长，幼儿对自己的生殖器越来越感兴趣，3～5岁时，幼儿对生殖器的差异可能会产生某些忧虑和疑问。按照精神分析的理论，这个阶段的儿童进入了性器期，会通过向同性别的父母寻求认同来缓解这些焦虑感。

父母是儿童在幼儿期主要的交往对象，同时，教师也逐渐成为幼儿生活中的重要交往对象。美国伯克利大学人类发展心理学教授戴安娜·鲍姆林德（Diana Baumrind）花费数十年的时间，以学龄前儿童及其父母为研究对象，到家庭实际访视并观察、记录不同时机的亲子互动情况。他发现所有父母在对子女进行管教时都有四个维度，不同的父母只是在这四个维度上有高低、轻重之分。这四个维度分别是管束、成熟要求、亲子沟通和养育。据此他将养育类型分为三种类型：专制型、威信型、宽容型。后来，麦考比（Maccoby）和马丁（Martin）两位学者又将宽容型分为宽容溺爱型和宽容冷漠型（见表3-3）。

---

① [美] 哈彻森：《人类行为与社会环境——心理暨社会取向》，洪贵真、刘嘉雯、任凯译，179页，台北，洪叶文化事业有限公司，2012。

威信型父母的管教方式最有利于儿童健康成长。威信型父母能够教养出具有工具性能力的儿童。所谓工具性能力，是指儿童在对人、对事的行为上，较多地表现肯独立、负责任、尚勤奋、重成就等性格特征。这些孩子也较多地表现出友善、助人、合作、自信等特征。

表 3-3　家庭教养的类型、特征及对孩子的影响

教养类型	特征	对孩子的影响
专制型	子女在家庭中的一切活动都由父母决定，子女只能无条件地服从；有关行为标准的是非对错也全由父母独裁判决，子女只能无条件遵守；子女行为如有偏差，父母直接给予处罚，不向子女解释理由；管而不教，严而苛刻	孩子的社会交往能力一般，认知能力强，易担忧，不快乐，承受压力的能力差
威信型	父母为子女定规矩，不但合情合理，而且以身作则，能够说到做到；对行为规范的要求，对价值标准的解释，前后一致，使子女易知易行；亲子间如有争执，父母采取说理方式，让子女表达意见，最后的决定让子女心悦诚服；管之、望之、教之、爱之	孩子的社会交往能力强，认知能力强，有很好的应对压力；好奇，自我控制能力强，与大人合作，精力充沛，友善，自立
宽容溺爱型	父母非常关心孩子的生活，几乎不对孩子提什么要求；松散控制；允许自由表达，鼓励创造性和自信	孩子的自我控制能力低；很难把自身的行为集中起来；希望我行我素；对不良的交往能力和认知能力持放任态度；不太受欢迎
宽容冷漠型	父母对孩子的生活很少过问；几乎不对孩子提什么要求；松散控制；允许自由表达，放任冲动行为	自我控制能力低；社会交往能力和认知能力较差；叛逆，冲动，攻击性强

同伴间的社会性联系日渐成为幼儿社会生活的重要内容。幼儿在与同伴的交往活动中练习社交技能，学会与他人以平等的方式合作、协商；增加亲社会行为，减少侵犯性行为。在与教师的交往中，幼儿演练着多种社会行为与社会技能，并依据教师给予的奖惩调整自己的行为。相较于家长，幼儿似乎更重视教师的评价，因此，教师期望对幼儿发展有直接的影响。

（五）小学儿童的生理、心理及社会性发展

1. 小学儿童的生理发育

小学儿童的身高、体重都比以前显著增加。骨骼肌肉茁壮成长，尤其是下肢骨骼增长比身体增长还快，8～9岁后小肌肉发育较快。整个躯体构造形式也发生了较大变化，躯干和手臂变长，躯干和臀部变宽，整个骨骼变大变宽，身体显得修长。在性成熟方面，女性要比

男性早一两年，因此，10 岁左右的儿童中，女孩要比男孩长得高一些、壮一些、重一些。小学儿童的运动能力（包括运动和知觉两方面）迅速发展，孩子的反应变得更加协调而且敏捷，他们能进行持久的、竞争性的运动而不感到疲劳。

— **资料窗** ———•—————————————————————————

知觉动作协调发展的意义①

知觉动作协调发展的一个重要意义表现在学习中。有些孩子在学习中表现出种种问题，尤其是阅读、写作和数学学习困难，究其原因，并不在于孩子本身不认真、不努力、不用功，而是由于知觉、动作发展落后，以及知觉与动作不协调。知觉动作的协调能促进视觉的发展，视觉又是学习阅读和写作的关键。

六七岁儿童的脑重为成人脑重的90%，12 岁达到成人的平均脑重量。但与青少年和成人比，小学儿童大脑兴奋与抑制的平衡性较差，过分的兴奋或抑制都会产生不良后果，过分的兴奋容易诱发疲劳，如学习负担重，作业量大。过分的抑制也会让儿童难以忍受，例如，要求小学低年级儿童学习他们既不能理解又毫无兴趣的内容，坚持不了多久，儿童就会烦躁不安。

2. 小学儿童的心理发展

小学儿童在低年级时以无意注意为主，到了高年级，有意注意逐渐发展起来。在教学活动的影响下，小学儿童对抽象材料的注意也逐步发展；具体的、直观的事物在引起儿童注意这个方面仍然发挥着重要作用。到了中高年级，小学儿童的注意力更集中、更稳定，注意的范围也随着年龄的增长而有所扩大，注意力的分配和转移能力也随之发展起来。

有意记忆逐渐超过无意记忆，成为这一阶段儿童主要的记忆方式。有意记忆是有明确目的记忆，无意记忆是没有明确目的但能够记住的记忆。随着学习动机、学习兴趣的发展，学习目的明确，有意记忆的主导地位越加显著。意义记忆逐渐超过机械记忆，并在记忆活动中逐渐占有重要地位。意义记忆是在理解记忆对象的含义和逻辑基础上的记忆，机械记忆是死记硬背的记忆。抽象记忆发展的速度逐渐超过形象记忆。抽象记忆是以公式、符号、关系为特征的记忆，形象记忆是以图形为特征的记忆。但记忆是有个体差异的，记忆能力有高有低，记忆类型也各有所长。学龄初期儿童的想象带有幻想的性质，非常喜爱童话和神仙故事，但他们与学龄前儿童的想象不同的是，他们已经明白这些都是虚构的。随着年级的升高，儿童对童话和神仙故事的爱好才逐步降低，开始喜欢看更富有现实性或结构复杂、想象丰富的文艺作品。

儿童的词汇不断丰富，词汇量不断扩大，言语的连贯性大大提高，但口头语言表达能力还比较差，常常显得神态紧张，会出现声音偏低、发音不准确、语句重复、出现病句等现象。儿童也开始了比口头语言复杂的书面语言的学习，包括识字、阅读、写作。小学低年级

———————————————

① 库少雄：《人类行为与社会环境》，209 页，武汉，华中科技大学出版社，2005。

儿童内部语言还很不发达，往往一边思考问题一边发出声音，例如他们读课文时，往往无法默读，而是要发出声音。儿童中期的内部语言有了发展，到高年级才会默读，标志着外部语言转化成内部语言。

情感智力是指理解自身感受、同情他人感受、用积极的方法调节情绪之类的品质。在情商中有一种非常重要的能力，就是延迟满足的能力。一项对父母和教师的调查发现，具有延迟满足能力的儿童一般都长成了更富教养、更受欢迎、拥有自信和可以信赖的少年。相反的，不具有延迟满足能力的孩子更可能会变得孤独、易受挫折且倔强。他们不堪压力，而且回避挑战。因此，延迟满足是一种自主技能，是一种理性大脑对冲动大脑的胜利。这是一种情商的表征。

儿童在和他人特别是照看者的接触中获得了对社会关系的初步理解，认识到人们之间的相互作用。例如，认识到家长的权威，与同伴的亲密和友谊，理解了他人的观点。在儿童早期是以自我为中心的，但到了这一阶段，他们开始明显地认识到别人有自己的思想和喜好，经常会考虑到别人的需要和兴趣，从而改变自己的行为。

3. 小学儿童的社会性发展

美国哈佛大学教授劳伦斯·科尔伯格（Lawrence Kohlberg）采用纵贯法，连续十年测量、记录了72个10～16岁男生的道德判断，提出了"三期六段"道德发展阶段理论（见表3-4）。根据科尔伯格的理论，小学儿童的道德正从前习俗水平往习俗水平过渡。

在小学时期，孩子越来越喜欢把时间花在同年龄段的群体上。友谊为儿童提供了相互学习社会技能、交往、合作和自我控制，以及体验情绪和进行认识活动的机会，为以后的人际关系奠定了基础。进入小学，儿童已经很重视与同伴建立友谊关系。当朋友在场时，其学习和活动会更加快乐。

表3-4 科尔伯格"三期六段"道德发展阶段理论

发展水平	阶段	道德推理的特点	行为特点
前习俗水平（学前至小学低中年级）	1	避罚服从取向	尚缺乏是非善恶观念，因恐惧惩罚而服从规范
	2	相对功利取向	为了在行为之后得到奖励而遵守规范
习俗水平（自小学高年级开始）	3	寻求认可取向	为寻求行为上的认可而遵守符合成人制定的"好孩子"标准的规范
	4	顺从权威取向	服从团体规范，尊重法律权威，判断是非时初具法制观念
后习俗水平（大约自青年末期接近人格成熟时开始）	5	法制观念取向	尊重法制，相信法律是为了大众公益而制定的，所以应该遵守
	6	价值观念取向	相信道德法则的普遍价值，认识人性的尊严，凭自己的良知去作是非判断

当孩子与年龄相仿者交流的次数增加时，他们开始形成群体。儿童中期的群体是非正式的，非正式是指没有明显、具体的规则来控制成员的行为，成员资格也是反复不能确定的。从初中开始，群体开始变得更正式了，角色概念变得更加清晰，控制群体的规则也是如此。

他们仍然依赖父母无条件的爱，仍把父母视为知识与权威的来源，因为规则与良好的抚育依然至关重要。个体社会行为的"移情发展模型"的创始人、美国心理学家马丁·霍夫曼（M. L. Hoffmann）提出了三个主要的规则策略：一是权力肯定规则，包括身体处罚、惩罚威胁以及试图控制孩子的行为；二是关爱取消策略，即当孩子的行为不恰当时取消关爱；三是诱导策略，即试图运用解释和推理来影响孩子的思维。运用权力肯定规则的父母增加了儿童的攻击性倾向，受过惩罚的孩子会感到尴尬和羞耻，因为这样做贬低了孩子。低自尊的孩子因为缺乏恰当的社会技能，从而更有可能表现出攻击性行为。运用关爱取消策略的父母暗示孩子，因为他的行为，父母不再爱他了，他们会坚持对孩子不管不问、拒绝与孩子谈话（沉默疗法）等，这些行为会让孩子感到畏惧，会引发孩子过度焦虑，并且会阻止孩子的感情表达需求。诱导策略是一种很重要的育儿策略，它能帮助孩子形成内在的道德标准。与那些被运用权力肯定规则的孩子相比，受到诱导规则教育的孩子获得了自我练习的经验，因此他们对人表现出更多的关心及慷慨大方。

小学低年级儿童对教师充满了崇拜和敬畏，教师的要求在儿童心目中更有权威。但到三年级左右，学生不再无条件服从、信任教师了，对不同教师也表现出不同的喜好态度。他们对自己喜欢的教师报以积极反应，极为重视对所喜欢教师的评价，而对自己所不喜欢的教师往往给予消极的反应。因此，小学生对教师的态度中情感成分较重，教师努力保持与学生的良好关系会有助于教育思想的实施。

二、童年期的社区生活与心理健康

（一）儿童需要充满关爱的成长环境

儿童大部分时间都生活在家庭中，因此，家庭是否从最初孕育胎儿的过程中给予其足够好的身体照料，到儿童慢慢长大过程中的养育方式，都与儿童的心理健康发展密切相关。

如果一个家庭对儿童的到来是充满期待的，母亲尽可能避免影响儿童的生理和心理发展，将孩子视为一个值得尊重的个体，愿意去理解和了解孩子，提供给孩子成长所需要的物体、空间，温和地规范孩子的行为，给孩子创造一个充满爱与期望的环境，这些都有利于儿童的心理健康。如果儿童在成长环境中受到过多的苛责和忽略，儿童会感到自卑、退缩或者具有很强的攻击性，难以安抚。

除了家庭之外，儿童的成长也依赖于充满关爱的社区环境，例如，社区中有足够的、安全的儿童玩耍、同伴交往的空间，提供能够帮助家庭抚育儿童的服务，例如暂时的托幼服务，传递健康的育儿知识和理念等。这些都有助于儿童的心理健康发展。

（二）儿童需要数量少而稳定的依恋对象

对儿童来说，一个稳定的成长环境和依恋对象，可以帮助他建立足够的安全感、信任感，促进大脑的发育和人际交往能力的增长。但很多儿童由于各种各样的原因，例如，被遗弃，父母意外去世，父母工作很忙，等等，他们被迫辗转于孤儿院、爷爷奶奶家或各种亲戚家，甚至在成长过程中只有保姆的陪伴，这样的儿童缺少稳定感、安全感和基本信任感，容易焦虑、黏人，也可能容易回避、退缩，未来可能与人建立亲密关系有困难。

（三）儿童的成长过程需要成人的理解和尊重

儿童自我意识的正常发展是保证儿童未来成长为一个独立自主个体的前提条件，但儿童在自我发展的过程上往往会面临与父母意见的不一致，所以，儿童自我意识的发展需要成人的理解和尊重，而不是将儿童的一些固执己见的行为仅仅理解为不听话。无论成人是运用威严压制儿童，还是将与儿童陷入"拉锯战"，都会影响到儿童自我意识的发展。

———● **资料窗** ●————————————————————

"可怕"的2岁①

在2岁的时候，婴儿变得更加难"伺候"了。他们开始形成一种自主和独立的意识。他们想为自己做事，并且想以自己的方式去做。"不"变成了他们喜欢的词，甚至在问他们是否想要冰激凌时，他们都可能回答"不"，然后，当父母没有买时他们又开始哭闹。一些父母开始陷入和孩子的"权力斗争"中，有时候爆发"食物战争"。父母可能试图强迫孩子吃，结果却发现，当被强迫的时候，有些孩子宁愿饿着也不肯吃。在这时，应该鼓励父母给孩子建立限制、提供行为的框架结构，但是允许适当的独立，避免权力斗争。

———————————————————————————————

第二节　青年期的个体心理

一、青年期的生理变化

青年期是从儿童期向成年期的过渡时期，是个体生命周期的重要阶段，是一生中生理和心理发展的关键期之一。现代社会中，一方面，由于社会分工的复杂，个体需要更多的时间来准备进入成年社会；另一方面，社会发展的进步，可以为青年提供更多、更长久的教育机会，因此，出现了进入早结束晚的青年期延长现象。

对青年期的年龄界定也有几种不同的观点：一种观点将13～19岁（也可以延长至21～22岁）确定为青年期，世界卫生组织将10～20岁确定为青年期，我国人口学统计中将10～19岁确定为青年期。在心理发展中，青年期一般指12～25岁这一阶段。这一阶段的前期，即18岁前，是个体生理快速发育的时期，因此也被称为青春期；这一阶段的后期，即18岁以后，生理发育基本成熟，心理发展也在延续。从儿童期进入青年期并没有一个明显的标志

———————————————————————————————

① ［美］乔斯·B·阿什福德、克雷格·温斯顿·雷克劳尔、凯西·L·洛蒂：《人类行为与社会环境——生物学、心理学与社会学视角》，2版，王宏亮、李艳红、林虹译，273页，北京，中国人民大学出版社，2005。

性的事件，常常是一个阶段性的逐渐过渡和变化的过程，同时由于遗传差异，每个个体进入这一阶段的时间不尽相同。为了表达这种变化的持续性，人们也常常用"青少年期"来描述这一阶段。

（一）青春期的体形变化

身高的快速增长是个体进入青春发育期的最直观标志之一，这时上下肢的增长比脊柱增长快，会出现长胳膊长腿的现象，到了青春期末期，脊柱的增长又超过了四肢。男性体重突增后，脂肪逐渐减少；女性则保留了一定的脂肪，因而显得圆润。性激素的分泌带来了第一性征和第二性征的发育，从体形来看，男性较高，线条刚毅，女性较矮，线条柔和。

（二）青春期的机能发育

青春期时心脏迅速生长，17～18岁时心脏重量可接近成人水平。当青少年的肺活量进入稳定期后，他们的血液可以携带更多的氧气，有利于进行较持久的体力劳动和体育活动。

大脑的重量和容积在12岁时已基本接近成人，神经系统的结构也已与成人无异。

青春期的发育主要受内分泌腺的控制和影响。内分泌腺分泌出能够引起各种身体变化的荷尔蒙。荷尔蒙是调节身体各种器官的强力化学物质。例如，脑垂体通过自身分泌的激素直接控制和影响青春期的生长和发育。

（三）青春期的性发展

1. 性成熟

生殖系统是人体最晚成熟的一个生理系统，但性成熟是青春期发育最重要的特征。青春期的性成熟表现为女性月经初潮和男性开始遗精，以及第二性征的出现。女性第二性征的出现顺序为：乳房变大，长出阴毛，长出腋毛，身高剧变，骨盆变宽，臀部变大，嗓音尖细；男性第二性征的出现顺序为：睾丸发育，阴茎变大，长出阴毛，长出腋毛，声音变低沉，身高、体重增长很快，声音明显变化，长出胡子。

性成熟的主要标志是排精和排卵。对男孩来说，雄性激素增加，性驱力和性活动增强。男孩面对第一次遗精会有正面和负面的情感。大部分男孩对于第一次遗精知之甚少，甚至毫无准备，有52.7%的男孩会感到害羞和恐慌。女孩的雌激素、黄体酮增加，大约40%女孩会体验到更为强烈的抑郁、焦虑、烦躁、疲倦、头痛、自尊心下降。因此，激素的改变会直接影响个体行为。

2. 性体验

（1）自慰。一组研究数据表明，13～15岁的男孩手淫现象急剧增多，15岁男孩手淫的比例有82%；许多女孩也在这个年龄开始手淫，也有许多女孩一直没有手淫。男孩一般每周手淫两到三次，女孩差不多一个月一次。手淫现象在成年之后还会继续。在有了性生活后，男孩手淫的频率会下降；而女孩却相反，她们手淫的频率会上升①。尽管大多数青少年不再认为手淫是变态的或危险的，但他们提到手淫时仍然觉得尴尬。

（2）性行为。第一次性行为是一个重要的转折点，具有心理和社会的重要作用。一项

---

① ［美］南希·科布：《青春期心理手册》，孟莉译，91页，北京，中国人民大学出版社，2009。

研究分析了1 600名大学生对第一次性行为的情绪反应，男性相对于女性而言，表达出更多的快乐和较少的自责。有性快感的男性和女性比那些没有体验到性快感的人体会到更多的快乐①。

二、青年期的心理发展

(一) 青年期自我同一性的发展

1. 自我同一性的含义

美国心理学家爱利克·埃里克森 (Erik H. Erikson) 提出了个体在社会环境影响下自我心理发展的八个连贯阶段的理论，根据年龄来界定社会情感的发展。每个阶段都有主要的发展任务，如果某一阶段缺乏完成发展任务的促进因素，个人将会滞留在此阶段 (见表3 – 5)。

埃里克森认为青年期的主要任务是发展自我同一性。"自我同一性"是用来说明青年期心理发展的关键和人格成熟状态的一个术语，简称"同一性"。自我同一性是青春期所面临的正常危机，自从埃里克森提出这个重要概念以来，很多学者从不同的角度进行理解，但一般来说，主要涉及三个层面②：

(1) 自我同一性是指在过去、现在和将来，对"自己是谁""自己是怎样的"等问题的主观感觉或意识。它重视主观的意识体验，强调的是内外部的整合及自身内在的不变性和连续性。

(2) 自我同一性意味着以社会性存在确立的自我，即被社会认可的自己和所确立的自我形象，如"我是学生"。

(3) 自我同一性是一种"感觉"，例如，感觉自己很能干。

当这三种自我同一性的意识在自己心中确实产生的时候，我们称之为自我同一性的形成或确立。

表3 – 5　埃里克森的心理社会发展阶段理论

生命阶段	心理危机	发展顺利的表现	发展障碍的表现
婴儿期 (0 ~ 1.5岁)	信任感—怀疑感	获得信任感，对人信赖，有安全感	产生怀疑感，与人交往焦虑不安
幼儿期 (1.5 ~ 3岁)	自主感—羞怯感	获得自主感，能自我控制，行动有信心	产生羞怯感，自我怀疑，行动畏首畏尾
儿童早期 (3 ~ 6岁)	自信—退缩内疚	获得自信，有目的方向，能独立进取	产生内疚感，畏惧退缩，无自我价值感

---

① [美] 南希·科布：《青春期心理手册》，孟莉译，91页，北京，中国人民大学出版社，2009。

② 陈香、张日昇：《青少年的发展课题与自我同一性——自我同一性的形成及其影响因素》，载《张家口师专学报》，2000 (4)：64 ~ 71页。

续表

生命阶段	心理危机	发展顺利的表现	发展障碍的表现
儿童中期 （6~11 岁）	勤奋进取—自贬自卑	获得勤奋感，具有求学、做人、待人的基本能力	产生自卑感，缺乏生活能力，充满失败感
青春期 （11~18 岁）	自我统合—角色混乱	获得自我统一性，自我概念明确，追寻方向确定	自我统一性混乱，生活缺乏目标，时感彷徨迷失
青年期 （18~25 岁）	友爱亲密—孤独疏离	获得亲密感，有成功的感情生活，奠定事业基础	产生疏离感，孤独寂寞，无法与人亲密相处
中年期 （25~65 岁）	精力充沛—颓废迟滞	拥有养育的付出与获得的美好，热爱家庭，培养后代	产生生命的迟滞感，自我恣纵，不顾未来
老年期 （65 岁以上）	完美无憾—悲观绝望	获得人生完美感，随心所欲，安享晚年	产生绝望感，后悔，遗憾，失望

2. 自我同一性状态

对于缺乏生活经验的青少年来说，达到自我同一性绝非易事。在大约十年的青年期内，因年龄、能力、经验、家庭背景等因素的不同，每个人会形成不同的自我同一性状态：自我同一性扩散、自我同一性提早完成、自我同一性延缓和自我同一性达成（见表 3-6）。詹姆斯·马西亚（James Marcia）在埃里克森之后对自我同一性状态又进行了充分的诠释，他认为这四种状态也代表了达到自我同一性的四个阶段[①]。从整个青年期群体来看，绝大多数人的自我同一性比较混乱，对认同危机的解决比埃里克森预料得要晚，只有 4% 的 15 岁个体和 20% 的 18 岁个体获得了稳定的认同。看来达到自我同一性是一件不容易的事。

表 3-6　自我同一性的状态与表现

状态	表现
自我同一性扩散	未曾对角色和价值观进行探索，也不曾身体力行
自我同一性提早完成	未曾就角色和价值观进行探索就直接身体力行
自我同一性延缓	就角色和价值观进行探索但不曾身体力行
自我同一性达成	就角色和价值观进行探索，然后身体力行

埃里克森建议青少年拿出一段时间——如果有钱，就去欧洲旅行；如果没钱，就在国内

---

① ［美］哈彻森：《人类行为与社会环境——心理暨社会取向》，洪贵真、刘嘉雯、任凯译，65 页，台北，洪叶文化事业有限公司，2012。

转转。暂离学校，找一份工作；暂离工作，去上学。休息一下，闻一闻玫瑰花香，以此达到自我了解。埃里克森认为这一段时间对青少年的健康成长是有意义的，成人社会不能过高地要求他们，不要以成人的思想和标准去逼迫他们，要给青少年一段时间，一个发展的空间，允许他们有一些看似"荒唐"的行为，给他们选择的可能性，他们仍然需要"游戏"。

3. 发展自我同一性的表现

（1）获得自主性。青少年早期遇到的主要问题之一是如何变得更自主、更独立，并且对自己的行为负有更多的责任。获得自主性的具体表现是：①参与决策。自主性最基本的形式就是让自己参与到决策过程中去，要求被更多地当作一个成年人。②拥有秘密。秘密已经成为青少年和父母之间的一个界限，在青少年决定自己要能够主动地决定可以向父母揭露或隐瞒什么时，他们就获得了对自我独立性的感知。有的青少年甚至在这个年龄阶段会撒谎，是因为他们认为自己有权利独自作出决定。③与父母冲突。这时青少年与父母的冲突大多数是在日常琐事如留什么发型、穿什么衣服等方面的冲突，他们在冲突的过程中争取自己的控制权。

（2）个体化。在成长过程中，青少年要通过批判地审视从父母那里得到的态度、信念和价值来实现个体化决策，并面对决策所带来的后果，这是个体化很重要的表现。那些能够很好地协调父母与自己的态度和信念的青少年，可以和他们的父母保持很亲密的关系，同时不会担心失去自己的个性。

个体化的发展，需要不断地在独立性和与父母的亲近性之间寻找平衡。如果这个平衡能够保持，青少年就能够为他们自己的独立性承担更多的责任。但如果在受伤的时候不能回到"安全基地"（寻求与父母的亲近），青少年也会表现出独立行为，可能是负面的独立行为，或者展现出无奈的独立行为。

（二）青年期思维能力的发展

青少年的抽象思维能力和逻辑思维能力有了很大的提高。青少年思维发展的一个主要特点是：抽象逻辑思维日益占有主导地位，但是思维中的具体形象成分仍然起着重要作用。

青少年的思维还有一种自我中心主义。他们不能把他人所关心的客体和事件与自己所关心的客体和事件区分开来，这让他们感觉每个人都在观察他们，并对他们极为关注。这主要包括两个维度：

（1）假想的观众。青少年常常感觉别人都非常关心自己的头发、衣服和其他方面的外表特征。

（2）个人的神话。青少年向自己诉说故事，在故事中他们描述着自己的幻想，并且他们自己是故事中的英雄。这些幻想通常有主题，如"我不会染上毒瘾"或"我不会怀孕"。个人神话的特点是个人感到自己是特殊的、独一无二的，感到自己威力巨大，甚至刀枪不入。

（三）青年期情绪发展的特点

1. 情绪的表现方式由外在冲动性向内在文饰性转变

青少年对情感的反应仍保持幼小时的特点，比较敏感，对应激的接受能力较差，对微小的刺激反应会很大。易激动，容易以躯体化的方式或以行动来表达情感。比如，一个人被欺负了，他的几个好朋友立即就去找人"算账"，一时之间甚至丧失理智。但是，随着自我控制和自我调节能力的增强，他们开始学会对冲动情绪进行克制和忍耐，学习在不同的场合对不同的对象表现出不同的情绪，情绪表现不再服从于心理意识，而是服从于社会要求。

2. 情绪持续时间增长，出现心境化趋势

到了青春期，青少年将很多事情都放在了心里，比如很长一段时间都无法从失恋的低落情绪中走出来，完全不是原来那个无忧无虑的小孩。但男孩更多体验到振奋的心境，而女孩较多体验到伤感的心境。

3. 情绪体验的内容更加深刻、丰富，社会性情绪占主导地位

随着知识结构的完善、社会经验的丰富及想象力的发展，青少年情绪体验的内容日益广泛，道德感、理智感、美感等社会性情绪逐渐上升到主导地位。

（四）青年期的自我概念和自尊

1. 青年期的自我概念

青少年大量关于自我的信念都是刚刚形成的，缺乏经验支持。所以，青少年的自我概念在相反的证据面前尤其脆弱。因此，他们要花大量的时间用行为来为自己搜集证据，以证明自己是一个成年人。自我概念是需要自我修正的，当它正确时，青少年可以开放地面对自己的新信念。当青少年感到受到威胁时，他们倾向于关闭自己的内心以保护这些信念。当看到自己无法通过经历证明这些信念时，安全感强的青少年能来修正他们的信念，对自我的新观点具有开放性；安全感弱的青少年，就会体验到强烈的被伤害的感觉。

2. 青年期的自尊

青少年与父母的关系奠定了自尊的基础。当他们感受到父母的爱时，他们就能感到被爱并发展出自我价值。这些情感在生命早期就已经开始建立。青少年的自尊会反映出他们与父母的互动。权威型的父母接受孩子自主，愿意倾听，共同作决定，这些孩子到青春期对自我价值就有更高层次的体验，自尊也会强一些。

青少年的自尊除了来自于父母之外，还有两种特别重要的来源：一是来自于同龄人的相互影响；二是来自于对自己身体的满意度。从总体上看，因女性对自己的身体满意度更差，更容易比男性自尊低，这种差异随年龄增长而急剧增长。在青少年中期，接近1/3的女孩对自己的外貌非常不满意，超过50%的女孩对自己的体重不满意。而男孩对身体方面担心较少。

（五）青年期的人际关系

1. 青少年与父母的关系

（1）亲子关系发生变化。青少年不再是过去那个处处依赖父母的孩子，他们想要体现自己的想法、愿望，希望有独立的空间，渴望被尊重，得到认可，因此，父母要看到并尊重青少年的变化，鼓励孩子独立。与父母沟通良好的青少年并不会切断与父母的关系，当遇到困难、挫折或者需要帮助的时候还是渴望得到父母的建议。因此，对于父母来说，应尊重孩

子想要独立的意愿，在子女需要的时候仍然予以帮助，这样才是青少年最渴望的亲子关系。

（2）出现代沟现象。当孩子长到青少年阶段，亲子之间还会发生一个新现象，就是亲子间的"世代隔阂"。世代隔阂就是指世代间的沟通问题，简称"代沟"，具体来说，是指父母（上一辈的）与子女（下一辈的）发生知识、思维、观念与态度上的差距，沟通有问题。有"代沟"不可怕，关键是父母和青少年如何去面对。如果一个家庭向来亲子关系良好，有充分的沟通，再加上父母比较民主，容许子女发言，可以提出不同的意见，相对来讲会比较顺利度过这个阶段。

资料窗

青年期亲子冲突的功能[①]

尽管不是所有家庭都受到同样程度的影响，但亲子冲突的确更有可能在青春期发生，尤其是在早期阶段。因为亲子之间对于适宜或不适宜的行为有不同的看法，例如，父母认为早晨起床后应该叠被子，但孩子认为叠不叠被子是自己的选择。而且，青少年新发展的精细推理能力使得他们能用更复杂的方式去思考父母的规定，父母也会发现，孩子的很多观点并不是没有道理的。斯坦伯格（Robert J. Sternberg）认为，青春期冲突保证了年轻人摆脱家庭身份的羁绊，到家庭之外寻伴觅友。霍姆贝克和希尔（Holmbeck & Hill, 1998）从心理分析和社会冲突理论解释了冲突现象。他们认为，冲突有利于个体化过程。而且，这种心灵的解放使得年轻人形成对父母更为现实和成熟的看法，促使亲子间形成更为成熟的关系。

---

2. 青少年与同龄人的关系

（1）与同龄人的关系变成最重要的人际关系。交友帮助青少年练习社会化的技巧与经验，检验、证实自己的看法，建立自我认识与自信心，并且提供了在家庭内获得不了的重要知识。因此，找一个与自己志趣相投、富有支持性的同龄人是青春早期的心理学任务。

（2）产生同龄人压力。青少年思维的常见特征是认为"如果群体在做它，那么它必定是好的和对的"。这一时期，青少年对同龄人群体的严格遵从，也许是一个正常而又重要的发展任务——逐渐融入群体并接受其影响。青少年必须学习如何平衡个人的自主性需求和群体参与的愿望。尽管有些同龄人压力是负面的，但实际上，这种遵从常常是正面的或中性的。例如，许多青少年遵从同龄人的服饰、音乐、发型等喜好，最大的遵从是花时间与同龄群体在一起。

3. 青年期的亲密关系

身体发育成熟，促使步入青春期的男孩和女孩开始对亲密关系产生很大的兴趣。但是能不能建立亲密关系，亲密关系的质量如何，就需要看青少年是否具有建立亲密关系的能力。

---

① 曾文星：《青少年的心理与治疗》，24页，北京，北京医科大学出版社，2001。

（1）认识自己。青少年建立亲密关系的能力，需要在他们了解自己的基础上发展，因此，自我了解和自我接纳对于亲密感的发展而言非常重要，自我接纳的一个重要成分是喜欢自己。喜欢自己的青少年能够让别人更接近自己，给他们看到自己真实的一面。不喜欢自己的人经常感到羞耻并且不愿意让别人靠近。

（2）自我表露对亲密感很重要。产生亲密感的青少年会互相交流自己的想法和感受。当青少年相信别人会尊重他们的秘密时，他们才愿意分享他们的私人经历。因此，青少年这时尝试建立亲密关系是正常的，但如果亲密关系伴随着性行为，可能会给青少年带来一些风险。

三、青年期的社区生活与心理健康

青少年时期属于多事之秋，青少年敏感、自我，还不够稳定与成熟，易受同龄群体的暗示与影响，又容易与父母产生冲突，有些青少年会误入歧途，因此，青少年离家出走、暴力犯罪、团伙犯罪、抽烟、喝酒、吸毒、过早的性行为、网络成瘾等，给社会造成了很多问题。如果家庭防线不够稳固，社区就变成非常重要的一道防线。

（一）营造良好的社区氛围

社区是青少年每天要出入的场所，会对青少年产生深刻的影响。在这个易受暗示的阶段，如果社区氛围是积极的、健康向上的、关怀的、包容的，青少年自然也会学习到如何恰当地处理问题。如果社区是充满脏话、暴力的，甚至有严重的吸毒问题的、不安全的，青少年也更容易出现越轨行为。

（二）提供有利于青少年发展的机构和设施

青少年出现问题往往是在与父母出现冲突之后，或者是在家庭和学校防线失控的状况下，如果社区中有青少年所喜欢的康体娱乐设施，并有一群同伴，对于减少青少年心理问题的产生大有裨益。

—— **资料窗** ——————————————————————

香港协青社蒲吧[①]

由香港协青社开办的全港首个 24 小时开放的青少年中心——蒲吧于 2002 年 7 月正式投入服务。蒲吧面向 6～24 岁的青少年，为他们提供一个既安全又倡导正面文化的落脚点，有专业的社工提供即时的协助及辅导，避免青少年受不良分子的引诱。

———————————————————

① 协青社蒲吧，http：//timable.com/location.php？lid＝9086。

第三节 成年期的个体心理

一、成年前期的个体生理与心理发展

成人前期是指 18～35 岁这一年龄阶段，是生理上的黄金期，智力发展的全盛期，建立亲密关系的关键期。在这个阶段，个体面临一系列新的发展任务，包括学习深造、就业、择偶、建立家庭、抚育子女和创造事业等。

（一）成年前期的生理变化

人的身体在 20～25 岁期间达到生理和能力的顶点。成年期是人的生理机能开始由旺盛到平衡、由成熟到逐渐衰退的过程。30 岁以后，人的大多数器官的结构和功能开始以每年 1% 的速度衰退。成年前期的个体，不论男女，生理发育都已达到成熟并出现稳定状态，处于生理上成熟的黄金时期。

（二）成年前期的心理发展

1. 认知的发展

成年前期的智力发展到了鼎盛时期。成年期认知发展的一个显著特点是逐渐放弃了那些不切实际的、虚幻的梦想，而更多地为现实的发展做计划。成年前期个体思维优势主要表现在理解能力、分析问题能力、推理能力及创造思维能力方面。这个时期的个体已经具有稳定的知识结构和思维结构，并积累了许多经验，掌握了解决某些实际问题的技能，思维品质也趋于稳定。

2. 基本能力的发展

成年前期还表现出许多特殊能力，以便适应这个阶段发展的角色变化。

（1）职业能力。成年前期开始为适应职业角色做准备，经过技能训练后进入职业活动领域。接近 35 岁时，从事各种职业的个体，大多能熟练掌握特定职业角色所需的技能，以胜任本职、提高功效、创立事业。

（2）人际关系能力。18～35 岁之间，是建立各种复杂人际关系的最重要时期，人际关系主要表现在恋爱、婚姻、家庭、与他人的友谊，以及在工作、学习、娱乐活动中与他人形成的各种联系上。成年前期的个体正是在这错综复杂的关系中学会适应和协调彼此的需要，解决各种矛盾，发展其处理人际关系的能力的。若能处理好这些关系，成年前期的个体就会体会到人与人的亲密感情，而使生命充满活力，否则，就会感到孤独，并难以适应社会。

（三）成年前期的社会性发展

1. 亲密关系的建立

成年前期一项重要的社会心理任务是发展与其他人的亲密关系。埃里克森把这一阶段称为亲密与孤独阶段。亲密指的是与他人分享真实自我的能力——包括好的和坏的两方面。与亲密相对的是孤独，即不能与他人共享亲密。

埃里克森认为，在这一阶段，如果成功度过亲密—疏离的危机，个体可以实现爱的美德，也就是会拥有建立亲密关系的能力。这个危机的核心恐惧在于，通过一个相互许诺的关系将自己托付出去，可能导致自我的迷失，并且让已经建构好的自我有所缩减。想要成功度过这一时期，成年前期的个体必须尝试建立新关系，并试着找到与他人联结的新方法，同时又能保有自己的个体性。

（1）友谊。维持朋友关系是成年生活的重要部分。因为人类有归属的需求，这引导着成年前期的个体建立和维持最低数量的人际关系。接近性和相似性是成年前期择友的两个重要因素；此时交友的数量不如青年期，而亲密性却在提高。

（2）爱情。爱情是成年前期最常见的一种情感，对于进入成年的人有特殊的意义。这种爱的情感有可能走向婚姻。形成满意的情感关系即经历爱情是成年前期的一项重要发展任务。

斯坦伯格提出了著名的爱情三角理论，他认为爱由三个成分组成：亲密、激情和承诺（见图3-1）。亲密指的是两人心理上互相喜欢的感觉，包括对爱人的赞赏、照顾爱人的愿望、自我的展露和内心的沟通；激情指的是强烈的（积极的和消极的）情感，包括性渴望，个人的外表和内在魅力是影响激情的最重要的因素；承诺指的是即使面对困难也坚决与对方保持关系。这三种成分进行组合，可以得到八种不同类型的爱情（见表3-7）。

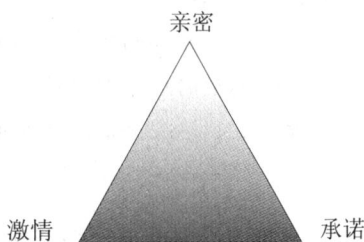

图3-1　斯坦伯格的爱情三角理论示意图

表3-7　爱的组合类型与特征

爱的类型	亲密	激情	承诺	特征
无爱	-	-	-	无
喜欢	+	-	-	每周至少一两次一起吃午饭的好朋友
迷恋	-	+	-	仅仅基于性的吸引而短暂投入的关系
空洞的爱	-	-	+	被安排好或者为了孩子而决定维持婚姻的夫妻
盲目的爱	-	+	+	双方迅速陷入爱河并决定结婚
浪漫的爱	+	+	-	经历了几个月快乐的约会，但并没有对未来做任何规划的伴侣
同情的爱	+	-	+	享受对方的陪伴和双方之间关系的伴侣，尽管彼此不再有多少性兴趣
完美的爱	+	+	+	充满深情和性活力的长期关系

完美的爱包含爱的三个成分。尽管我们可能认为完美的爱代表了"最理想"的爱，但

这种观点是错误的。很多持久的、双方都满意的情爱关系并非基于这种爱。此外，双方关系中占主导地位的爱的类型也会随时间发生改变。斯坦伯格的爱情三角理论强调了爱的复杂性和动态性。人们之间的关系随着时间的推移不断变化，他们的爱也是变化的。

— · **资料窗** · —————————————————————————

依恋类型与爱情①

越来越多的证据证明，个体成年后的浪漫关系很可能会受到婴儿期依恋类型的影响（见本章第一节）。依恋类型在成年期继续发展，并且影响个体浪漫关系的性质。安全型依恋的人易于建立亲密关系，并从中获得快乐，而且，他们对亲密关系的未来充满信心。回避型依恋的人在亲密关系中往往投入较少，与恋人分手的概率比较高，而且经常会觉得孤独和寂寞。矛盾型依恋的人通常在亲密关系中投入过多，会反复和同一个恋人分分合合，而且往往自尊水平较低。在伴侣需要帮助的时候，个体所提供的关怀性质也受到依恋模式的影响。例如，安全依恋型的成年人往往会为对方提供更敏锐的支持性关怀，对伴侣的心理需求反应迅速。与此相反，不安全依恋类型的成年人给对方的帮助更可能有强制性和干扰性。

———

（3）婚姻。一般来说，婚姻作为爱情的一种结果，是对爱情的升华和发展。成年前期在生理和心理上都具备婚姻的条件。尽管婚姻制度在过去三四十年中发生了很大变化，但绝大多数人在他们的生活中仍然选择结婚。不过，婚姻也确实发生了很多变化。其中最重要的变化就是年轻人结婚的年龄推迟到 25 岁甚至 30 岁以上。选择同居而不结婚的人数也在增加。

婚姻调试是成年前期最重要的、必须面对的人生课题。由于婚姻关系具有复杂的社会内涵，因而这种调试显得尤为必要，又显得比较困难。婚姻的调试过程是一个复杂的过程，涉及情感、性生活、个人习惯、工作、解决冲突和问题等方面的调试。情感方面的调适包括：学会给予和接受爱与被爱；培养敏感、同感和亲密感；给予配偶情感支持，培养性情，实现自我的需要。性方面的调适包括：学会在性的方面满足配偶；寻找性爱表达的恰当方式、方法和时间；学会应用适当的节育方法；等等。个人习惯的调适包括：调整自己以适应配偶说话、吃饭和睡觉等生活习惯；调整自己在吸烟、喝酒等方面的不良习惯；摒弃或调整自己容易让配偶恼火的各种习惯；调整双方在生物节律方面的差异；学会与配偶共享时间、空间、财产和工作。工作方面的调适包括：找到并努力保证有一份工作；适应工作的时间、地点、条件和环境；制订合适的工作时间表以适应夫妻双方的生活需要；当夫妇一方或双方都有工作时，安排好孩子的照看问题。解决冲突和问题的调适包括：学会找出冲突的原因和细节；学会建设性地解决冲突和问题；学会适时向人寻求帮助。

———————————————————

① ［美］罗伯特·费尔德曼：《发展心理学——人的毕生发展》，4 版，苏彦捷等译，546 页，北京，世界图书出版公司，2007。

───● **资料窗** ●─────────────────────────────

婚姻中的满意与冲突①

冲突是婚姻生活的一部分。所有的婚姻，包括美满的，都会存在冲突。这些矛盾在某种程度上使婚姻永葆活力而非死板无味。以研究婚姻关系而著名的华盛顿大学教授约翰·戈特曼（John Gottman）认为，在特定情境下不带侮辱性的发火有利于婚姻。然而，冲突的负面影响客观存在，而且存在差异性，其中四种因素可能导致最坏的结果，它们是：讽刺、攻击、蔑视和抵制。在功能正常的婚姻中，气愤和分歧仅仅是针对对方的具体行为；而在有问题的婚姻中，讽刺和蔑视往往直接指向对方的人身，而非其行为。因此，并非气愤本身而是气愤表达时所使用的侮辱方式造成了双方的矛盾。

侮辱性的言语往往引起打斗，并且另一方可能采取其他更消极的方式来应对，如抵制。戈特曼发现有近85%的抵制者是男性，他认为这是由男性对冲突的生理反应所致。在面对冲突时，男人的生理紧张不安程度比女人高。更为特殊的是，他们心率骤升、血压变高，且持续的时间比女人长。这种生理上的性别差异有助于我们理解为什么男人和女人在处理冲突的方法上如此不同：女人在冲突中纠缠感情；而男人借助理性，奉行"沉默是金"，回避冲突。

戈特曼发现，事实上在婚姻中最重要的是积极互动与消极互动的平衡，这决定了夫妻对婚姻是否满意。他甚至认为可以对积极互动和消极互动的比例进行量化。相互满意的夫妻，不论他们的婚姻事实上与理想中相差多远，保持积极与消极成分的比例为5∶1。

───

（4）生育。这一时期男性和女性都有良好的生殖能力，因此，夫妻双方需要作出决定，是否生育孩子，生育几个孩子。虽然生育孩子要花费大量的金钱，尤其对女性的职业发展也有一定的影响，但很多年轻的夫妇还是愿意生育孩子的，因为他们希望从与孩子的亲密关系中获得无尽乐趣。孩子的出生会改变家庭生活的方方面面，既会带来积极的变化，也会带来消极的变化。过去的研究认为，对大多数夫妻而言，孩子的出生使得婚姻满意度骤然降低。因为许多父母因照料新生儿而过度疲劳，使他们的婚姻满意度比其他任何时候都低。对于女性而言尤其如此，因为她们通常承担了更多的照顾孩子的责任。但也有新的研究发现，并非所有夫妇在孩子出生后都体验到婚姻满意度的降低。他们确定了三个因素，用以帮助夫妇安全度过孩子出生所带来的不断增长的压力时期：一是建立对配偶的喜爱和感情；二是对配偶生活中的事件保持关注，并对这些事件作出反应；三是把问题都看作可控制、可解决的。

2. 职业生活

成年前期是个体走出学校、迈向社会、寻求职业、创建事业的时期。学业上的积累和收

───

① ［美］乔斯·B·阿什福德、克雷格·温斯顿·雷克劳尔、凯西·L·洛蒂：《人类行为与社会环境——生物学、心理学与社会学视角》，2版，王宏亮、李艳红、林虹译，532页，北京，中国人民大学出版社，2005。

获为事业的创建奠定了知识基础，而"鼎盛期"的体力和精力则为事业的创建奠定了较好的生物基础。

（1）职业对生活的意义。职业是我们获得经济独立的主要手段，在一定程度上决定了我们在社会中的地位，是人生这部大戏的主要场景，为我们的工作、创造和成就提供主要的机会。成年前期是以职业巩固这一发展阶段为标志的，在职业巩固阶段，成年前期的个体开始将精力投放在工作中。

（2）成年前期的职业选择。成年前期的个体要对一份工作作出明智的选择，一方面要知道自己的人格类型、兴趣和能力，另一方面要了解工作环境的特点和要求。美国心理学家约翰·亨利·霍兰德（John Henry Holland）的职业理论对上述两方面的匹配性做了集中的探讨。他对特定职业和职业环境特点中成功个体的人格特征和兴趣进行广泛研究的基础上，发展出了人格—环境适应性模型。霍兰德总结了六种人格类型：研究型、社交型、现实型、艺术型、传统型和企业型。后来有学者还据此设立了一系列职业测评，通过这些测评，人们可以了解适合自己性格的职业。

3. 婚姻方式的选择

随着社会和经济的发展，人们对生活方式的选择越来越趋于多元化。

（1）同性恋。同性恋之间的关系与异性恋之间的关系非常相似。他们认为成功的亲密关系涉及对恋人的欣赏和感激，并把双方看成一个整体，较少发生冲突，对恋人持有更多积极的情感。同性恋者在亲密关系中表现出高水平的依恋、关怀、亲密、情感和尊重。大部分同性恋者都在寻求长期的有意义的爱情关系，这与异性恋者所期待的爱情在质量上没什么区别。

（2）单身。有些人既不结婚也不同居，他们选择终生独居。对于他们而言，单身代表了仔细考虑的人生道路。事实上，在过去的几十年中，单身人数也有了显著增长，这类人约占女性总体的20%，约占男性总体的30%，而将近10%的人选择终生单身。选择单身，一是因为他们消极地看待婚姻，他们更关注居高不下的离婚率和婚姻冲突，而不会将婚姻理想化；二是因为他们感觉婚姻的束缚性太强。虽然单身生活有优势也有劣势，但是单身生活只是一种生活方式，理应得到尊重。

二、成年后期的个体生理和心理发展

成年后期，又称中年期，一般指35～60岁这段时期。这种年龄划分只是相对而言的，随着经济的发展、物质生活水平的提高、个体健康状况的不断改善，中年期的时间会有所延长。成年后期的基本特征主要包括：生理上出现全方位的衰退；心理上更趋于稳定和成熟；家庭责任和社会责任更大；职业稳定；成就较多。

（一）成年后期的生理变化

成年后期的个体，生理机能逐渐呈现出由相对平衡向衰弱转变的倾向。显而易见的生理变化征兆可能是外貌上的种种改变。例如，皮肤失去紧实度和弹性，开始下垂，出现皱纹，局部有小块色素沉淀。头发日渐稀疏且花白。由于视力聚焦于近物的能力退化，许多人不得不依赖眼镜。身高也开始缩减，体重却有所增加。

1. 骨骼、肌肉与脂肪

成年后期，由于骨骼中无机物增多，骨骼的弹性、韧性明显较成年前期降低，骨折发生率上升，同时容易出现骨质增生，发生骨关节病，如颈椎病、腰椎间盘突出。人体脂肪含量上升，肥胖、臃肿似乎成了中年人的普遍特征。

2. 心血管系统

心血输出量减少，血管壁含钙量增加，导致动脉壁弹性下降，血液当中的胆固醇增加，容易出现冠心病和脑血管疾病。

3. 消化与代谢功能

消化功能和代谢功能也呈下降趋势，胃液中消化酶减少，与机体代谢能力密切相关的各种氧化酶的活性也下降，胰岛功能减退，胰岛素分泌减少，血糖容易偏高，易患糖尿病。

4. 生殖功能

男性的改变较为和缓。男性生精功能从 40 岁开始明显下降，异常精子增加，精子活动能力减弱；在 50 岁左右，有活力的精子减少。绝大多数的生育出自小于 60 岁的男性。

5. 更年期

成年后期，女性受孕能力逐渐衰退，到停经时，受孕能力完全终止。当一位妇女不再经历月经周期，意味着更年期来临了。对这一事件的态度各式各样，取决于社会文化内涵以及妇女的个人期待。在某些社会中，人们认为生育是女性最为重要的功能，不能生育意味着地位的丧失。而在某些文化中，更年期被视为一种正面的生活事件，人们看重年长妇女的智慧和经验。一般而言，年轻男女对更年期的态度更为负面，而有过这种经历的妇女则持更为正面的态度。从个人角度来看，一些女性将月经周期的停止视为垂垂老矣的征兆，并且对青春和美貌的逝去心怀哀戚；但也有的女性会为摆脱它而感到高兴。

━━━━ **资料窗** ━━━━━━━━━━━━━━━━━━━━━━━━━━━━━━━━━━━━━━

更年期①

当卵巢功能失效，并且不再产生雌激素和黄体酮时，更年期就来临了。更年期是一个渐进过程，可能会持续 5~20 年。在更年期来临之前，荷尔蒙含量开始下降，这种情况一直会持续到经期停止。更年期的平均年龄是 51.4 岁，绝大多数妇女在 45~55 岁进入更年期。

雌激素水平的下降会以不同的方式影响女性。最为普遍的症状是潮热。它是一阵热波，从女性的胸部传至颈部、面部和胳膊。这种热感的持续时间为数秒到一分钟，有的会更长。这通常发生在晚上，会导致夜间盗汗。周期性的热潮会干扰睡眠。这种症状一般持续两年左右即自行消失。雌激素减少带来的主要影响是心血管变化，使得停经后的妇女更容易患心脏

━━━

① ［美］乔斯·B·阿什福德、克雷格·温斯顿·雷克劳尔、凯西·L·洛蒂：《人类行为与社会环境——生物学、心理学与社会学视角》，2 版，王宏亮、李艳红、林虹译，578 页，北京，中国人民大学出版社，2005。

病、骨质疏松症，这是因为缺少雌激素，身体对钙质的吸收受到了限制。

学者研究发现，从更年期前后的女性身上，当前研究并没有发现她们在焦虑、愤怒、抑郁、自我意识及担忧方面有什么重大变化。这说明女性的抑郁并不是来自于更年期，但把更年期视为负面体验的女性确实更容易烦躁、抑郁。还有的更年期女性会因为夜间盗汗、皮肤发痒及尿频等无法睡得安稳，一个睡眠不好的女性可能会变得烦躁不安，不太能集中注意力与应对压力。

6. 脑结构与脑力活动

人的脑神经细胞数目随着年龄的增长而不断减少。脑血管病的发生率也与年龄增长呈平行关系，自40岁后，每增加10岁，脑卒中发生率便增加2倍。但脑力活动并没有明显衰退，这是因为人脑具有很大的潜力。

7. 慢性病危险

从成年后期起，慢性病流行率随着年龄的增加而步步攀升。成年后期男性的致命慢性病流行率高于女性，而女性的非致命慢性病流行率高于男性。

（二）成年后期的心理发展

与生物上逐渐衰变的单向变化有所不同，成年后期心理能力的变化表现出一定的复杂性。一般而言，成年后期个体的主要心理特征是成熟和稳定，主要表现在认知、情感和情绪、意志等方面。

1. 认知

成年后期个体的固体智力继续上升，流体智力缓慢下降。所谓固体智力，是指通过掌握社会文化经验而获得的智力，如词汇、言语理解、常识等以记忆储存为基础的能力。流体智力，则是以神经生理为基础，随神经系统的成熟而提高，相对不受教育与文化影响的智力，如知觉速度、机械记忆、识别图形关系等。

2. 情感和情绪

多年的社会化历程，使得成年后期的人的道德感和理智感逐渐增强，在处理生活、人际关系和工作等方面的问题时表现出深沉而富有力度的特征。这也是他们能在社会上起到骨干与中坚作用的重要前提条件。

3. 意志

中年人经历长久的人生磨炼，意志更为坚强，对自己既定的目标有执着的追求，有克服困难、渡过难关的耐受能力，当既定目标失去可能性时，能理智地调整目标，并选择实现目标的途径。

4. 中年危机

中年危机主要指人格方面的危机，同时也包括整个身心变化的转折，以及在实现这个转折过程中所出现的各种故障。

---·　资料窗　·---

A 型人格与 B 型人格①

A 型人格的特点是争强好胜、不耐烦、完美主义；B 型人格的特点是悠然自在、脾性温和、友善待人。与具有 A 型人格的人相比，B 型人格的人相对不易发怒。同样，A 型人格通常更多和心脏病以及其他健康问题联系在一起。

有数个解释把 A 型人格与心脏病及其他健康问题联系在一起：

（1）A 型人格的人更容易感情用事，他们反应敏捷，从而影响其血压和心率。

（2）A 型人格的人，其本性是完美主义者，所以他们倾向于越过理性和健康的极限。

（3）A 型人格的人较少依赖他人的支持，更为注重独立自主。

（4）A 型人格的人的健康习惯倾向较差。

无论是从心理学意义上还是从生理学意义上来说，A 型人格都更容易有健康问题。

（三）成年后期的社会性发展

1. 成年后期的婚姻和亲密关系

（1）空巢家庭。中年夫妇的孩子大多慢慢步入成人期，因此，很多家庭可能会变成空巢家庭，但这也正是这些成年人自我实现的阶段，而且，此时婚姻满意度开始稳步上升。到了成年后期，许多成年人更为关注的是相互分享、保障及忠诚。

（2）婚外情。成年后期的婚外情是婚姻的主要杀手之一。对许多正经历变化的中年男女来说，婚外情提供了重新发现自我的机会。已婚夫妇常常对一成不变的生活模式感到厌倦。在中年时期，他们倾向于寻求某些新的、与以前不同的情感，这为他们提供了重新发现自我的独特机会。这些婚外情和寻求与更大的自我实现感，以及想要对抗自己对身体衰老的焦虑相关。

2. 家庭中的代际关系

（1）中年父母和青少年子女。代际身份认同观点的提出者劳伦斯·艾普斯坦（Laurence Epstein）的研究发现，在长到 11~14 岁的那一段时间，孩子变得不顺从、叛逆，而且违抗父母的命令。他们可能会质疑父母的要求，对其决定提出挑战。所有这些变化都会引发青少年和父母之间的冲突以及权力争夺。这些父母的中年生活最容易出现危机，40% 的父母心理幸福感下降了。

（2）中年人与老年父母。随着寿命预期的增加，成年子女照顾老年父母的任务也更艰巨了。对老年父母而言，他们的日常生活都需要帮助，如吃饭、穿衣等，并且部分老年人还需要子女提供经济来源。照顾父母的任务常常落在女性的肩上。在这种文化中，人们希望女性承担照料性的角色，管理和看护家庭。甚至许多成年后期的女性承担着双重角色：既要照

---

① ［美］伯格：《人格心理学》，陈会昌等译，156 页，北京，中国轻工业出版社，2000。

顾年迈的父母，又要帮助成年子女料理他们的家庭。

3. 职业生涯

中年时期，绝大部分中年人的职业已经相对稳定。职业对于中年人来说，具有多重意义，既有生物、心理方面的意义，也有社会方面的意义。

从生物的角度来讲，中年人要注意自己身心的变化对于所从事职业的承载力，或者通过调整身心来适应职业，或者通过调整职业来适应身心，或两者兼而有之。

从心理的角度来讲，职业发展过程就是埃里克森所讲的创生感，即避免停滞感的过程。创生感表现为中年人比以往生产出更多的物质产品和精神产品，并且乐于将自己所拥有的知识经验传授给他人，尤其是年轻人。

从社会发展的方面看，中年人面临不断接受继续教育的问题。社会的发展，以及科技更新频率的加快，使得工作的条件和要求不断改变。中年人要想跟上时代的步伐，必须不断接受继续教育，更新自己的知识结构，提高自己的技术经验。

三、成年期的社区生活与心理健康

成年人虽然正处于生命中最健壮、最有力量、最稳定的时期，但也会有一些适应不良的成年人，例如贫穷导致沉重的家庭压力，因学历或人格等方面的原因导致失业，成年人还可能出现抑郁、焦虑，以及酗酒、赌博、失恋、婚姻破裂等问题，这些个体一方面自己承受着痛苦，另一方面也会影响夫妻关系、亲子关系，甚至会影响到社区的文化，甚至带来更严重的社会问题。

虽然成年人也是社区生活的主体人口，但由于成年人承担着全日制的工作任务和"上有老下有小"的生活责任，很少有时间和精力来在休息的时间关照自身。当前的社区活动和社区服务的主体也主要针对不用工作的老人和不用上学的婴儿，为他们提供各种社区活动和设施，在节假日也会尽量设计一些对青少年开放的活动，而对社区内的成年人活动需求的关心很少。例如，居委会常常有针对老年人群的文化活动，或者给老人们提供看报纸杂志、打扑克的场地，这些活动吸引不了成年人，但实际上社区交往对成年人也十分有价值。在某种意义上，成年人成为社区活动比较容易忽视的一个群体。

青少年因为年龄小，承受力不够，当遇到困难的时候，比较容易情绪化地表达出来，这虽然让人们感到有压力，但从积极的角度来看，他们的表达正好是一种信号，能够让人们发现和重视问题，也因此更有机会帮助他们解决问题。相对而言，成年人对问题的感觉更迟钝，也更不容易表达自己的情感，所以一旦出现问题，往往比青少年更严重、更难以解决。同时，他们在工作中的身份和压力也让他们很难在工作环境中纾解问题，而良好的社区氛围和社区互动对他们的心理健康十分有利。

── **资料窗** ·

他为什么要杀害小学生？

2010年3月23日上午7时20分，福建南平市实验小学门口发生重大凶杀案。一名中年男子手持砍刀，连续砍死砍伤13名等待入校的小学生。现年42岁的犯罪嫌疑人郑民生原是南平马站社区诊所的医生，无精神病史，去年6月辞职，受审讯时称其作案动机是"报复社会"。2009年6月郑民生从马站社区诊所辞职。在工作期间，他与该诊所负责人王某多次发生冲突。郑民生认为王某不尊重他，在工作上为难他，在生活上不关心他，并经常羞辱他，经初审，犯罪嫌疑人作案原因可归结为两点：一是与原工作单位领导有矛盾，辞职后谋新职不成；二是恋爱多次失败，尤其是与当前所谈女友进展不顺利，心态扭曲，故意杀人。

因此，社区中需要有为成年人心理健康服务的机构，及时发现成年人的心理问题，帮助成年人在社区中恢复适应能力。同时，社区也需要将成年人作为资源，提供成年人更多服务社会、实现自身价值的机会。

第四节　老年期的个体心理

老年期一般指65岁至死亡这段时期。随着人口平均寿命的延长，老年期将变得越来越长，这段时间会占到人生的1/3或1/4，甚至常常会超过儿童期和青年期之和。对老年人来说，建立新的生活方式，充分利用闲暇时间，用积极的生活态度面对年老和疾病、死亡，才能够帮助自己更好地度过老年时光。

一、老年期的生理变化

由于更健康的生活方式、更好的营养，以及医疗技术的进步，人类的寿命预期大大增加了，但人也不可抑制地会经历衰老的过程。从医学和生物学的角度看，衰老是一种生理上身体某些功能的老化现象。人进入老年期后，各项生理功能衰退，抵抗和免疫力降低，容易感染各种疾病。

（一）老化的种类与表现

1. 老化的种类

老化主要有原发性老化和次发性老化两种。原发性老化，是指人体随时间缓慢进行的老化过程。原发性老化不是疾病，而是一种不可避免的过程，没有办法治疗和预防，可以延缓，但不能阻止。次发性老化，是指疾病引发的老化，可以预防和治疗，可以通过人为努力去控制。

2. 老化的表现

老化，在骨骼系统方面，表现为骨密度下降，骨质逐渐流失，导致骨质疏松、关节炎；在皮肤肌肉系统方面，表现为皮肤组织萎缩，深部脂肪减少，弹性下降，皱纹大量增加，甚至有大量不规则的老年斑，肌肉也开始收缩，弹性减弱，肌力减小；在神经系统方面，则为大脑神经元减少，大脑血液供应减少，很多老人会感觉比以前健忘很多；从循环系统来看，动脉血管中胶原质的增加，会使血管出现粥样硬化，导致高血压、心脏病等。

生理老化是老年期最显而易见的特征，也是可预期的自然现象。与人生的前几个阶段不同，维持身体健康成为老年期最重要的目标和任务。老年人不惜花费大量的时间、精力和金钱来维持其身体健康。

（二）老年人的性生活

对性行为的大量研究显示，人在晚年时期不仅保持对性关系的兴趣，而且很活跃。老年人仍将性生活视为生活中的必需元素。人们一般认为：老年人没有性欲；即便有心也是无力去做的；他们的身体太脆弱，做这种事会伤害他们；他们年老色衰，无法引起他人的性欲；这个念头是令人羞耻的。这些都是对老年人性生活的错误看法和偏见。大多数身体健康的人的性生活可以持续到很大年纪。当然，老年人性生活的能力会因为疾病、鳏寡的状态及不能获得合适的性伴侣而受到影响。

二、老年期的心理发展

（一）记忆的变化

在正常的衰老过程中，短期记忆和当前记忆的损失是非常明显的，长期记忆几乎不会受到损失。保持大脑活性有助于改善记忆功能。相当数量的老人即使八十多岁都不会出现智力下降的情况。这些人的共同特征是：没有心血管疾病；积极参与社会活动；喜欢学习新事物。

（二）智力的变化

很多人认为老年人体力、智力下降，所以不应该让老年人从事需要体力、智力的工作或者活动。事实上，仅仅因为年龄就剥夺老年人的工作或活动权利，不可避免地会使老年人的自尊心受到打击，而一旦其自尊心受到打击，则会造成严重的问题。实际上，在现实生活中，他们可以大有作为。允许老年人承担与其能力相匹配的责任，会提高其自尊，帮助老人将功能水平很好地保持。

（三）记忆的变化

有一种误解认为，怀旧与短期记忆的丧失有关，实际上，怀旧是生命回顾过程中的正常组成部分。这是一种精神过程，出现于一个人认识到死亡的不可避免性的时候。回顾生命可以把过去事件带入意识，这是一个重整的过程，这个过程的功能是有序地梳理生命之路，以及为死亡做准备。这个过程是普遍性的、自发性的、不可避免的。在怀旧的过程中，过去的成就成了一种资源，而过去的缺点和错误也不会像以前想象的那样严重。老人从怀旧中获得独特感、宝贵感及珍惜之情。怀旧是送给聆听者的礼物，这是老人留给人间的最后一笔财富。而且，当一个积极而又感兴趣的聆听者，可以帮助老人减少孤独感并增加安全感。

（四）老年人的常见负面情感

1. 丧失感

在老年生活的各个方面，无论是宏观层面还是微观层面，老年人都会体验到失去的感觉，例如，失去亲人，失去健康，失去地位、声望。

2. 悲伤感

悲伤是同丧失相联系的，是人们在老年期的正常情感反应。悲伤可以在生理层面以及情感层面上表达出来。悲伤的生理性表达通常包括感觉胃部被清空、窒息、或膝软及深深叹息等。悲伤的情感式表达包括抑郁、伤感、难过、负疚、愤怒及否认等。

3. 哀悼感

当失去亲人的人不能解决他们的苦痛和悲伤时，在以后的生活中就会遇到问题。哀悼逝者、排解伤痛有四个必要步骤：

（1）承认事实。起初，人们常常否认死亡的现实，因此首要的任务是接受亲人已逝、不可复生的事实。

（2）感受痛苦。在所爱者离别人世之后，许多人不想受到如此伤害，所以他们忙于参加活动，或者通过外出旅行来回避感受。但是，痛苦是不可回避的，而且，如果当时的悲痛未被化解，那么当另一种失去发生时，痛苦会从心底浮上来了。丧亲者可以通过谈论死亡及所爱者等方式外化痛苦。

（3）适应新的环境和新的人际关系。每个老年人必然需要面对伴侣、朋友、亲人的丧失，也必然会因此不得不思考自己的死亡问题。无论个人以往的生活亲密与否，丧亲老年人需要通过陪伴、教导、学习、思考，认识到自己能生活在没有所爱者陪伴的世界上。由于年老和配偶丧失，很多老年人需要离开自己长期居住的社区，与子女等扶养者一起生活。这时既有新的地域环境的适应问题，也有新的关系的建立问题。关系是一种风险，在能够进入新关系并且愿意再受伤害之前，丧亲者必须化解悲伤，否则会因此造成适应的困难。

4. 孤独感

从客观上讲，由于子女逐渐独立，老年人又远离社会生活，体力渐衰，行动不便，与亲朋好友的来往频率下降，信息交流不畅，因此容易产生孤独感。在主观方面，老年人具有既定的人际交往模式，不易结交新朋友，人际关系范围逐渐缩小，从而进入封闭性的心理状态，这是老年人孤独情绪形成的重要原因。研究表明，孤独感对老人的身心健康极其有害。失去配偶又极少与人交往的孤独老人，其死亡率比常与人交往的老人高 1 倍；临床观察表明，孤独的男性老人的心脏病发病率比好交际的男性老人高 1 倍。

（五）老年人退休及退休后的调适

1. 退休

退休在现代社会被认为是一种正常的、自然的现象，是人在特定的年龄完全或基本退出社会劳动的一种现象。每个国家所规定的退休年龄并不一样，例如，匈牙利把退休年龄定在50 多岁，美国将退休年龄定在 70 岁。在我国，通常女性退休年龄是 55 岁，男性是 60 岁，但目前我国已经在研究新的退休政策，建议实施"渐进式延迟退休"方案，将退休年龄延迟到 65 岁。

在许多国家，退休实际上并不是一种自觉自愿的行为，而是一种强制性行为，退休，更准确地说，是强制退休。传统观点认为，退休是对老年人的社会性关爱和保护。老年人在生理、心理和社会等方面都出现了明显的衰退，已经不能适应社会的变化和要求，从提高社会效益、加强社会功能、完善社会结构等多重目的出发，老年人应该退出工作岗位。

但是，现在反对的观点越来越多，强制性退休违背了老年人的自我意愿、漠视了老年人的实际能力，本质上是一种老年歧视。而且，强制退休也忽视了老年人的个体差异。另外，人的寿命在不断延长，按照60岁退休来计算，意味着人的一生中还有二三十年的时间要处于赋闲状态。

为此，许多国家延后了退休年龄，这在一定程度上可以使老年人更大限度地发挥自己的才能。还有的国家彻底废除了退休制度，而改为自愿退休，充分尊重老人的个人意愿。而且对老人采用弹性工作制度，根据老年人的具体情况适当减少工作时间和工作任务，既保护了老年人的工作意愿，也充分照顾到了老年人的实际能力，这应当说是一种比较完满的解决方法。

2. 退休后的调适

不管是自愿的还是强制的，每一个人都不可避免会退休。一个退休的老年人在以下几个方面会发生重大转变：家庭角色、日常活动、社会互动及经济来源。一个人对这些变化的预料方式会影响他能否成功适应退休。对大多数人而言，退休是积极的体验。有四种情形可能让退休构成沉重压力：

（1）退休非出自自愿，或让人措手不及。

（2）除了工资外，没有其他经济来源。

（3）家庭生活不愉快，在外工作是为了从这种状态中解脱出来。

（4）有身体疾病。

以下几种活动对退休后的调适有益：

（1）经由另一个社交网络来结识同伴，取代工作伙伴。

（2）重新发现如何娱乐。

（3）从事创意性工作。

（4）继续学习，终身学习。

（5）接受一些社会文化中的过渡仪式，例如在重阳节登高、过寿辰。

（六）面对死亡

1. 死亡的阶段

伊丽莎白·库布勒·罗斯（E. K. Ross）医生在观察了两百多名濒死者之后，提出了接受死亡的五个阶段：否认和孤立，愤怒，讨价还价，抑郁，接受死亡（见表3-8）[①]。

表3-8 死亡的五个阶段及表现

死亡阶段	表现
否认和孤立	在短时间内，否认提供了一种健康的防御机制，有助于解决痛苦的、艰难的处境压力，作为一种缓冲力，否认使人们的悲伤得到缓解，从而使他们有机会面对死亡现实，以及调动其他的、相对缓和的防御机制

---

① 库少雄：《人类行为与社会环境》，425页，武汉，华中科技大学出版社，2005。

续表

死亡阶段	表现
愤怒	愤怒提供了发泄对死亡的愤怒感和厌恶感的机会；愤怒常被转移到亲人和照料者身上；这种转移通常不是针对某个人的，而是一种苦闷的呼喊，也许是因为对他人身体健康的嫉妒，以及对未竟事业的情怀
讨价还价	这是一种和死亡争取时间的努力；对那些疾病已经发展到晚期的人来说，他们也许会和死神讨价还价以求延长时间，例如，我会戒烟、戒酒以及减肥，只要我能看到我孙女结婚
抑郁	其特点是巨大的失落感；考虑到所有即将发生的失去：自我的失去、关系的失去、所有所爱的失去
接受死亡	在这种状态中，人们有机会考虑如何以某种有尊严的方式走向生命的终点；处于接受阶段的人衰弱、内向，不与他人交流

2. 死亡的过程

除突然的意外死亡外，疾病的致死过程通常不会很短暂，可能会需要几个星期或几个月的时间。在死亡之前的 1 ~ 3 个月中，濒死者身上会发生几个变化。首先他们开始停止交往，退回内心世界，这是与世界分离的第一步。他们睡眠的时间变长了，与朋友和家人互动的时间少了，饮食也可能会减少。

（1）在死亡之前的 1 ~ 2 周中，死亡过程就开始了。濒死者变得神志不清、无法定位。可能会更多发汗，皮肤变成了淡黄色，手足变得发青，呼吸与脉搏变得紊乱了。

（2）在死亡的数天和数小时之前，所有迹象都变得明显了。然而，濒死者可能会回光返照，他们变得更加清醒，吃得更多，交往也增加了——好像他们正在积蓄力量说"再见"。

（3）然后这个人会变得昏迷不醒。手、足、腿变成了淡紫色，并且起泡，脉搏微弱，很难察觉到了。呼吸变得很不规律，在两次呼吸之间有很长时间的停顿。

（4）最后濒死者失去听觉并停止呼吸。

3. 生命观与死亡

死亡是老年人所面临的最大危机，人们也往往将老年期的死亡视为自然和正常。因此，面对死亡是老年期最重要的任务之一。老年人对待死亡的态度也会影响到自己整个老年期的生活状态。

老年人面对死亡的态度受两个方面因素的影响：一方面是老年人自身的因素。例如，女性老人对自己死亡的焦虑比男性老人高，65 ~ 69 岁组的老人对自己的死亡焦虑最高，75 岁以上组的老人焦虑最低，住在养老机构中的老人对整体的死亡焦虑及对自己的死亡焦虑都显著高于住在家里的老人。当然，这也受老人主观因素的影响，认为自己的生命完整、没有遗憾的老人更容易坦然接受死亡。另一方面是社会文化的因素。在我国的传统文化中，有忌谈死亡的民俗传统和文化心理背景，死亡在很多场合下都意味着不详、不应该和沉痛，并尽可能地被回避。因此，很多老人在跟子女谈死亡的时候，做子女的往往会尽快打断话题，不让老人说下去。

只有平静地面对和处理有关死亡的问题和情绪，才是对老人真正的帮助。与老人谈论死亡议题时，可具体讨论有关丧礼的安排、财产的处理、家庭责任的变化。因为老人也想在清醒期与子女协商处理好所有的事情，这样他才能不留或少留遗憾，更加坦然、平静地面对死亡。

──• **资料窗** •────────────────────────────

怎样的告别才有力量？①

尽管几年来一直关注衰老与死亡的问题，读了几十本相关书籍，但合上阿图医生的《最好的告别》，在阳光下静坐，我还是能感觉到自己发生了某种变化。这本书更新了我的视野，仿佛给了我一双更深邃、更精细的眼睛，去觉察衰老和死亡对于生命的深刻影响，以及人们面对它们时艰难复杂的心理过程。这本书还增添了我的勇气，让我相信，今后无论是面对亲人，朋友还是自己的衰老与死亡，我都会更敏锐、更温暖也更强韧。

……

在现代医学越来越技术化，越来越只关注"症状"而不关注"人"，越来越将死亡视为"失败"之时，阿图医生在"问题意识"的驱动下，勇敢地回到"人的需要"层面，思考和解构现代医学的狭隘和控制，让人们知道，在医学之内和之外，在生命的长度和生命的质量之间，作为一个"人"，可以有也应该有更多更好的选择——如果时间不多了，你最在意的是什么？为此你愿意付出的代价是什么？你准备浑身插满管子，在医院痛苦孤独地死去，还是在亲人身边平静安详、充满意义地告别？……老年医学专家布鲁道总是让他的病人脱下鞋袜，为他们检查足部。他知道，许多老人因为无法弯腰，长期不洗脚、不剪指甲，有的脚趾溃疡、肿胀变形。这些信息，帮助他更好地评估老人面临着怎样的风险。

为了帮助老人们抵抗厌倦感、孤独感、无助感"三大瘟疫"，托马斯说服团队成员把植物、动物引进疗养院。两年后，研究发现，疗养院居民的处方量下降了一半，精神类药物下降尤为明显，死亡率则下降了15%，而承担了喂养责任的老人则更活跃，活得更久。

……

不能谈论大限的到来，结果是生命将近终点时，那些对于生者和逝者都有重要的意义的事情，比如分享记忆，传承智慧和纪念品，道歉、道谢与道别，处理遗产，明确遗愿等都来不及去做，仓皇之中，留下许多遗憾、伤痛，甚至是严重的心理创伤和家族冲突。

当然，与老人、患者谈论大限，是既需要勇气也需要智慧的，尤其在我们这个充满死亡禁忌的国家。许多朋友都曾问过我这个问题，说很想知道父母有什么愿望，但总是无法开口。或许，《最好的告别》可以提供许多有价值的参考，比如，不要去问："临死的时候，

────────────────────

① 节选自陆晓娅：《我们可以谈谈死亡吗？》，载《解放日报》，2015－11－13。

你有什么愿望？"而是问："如果时间不多了，对你来说最重要的是什么？"

……

我决定上网再买几本《最好的告别》，悄悄地放到妈妈养老院的书架上，我希望它们能帮到那里的老人。

三、老年期的社区生活与心理健康

（一）老年人与社区

老年期是所有发展阶段中最依赖社区的一个时期，尤其是居住在社区进行社区养老的老年人，他们日常的生活起居、人际交往、兴趣活动可能都要在社区中完成。因此，社区对于老年人的身心健康起着不可或缺的作用。

社区要对不同年龄阶段、不同身体状况的老年人分类进行不同的心理服务。例如，对于身体健康一些的老年人，要提供场地和多样化的兴趣活动、学习活动，来充实老年人的生活，缓解老年人的孤独感，同时可以延缓老年人的大脑衰老。对于身体不方便、家庭经济条件不好、家庭关系复杂、有各种身心疾病的老人，可以提供针对性的心理服务，例如，对于患痴呆症的老年人，社区除了督促老人吃药、积极治疗，还可以主动带这样的老年人在社区散步，或组织益智的活动来延缓老人的病程。

在独生子女政策的影响下，养老问题日益突出。社区应该尽可能地为老年人提供更多的服务。例如，一些社区将家庭门禁系统升级，老年人可以通过门禁系统联系物业、居委会或者邻居，还可以通过门禁系统与社区内的便民商店联系，让他们送货上门。还有一些社区建立楼门老年人互助小组、社区老年日托中心，在社区内设立老年社会工作者岗位，等等，致力于为老年人提供更多元化的社会服务。

（二）老年人常遇到的心理问题

尽管我们希望每个老年人都能身心健康，但重大生活事件、身体疾病、心理疾病都会影响到老年人的心理健康。

1. 生活事件带来心理问题

老年期遭遇的生活事件对老年人的打击尤为沉重，不仅会留下心理创伤，还可诱发一些躯体疾病，例如，丧偶、再婚不睦、丧子、家庭不和、经济困窘等。

2. 身体疾病带来的心理问题

随着身体的老化，老人慢慢会患一些疾病，例如容易导致老年人死亡的心脏病、癌症和中风。由于老人免疫系统的弱化，老年人也更容易染上传染病。除了容易罹患致命病症之外，大多数老年人都患有长期的慢性疾病，例如关节炎。关节炎会引起周身各部位胀痛，患者可能连最简单的日常活动（如用钥匙开锁）都完成不了。这些疾病除了会带来身体的改变，也会限制老人的生活，给老人的心理也带来很多困扰。尤其是常年无法下床、疼痛难忍的老人，他们甚至希望通过安乐死或自杀来结束自己的生命。

3. 心理和精神障碍

有 15%～25% 的 65 岁以上的老人会表现出心理障碍的某些症状。

（1）抑郁症。抑郁症是最常见的心理问题之一，它的特征是具有强烈的悲伤、悲观和无望的感觉。老年人变得抑郁的一个明显原因是，他们要不断经受配偶和朋友等亲密的人死亡的痛苦。另一个可能的原因是，衰退的体能和健康状况会使老年人感到自己更不独立，更没有控制感。

（2）痴呆症。这是老年人最常见的精神疾病之一，包括多种病症，是严重记忆丧失中的广泛类别，并伴有其他心理功能的衰退。痴呆症有多种成因，但症状都很相似：包括记忆力减退、智力下降和判断力受损。罹患痴呆症的概率随着年老而不断增加。到了 85 岁以上这个比例升到 1/3 左右。痴呆症最常见的形式是阿尔茨海默病，这是老年人群面临的最严重的心理健康问题之一。这是一种表现为记忆丧失和混乱的渐进性大脑障碍。美国每年有 10 万人死于此病。这种病的第一个症状是异乎寻常的健忘。一开始是近期记忆受到影响，然后旧有的记忆开始消退，最后陷入完全混乱的状态，吐字不清，甚至不能认出最亲密的家人和朋友，还会失去对肌肉的自主控制，卧床不起。因为患者最初能意识到自己的记忆在衰退，也非常明白该病的后期症状，所以会产生焦虑、恐惧或抑郁情绪。

➲ 本章回顾

内容小结

本章主要讲述了童年期、青年期、成年期、老年期四个个体发展阶段的生理、心理、社会发展过程，描述了个体从受精卵开始发育到死亡的个体一生的发展历程。每个阶段个体的大脑、身体各个器官、感知觉、注意、记忆、思维、情感意志、个性、人际交往等都有不同的特点。这些特点可以帮助我们更好地认识和理解个体的生理、心理、社会发展状况，帮我们了解人类成长发展的一个基本规律，同时通过阐述各个阶段可能产生的心理健康问题与社区之间的关系来思考在社区层面如何理解、干预个体可能出现的心理问题。

关键词

胎儿期　婴儿期　依恋　分离个体化　学龄前期　道德发展阶段　自我同一性　亲密关系

➲ 思考与练习

一、简答题

1. 婴儿期依恋的发展阶段是什么？

2. 简述马勒的分离—个体化理论。

3. 什么是青年期的自我同一性？

4. 成年期的心理发展特征是什么？

5. 老年期常见的心理健康问题有哪些？

二、论述题

请根据埃里克森的人生发展阶段理论来分析从个体出生到死亡过程中的重要转折点，以及在这些转折点可能遇到的问题，并从社区心理服务的角度分析应对策略。

三、案例分析

小哲是一位28岁的男青年，大学毕业后在一家公司做财务工作。他工作非常投入，经常最早到岗最晚下班，目前收入稳定，有自己的住房。他在工作之余常和朋友们相聚，目睹一些高中、大学的同学、朋友已经生儿育女，承受情感及经济压力，因此认定在此刻组成自己的家庭是不切实际的事情。小哲公开宣称自己要享受自由自在的生活，还不想就此安定下来。他曾经跟一位年龄相当的女孩约会一年左右，但由于他不愿走入婚姻而导致失败。之后，他也经历了几段短暂的恋情。

小哲在7岁的时候，父母离异，小时候父亲经常对他拳打脚踢，他跟父亲不亲近，又和继母很难相处。他跟亲生母亲关系非常密切，母亲现在正在照顾卧病在床的外婆，他每周日都要去看望母亲和外婆。

请运用埃里克森的心理社会发展理论的八个阶段，以小哲为例，按照每一个阶段可能遇到的发展危机及其他问题，分析上述案例。

第四章 中观视角：家庭、学校、社区、组织

CHAPTER

本章概要

组织指各种正式、非正式的社会群体，这是个体社会化的有效途径。本章从影响个体的中观视角出发，深入探讨家庭、学校、社区、组织等机构与个体发展的互动关系，为社区心理学的实际操作提供理论基础。作为从事教育相关职业的学习者，需要将家庭、学校、社区、组织综合起来理解受教育者，并为他们提供最可行的帮助计划。

家庭不仅是个体身体的养育者，更对个体的心理健康和人格发展产生深刻影响，家庭治疗成为社区工作中影响最大的方法之一。学校对学生的影响不仅仅是成绩方面，而是态度、气氛、偶然事件、环境、习惯、人际等全方位的影响。本章中有关社区的部分与本书其他章节内容重复，故仅作简单介绍，更多对社区的认识可以从本书其他章节搜寻。

学习目标

深刻理解"中观视角"的基本含义，并能够理解个体与系统的互动关系。

全面认识家庭、社区、学校、组织对个体健康发展的影响，了解家庭治疗、学校心理辅导、社区环境与氛围、组织结构等因素对个体发展的影响。

学习建议

本章的内容似乎比较容易，但在具体问题解决过程中，从哪一个角度入手，在什么时刻入手，入手的最好方式是什么，需要从理论上进行综合考虑，然后找到帮助个体的最佳方式。建议在本章学习过程中，时刻注意思考各种理论之间，每个理论的构成因素之间，各因素与个体的具体生理、心理发展阶段和个体差异之间的复杂的互动关系，并在此基础上思考社区、学校可以进行的相关工作。建议将学习的重点放在通过对众多因素的掌握更加多元化地理解学生，多途径地帮助学生，而不要试图将所有理论整合为一个高度抽象的观点。

➡ 引　言

　　王女士与女儿于 2012 年搬进某社区的安居小区。2014 年秋季开学之际，即将升初三的女儿在开学报到前显得异常焦虑，一会儿说害怕作业完成不好老师会批评，一会儿又说怕作业多、压力大，担心自己跟不上，一会儿又说怕新的同桌会讨厌自己。在女儿的焦虑弥漫的家庭氛围中，王女士也焦虑起来，她对女儿说："马上初三了，面临中考，两年前就是考虑到你报考的学校才搬到这个小区，我一个人带你多不容易，可是在关键时刻，你却这样？我同事的孩子都在加油冲刺，你到底想干什么？"女儿烦躁地关上了门，随后传出哭泣声。王女士失神地望着窗外，想一想，突然惶恐起来，怎么解决这个问题呢？孩子的爸爸自从离婚后很少过问孩子的事情，自己的单位里也没有可以商量的人，该怎么办呢？她突然想起来，有次社区请老师做心理健康教育的讲座，在讲座中提到家庭、学校、朋辈对人的心理健康的影响。她马上想到去小区的居委会问一下，看能否寻求到合适的帮助。

第一节　家庭与个体心理健康

　　人是构成家庭的基本单位，家庭是社会的基本细胞。从社会生态系统的视角理解，家庭是中观系统中个体发展的核心情境，家庭这个社会系统不可避免地折射出历史、文化和政治体系的影响。每个人从出生到死亡都离不开家庭。每个人完成毕生发展的成长任务，都需要从家庭或家庭成员那里获得帮助和扶持。家庭是个体发展中各种需要满足的重要和初始化的生活空间。

一、社会变革中的家庭

　　家庭是一个变化着的历史范畴，是社会结构系统中的一个重要组成部分，一定会随着社会变革发生变化。社会变革是指一切社会现象特别是社会结构发生变化的动态过程及结果。在社会变革的裹挟下，家庭结构、家庭功能及家庭关系都会发生很大的变化。

（一）家庭结构的变化

　　家庭结构是家庭的构成状况，表现为家庭成员间相互配合和组织，家庭成员间相互作用和相互影响的状态，以及相互作用和相互影响而形成的家庭规模、家庭类型和家庭模式。家庭结构是家庭全体成员和各种角色所形成的综合关系。家庭结构会随着社会的变革而变化，每个家庭的结构都各具特色。

　　1. 家庭结构的小型化

　　随着工业化、现代化和城市化的发展，传统的大家庭不能很好地适应社会生产方式的调整，家庭成员要走出家门就业，人口众多的大家庭的管理难度越来越大，而小家庭更能适应这种变化。我国从 20 世纪 80 年代开始实行计划生育政策，减缓了人口急剧膨胀的速度，也使得独生子女加父母组成的独生子女家庭成为中国城市中最基本的家庭模式，人们生育观念的变化使得生育率逐年下降，这是导致家庭趋于小型化的直接原因。同时，离婚率的增大也使一些家庭解体、规模变小。我国家庭结构逐步趋于小型化。

2. 家庭结构的核心化

根据现代化的理论，家庭结构的发展和变迁与经济发展水平和生产方式的变化密切相关，工业化和城市化导致了家庭结构的核心化。现代社会需要的是自由劳动力，而结构独立的核心家庭所具有的流动性正适合这一要求。同时，现代社会中的个人职业成就更多地依赖于自身能力而非亲缘关系。而这一切都直接地促使传统的大家庭解体，核心家庭确立。我国的工业化和城市化进程在改革开放三十多年中取得飞速发展，但家庭结构的演变并没有完全按照西方的逻辑演进。新中国成立之前，一家一户的小农经济组织形式直接制约了家庭规模的扩大，导致核心家庭比例在工业化之前就有一定的发展；新中国成立之后，以公有制为基础的计划经济体制的逐步建立和完善，真正促进了我国核心家庭的发展，从 1949 年到 1978 年，我国核心家庭数量得到较大的增长。因为在计划经济体制下，国家的计划体制和行政权利制度在经济和社会化方面对核心家庭的保障优于对传统大家庭的保障，这也使我国家庭结构核心化的历程早于改革开放后出现的工业化和城市化进程。家庭结构的核心化是与家庭经济功能、保障功能的社会化程度密切相关、同步发展的。

（二）家庭功能的变化

经济体制改革、社会转型使家庭的生产、消费、生育、教育、抚养及赡养等功能向市场转移，向社会转移，同时随着生活水平的不断提高，人们对家庭又寄予新的期待，并拓展出许多新的家庭功能。

1. 生产功能的消失和改良

社会主义公有化使得传统家庭的生产功能基本消失，但近几年对民营企业的扶持使家庭的生产功能有了一定程度的回归。民营企业有不少是家族企业，它将现代企业制度植入了传统家庭工厂，生产领域也由原来的农业扩展到各个方面，同时家庭的生产功能比以前发挥得更为科学。

2. 消费功能的小康化

传统家庭的消费以生活必需品为主，现在家庭不再停留于保证温饱，而是步入了"小康型"的消费时代。家庭食品支出所占的比例不断下降，用于衣物、住宅、水、电、煤气等支出的比例变化不大，而满足文化需求的支出比例越来越大。家庭消费重点由物质消费转变为文化消费，文化、娱乐、休闲、学习方面的投资日渐加大。此外，人们的消费观念和方式发生了重大变化，以前总是重储蓄轻消费，要保持家庭每月有结余、银行有存款。现在人们不但舍得消费，还开始提前消费，贷款消费这种前卫的消费方式正逐步取代传统保守的消费方式。

3. 生育功能的衰退

由于生育观念的变化，现代家庭对生育的要求不再像以前那样强烈，家庭的生育功能呈现出衰退的迹象。这个变化不代表人们对家族延续不重视，而是家庭成员在面对生育问题时有了更大的选择空间。正如前面提到的，不少夫妇不要孩子，他们更加喜欢过"两人世界"，偏向于经营"丁克家庭"。

4. 抚养和赡养功能的转嫁

抚养子女的责任现在不一定全由家庭成员承担，给孩子找保姆、送孩子入托都是抚养功能向社会的转移。同样，家庭的赡养功能也转嫁给了专业的福利或服务机构，家庭养老与社会养老互为补充。家庭的抚养和赡养功能弱化，主要因为现代家庭工作负担沉重，无力承担过多的抚养和赡养任务，日益加大的老龄化程度也对家庭的赡养功能施加了压力。

5. 教育功能的弱化

传统家庭中教育子女的职责都由家庭承担，现在随着教育立法的完善和学校教育的普及发展，基本上每一个孩子都要进入学校接受教育，教育更多是在社会中得以实现的，家庭的教育功能不断弱化。家庭主要承担孩子的启蒙教育，或更早的胎教，以及家庭生活中的日常教育，同时，孩子大部分的生活经验仍主要来自家庭。

6. 情感和娱乐功能的强化

在家庭的生产、抚养、赡养、教育等功能日趋减弱的同时，其情感和娱乐的功能不断增强。家庭成员更希望从家里获得爱情与亲情，这有助于舒缓内心的压力，利于家庭成员得到被接纳、被信任的感觉，获得身心及个性的健康发展。家庭成员也更希望与家人一起度过休闲时光，享受丰富多彩的娱乐生活。

（三）家庭关系的变化

家庭关系也叫家庭人际关系，是建立在血缘婚姻基础之上的内在联系，决定了每个家人所"扮演"的家庭角色。家庭角色是家人在家庭中的权利和义务的集合体。每个家庭成员在家庭中处于不同的地位，扮演不同的角色，承担不同的责任和义务。家人角色承担的质量将决定家庭关系是否协调和稳定。家庭关系反映了家庭成员之间不同的联系方式和互动方式。

1. 家庭关系的民主化

我国传统家庭由年长的男性掌握大权，夫为妻纲，父为子纲，是一个等级森严的系统。新中国成立后，随着《中华人民共和国婚姻法》等国家政策法规的颁布实施，妇女地位大大提高。法律上也规定了所有家庭成员无论性别、辈分，在人格地位上一律平等。家庭中的每个成员都可以自由发表对家庭事务的看法，家庭氛围更为平等和民主。同时，人们的家庭观念也发生转变，以前重责任轻感情的观念正在淡化，年轻夫妻更注重对浪漫、爱情和幸福的追求。传统的"家本位"日益弱化，"人本位"的需求越来越受到家庭成员的重视。人们在关注家庭的同时，更关心个体的发展和需要，除了关注自己的发展，也会帮助其他家庭成员实现人生规划。

2. 家庭关系的情感化

人的情感需求主要通过职业生活、社会生活、家庭生活三个方面来满足，但是随着社会的变革，家庭成为满足情感需求的主要场所。家庭能够提供其他社会组织所不能提供的情感，如在血缘基础上的亲情、与婚姻结合在一起的爱情。人世间没有什么情感比家庭情感更为深厚、更为温馨、更为真挚。这种情感会让人们对家庭充满依恋，会让人的心理得到放松、调整和修复，同时让家庭充满凝聚力和亲和力。家人之间情感的需要和获得是多元互动的。在互动过程中，家庭成员均会在心理上获得理解、安慰、疏解，在精神上获得支持，进而产生情感的依赖，这是家庭成员个体健康成长发展的必要条件，是个体参与社会活动不可或缺的重要精神食粮，是维系家庭成员之间和睦相处的纽带，是家庭存在和家庭建设的重要基石。

二、家庭中的心理健康问题

个体最早在家庭中接触和认识世界，在与家人的互动关系中生活和成长。家庭关系构成影响个人成长的心理社会系统，家庭系统也是所有心理社会环境中的第一个系统，也是影响最深的一个系统。家庭系统也帮助我们理解人的行为是由社会情境塑造的。家庭所特有的情感，成员关系的持久性带来的归属感，对个体身心发展和社会成员之间的互动模式具有不可逆的影响和制约功能。

（一）家庭是形成自我和谐的雏形情境

个体感知世界的方式首先在家庭中形成雏形。父亲、母亲和孩子构成基本的关系体系。这是最早接纳个体也是最具影响力的情境。人的自我概念是关于自己的记忆，关于自己的特质、动机、价值及能力的信念，是最想成为的理想自我，预期要扮演的可能自我，对自己积极或消极的评价（自尊），以及关于别人怎么看待自己的信念。自我经验是一些原始材料，自我概念就是凭借这些材料而组织成形的。个体在早期获得的经验，会巩固和强化自身的感受。

影响自我的他人有两类：一类是概化他人，即社会文化整体；另一类是重要他人，即影响个人生活和人格成长的中心人物。来自重要他人的态度和评价，会逐渐形成个体自我的重要部分，这个部分主要是父母。父母是我们肯定自我的主要外界影响力。父母会将他们对这个世界的了解传递给我们，他们的肯定和否定围绕在我们周围，成为我们经验的一部分。我们由此了解到可以期望从别人那里得到什么，怎样表达自己的需求，可以期望从自己这里得到什么，以及他人对我们又有什么期待。这样很快就会发展出对周围环境的某种掌控能力，使得我们的生活变得更加安全与舒适。我们在这个过程中感受并学习到安全、我们的身体、我们的可爱之处及我们是值得爱的这种信念。在这样的情境中，个体形成对自我的确认，形成对自我价值感和独特性的确定。

（二）家庭是决定人际和谐的初始情境

依恋是孩子和特定个体之间发展起来的积极情感联结。人生来就是一个社会动物。婴儿的社会交往始于他和养育者之间的密切关系。不同类型的依恋关系对孩子今后的行为有重要的影响。安全型依恋的孩子更有能力，更独立自主，更好奇，更灵活，更自信，更具社会能力。回避型依恋的孩子很可能在应对压力方面有困难，有更多的问题行为。而矛盾型依恋的孩子很可能在今后的生活中表现出焦虑与机能上的紊乱。在极端被忽视的情境下，儿童可能会变得退缩、畏惧、沉默寡言。依恋理论的代表人物英国著名精神病学家约翰·鲍尔比（John Bowlby）在对无家可归的儿童的心理健康情况进行研究之后，向世界卫生组织反映：与他人的亲密依恋关系构成了一个人生活的核心，人们都是通过这些亲密依恋来获得力量和享受生活的。

研究人员发现，早期依恋对个体长大以后的人际关系有很大的影响，影响到个体未来与另一个人保持相对持久的爱的关系的能力，影响到个体长大后承担对他人的责任的能力，影响到他们与自己的孩子的关系，等等。早期的依恋类型是成年后人际关系的基础。安全型依恋的人成年后善于建立亲密关系，在关系中对伴侣的心理需求感觉敏锐，能理解、接纳和支持对方，重视并享受和相爱的人在一起，对亲密关系的未来充满信心。这部分人大多数在早期家庭里与父母形成安全依恋模式。回避型依恋的人成年后在亲密关系中投入很少，与恋人分手的概率很高，经常感受到孤独和寂寞。矛盾型依恋的人成年后通常在亲密关系中投入过多，会反复地和同一个恋人分分合合，而且往往自尊水平较低，给对方的帮助更可能带有强制性和干扰性。个体的婴儿期依恋模式与成年行为之间是有延续性的。那些在成年关系中遇到困难的人，最好回顾一下他们的婴儿期生活，以确定问题的根源所在。

（三）家庭是个体情绪健康的经验情境

家庭是孩子的摇篮，这个摇篮是否舒服，是否安全，是否有足够的空间让孩子发展；父母是孩子的第一任教师，这任教师是否健康，是否愉快，是否有良好的心态，是否可以满足孩子的心理需求，这些对孩子的情绪健康发展都有影响。

情绪健康的核心要素是情绪稳定、情绪积极、情绪控制有安全感，具体表现为：情绪稳定，能够保持情绪基本稳定；情绪积极，情绪状态能够保持以积极情绪为主导；情绪控制，能够调控自身情绪的变化；有安全感，对人身安全、生活稳定等有基本的安全感。在心理的层面上，家庭具有提供情感与爱，相互支持，使个体获得自我归属感的功能。最雏形的安全感个体生命是在家庭中建设出来的。

家庭的互动方式，影响家庭成员的表达方式和沟通方式，也影响个体的情绪智慧。情绪智慧发展健康的人表现为：接纳、理解自己内在的情感世界，具备正确解读各种复杂情绪的能力；同时接纳、理解他人内在的情感世界，具备正确解读他人内心各种复杂情绪的能力；具有疏导与处理自己各种复杂情绪的能力，也具有疏导与处理他人各种复杂情绪的能力。情绪智慧可以帮助我们正确地解读自己的情绪，解读他人的情绪。虚心去探索别人和自己内在的经验世界，才可以减少心理投射，避免误解与冲突。而家庭在其中扮演了重要的角色。

当家庭的情绪气氛和谐、温暖、安全、开放时，家庭中的个体就会发展得和谐、健康，个体生命的情绪智慧就会以爱的方式向外扩散和传播。每个人的爱在社区、学校、商业界及一切有助于建设和谐社会的机构中传播开来，会促进社会的和谐。

─── · 资料窗 · ────────────────

认识家庭——李维榕①语录

这世上并无独立的人，我们人人都像电脑一样，被自己出生的家庭编好了程序，然后按钮行动。

过去有多重要，全视乎这对一个人现时的影响；将来有何机会，也全视乎现时能够打开哪一扇门。因此，"现在"是过去与将来的桥梁。

记住：对待孩子，有时要眼也看不见、耳也听不到、嘴巴也讲不出。"亲子教育"是父母怎样忘掉一点孩子，而不是无处不在地关注孩子。

一个母亲的悲哀，就是要接受儿子不再依赖自己。一个母亲的智慧，就是明知孩子会跌跤，都要让他自己寻找自己的道路。因为她知道，一不小心，母亲就会成为孩子的牢笼。

─────────────────────────────

三、家庭治疗

家庭是一个有组织的社会系统，具有和其他社会系统不同的功能和特征。家庭也是一个生命单位，具有自己的发展阶段和任务，以及面临的矛盾和种种压力。家庭治疗具有独特的视角，将所存在的问题或症状从个体转向了关系，看到的是整个家庭系统的问题，并且通过处理家庭或更大的机构等系统的问题，来处理和消除个体存在的问题。

（一）家庭治疗的含义

美国精神分析师内森·阿克曼（Nathan Ackerman）在 20 世纪 50 年代首次正式提出"家庭治疗"这个概念。家庭治疗不仅仅是一种新的治疗技术，也是一种新的理念，是心理学及社会工作的一个革命。它代表了理解人类问题，了解行为、症状发展以及解决之道的全新方法，即精神动力学派、行为主义学派和人本主义学派之后的在心理咨询与治疗领域崛起的"第四势力"。它超越了过去只关注个人内在的心理冲突、行为模式和人格特征的局限，把个人放在家庭系统中去了解并进行治疗。因而，家庭治疗其实是一种系统治疗。

家庭治疗是以整个家庭为对象的一种心理治疗方法或者工作模式。从形式上看，家庭治疗通常是治疗师同时和几位家庭成员一道进行的，属于小组工作模式；从内容上来看，家庭治疗不直接处理个人的情绪和困扰，而是处理家庭中的关系问题，属于一种关系治疗。家庭治疗的主要目标是充分评估困扰家庭特定成员的心理和行为的家庭因素，了解家庭成员之间的互动关系性质；了解并促进家庭成员之间的互动关系；了解并促进每一个家庭成员所应担当的角色功能；改善或解决家庭当前互动关系中的难题；促进家庭成员的发展功能；使家庭生活功能得以充分发挥。

（二）家庭治疗的基本理论

家庭治疗的先驱尼科尔斯（Michael P. Nichols）、施瓦茨（Richard C. Schwartz）从不同

──────────────────────

① 李维榕，著名临床心理学家，家庭治疗大师米纽秦的唯一华人弟子，香港大学家庭研究院总监。

的家庭治疗学派中总结出 12 个被他们称为"经久不衰"的概念和方法，随着时间的推进，这 12 个概念和方法逐渐渗透并融入其他学派的理论而得到广泛应用，并在应用中得到修正和保存。

1. 人际背景

家庭治疗的基本假设是"人在家庭中"。家庭治疗师虽然并不拒绝个别心理治疗的某些方法和形式，但坚持认为在治疗过程中应该总是戴着人际关系的"透镜"来观察其所面对的家庭，这也是家庭治疗与个别治疗的本质区别。家庭治疗假定个人的心理或行为问题不单纯是其个人的问题，而是与其所处的人际交往网络有关，问题来源于人际背景，最佳的解决问题的办法也就只能在人际背景下产生。家庭是个人最早的且往往也是最重要的人际背景，所以家庭被认为是个人问题的根源。现代的家庭治疗已经不再特别强调家庭是个体产生问题的场所，而更重视家庭是解决与家庭相关的个人问题的治疗场所。

2. 互补性

家庭治疗中的互补性指的是各种家庭关系的互惠。从家庭治疗的角度来看，一个人的语言、行为和情绪与家庭中另一个或几个人的语言、行为和情绪有密切的相关性。如果系统中的某个人发生了变化，关系网络就变了，另外的人自然也就会因此受到影响而发生变化，例如，如果丈夫可以多给予一些关怀，妻子很有可能少些唠叨。互补并不意味人们会在关系中互相控制，而只是表示他们会互相影响。

3. 循环因果

循环因果是对家庭成员动态交往和互相影响的纵向、循环且互为因果的特点的总结。在家庭治疗出现之前，心理治疗解释是建立在线性模式之上的，认为是既往所发生的事件如疾病、情绪、冲突或者学习的历史导致了现在的症状。贝特森（Batasen）运用循环概念，从"现在是由过去造成的"变为"现在是正在进行的"循环反馈圈，改变了旧有的心理治疗的思维方式。旧有的心理治疗总是从人的童年经验寻找解决问题的关键，而贝特森认为，现在正在发生的才是需要关注的。家庭成员之间现在所发生的相互反馈，正是解决问题的关键。循环因果理论认为，家庭问题存在于所有家庭成员现有的一系列行为之中，因此家庭治疗的目的就在于改变这一系列导致问题的循环互动关系。至于谁最先开始引起问题，或者谁最应该对问题负责任，其实已无法且毫无必要予以追究，改变一个循环的互动根本就没有必要去追溯开始。

4. 三角关系

家庭治疗重视家庭中一个特别的关系，即父亲、母亲和孩子构成的三角关系。从家庭系统的角度看，三角关系是配偶次系统、亲子次系统及手足次系统界限混淆的产物。三角关系是一种很稳定的关系，总是要维持一种平衡，这种平衡又是以三个角上的各方扮演不同的但又会相互转换的角色来达成的。

在家庭治疗师看来，父母之间的夫妻冲突也许是"因"，而孩子问题则可能是"果"。按照家庭治疗的循环因果论，实际上没有必要去探讨究竟谁是"因"谁是"果"，而是要设法让家庭成员愿意且能有效地打破这种循环的三角关系。家庭三角关系的模式提醒我们，三角关系中的父亲、母亲及孩子三个角色会在互动中转换。一种常见的失功能家庭中，孩子常常扮演父亲或母亲中的一个角色。

5. 家庭系统

家庭系统可分为个人次系统、配偶次系统、亲子次系统和手足次系统。

（1）个人次系统。家庭治疗将个人看作家庭中的一个次系统，而不是一个完全独立、个别的人。个人次系统有一部分是"脉络中的自我"，包含个人现在和历史的关系，以及个人和现实社会的关系。个人在与别人的互动中，产生个人人格中与脉络相契合的那些部分，而这又会影响到以特定的方式与他互动的那个人。这是一个相互影响的循环过程，个人逐渐在和那个人特别的互动中保持一种固定的模式。家庭中的各个成员的自我既有不包含在家庭关系中的部分，也有包含在家庭中脉络关系的那一部分，后者决定了他的行为受家庭组织控制的程度。

（2）配偶次系统。配偶次系统又被称为夫妻次系统。这一系统的重要职责是建立清楚的界限以保护自己，提供空间以满足自身的心理需求，且不受原生家庭、孩子和其他人的干扰。该系统能为家庭成员提供一个支持场所，以利于他们处理与外界之间的问题，且在遭遇外界压力时能在家庭中得到慰藉。孩子可以从父母的日常互动中学习建立亲密关系的模式，从配偶次系统的表现中观察到情感表达的方式，包括如何与一位有压力的伙伴互动、如何处理与伙伴的冲突等。这些会变成孩子的价值观和期待的一部分，并且在其与外界接触时表现出来。有时孩子会与一方联盟，被拉进配偶次系统。

（3）亲子次系统。亲子次系统中的关系可以有很多不同的表现方式。孩子可能会和长辈中不同的人有不同的关系，他们对孩子的影响力和权威性是不一样的。比如，真正养育孩子的是爷爷奶奶，却让父母去教育孩子，这就出现功能上的受阻。

（4）手足次系统。孩子辈之间在家庭里构成互动关系和模式，这是儿童接触的第一个同辈群体，他们在其中相互支持、攻击、替罪和学习，建立起与人协商、合作和竞争的互动模式。个体心理学理论的创始人阿尔弗雷德·阿德勒（Alfred Adler）曾对出生次序对个人成长的深刻影响进行研究，家庭治疗也对这个系统功能的发挥和在家庭里所起的作用给予了足够的关注。

6. 家庭治疗的过程和内容

家庭治疗聚焦于沟通的过程，即人们怎样说话，而不是内容，即说了什么。家庭治疗师在治疗过程中主要关注三个问题：第一，问题是什么；第二，问题是如何形成及如何得以维持的；第三，谁最关注问题，或者对于谁来说，所说的问题是真正的问题。第一个问题是指问题的内容，第二个问题是指问题形成和维持的过程，第三个问题是指问题所涉及的家庭内的人际关系。家庭治疗更为关注的是家庭成员沟通的过程，即家庭成员是怎样说话的，而不是家庭成员说了什么或者问题的内容是什么。换句话说，家庭治疗师更关注家庭成员是如何表达问题的，而不是问题的本身。

7. 症状的功能

目标病人的症状常常有稳定家庭的作用，家庭治疗师将这一动态平衡影响称为症状的功能。从家庭的角度来看，有些事件有特殊的作用，如孩子强迫性洗手，除了减轻其自身的焦虑外，也转移了其父母的注意力，并避免了他们相互之间发生冲突。在夫妻的紧张关系中，有某些特征的孩子会被挑选出来，并被焦虑的夫妻关系塑造成家庭中有行为问题的成员。这时，只要夫妻将他们的注意力放在孩子身上，他们自己的冲突就会被转移或忽略。这一观点，使治疗师必须对家庭成员所表达出来的抱怨保持警惕，因为其背后可能有潜在的冲突。孩子的行为问题，通常表示父母在如何管教孩子这个问题上意见不一。然而，这不等于说孩子的行为问题有益于家庭。父母的冲突可能是孩子行为问题的结果，而不一定是造成孩子问题的原因。

8. 家庭生命周期

家庭从形成、发展、稳定到解体，也有其生命周期。家庭生命周期的理念使得我们认识到，家庭必须改变，以适应成员的成长和改变；家庭中每一代的发展都会对所有成员有影响。齐尔贝奇（Zilbach，1989）提出了一个细致的划分，将家庭生命周期分为从独立到相互依赖的夫妻关系建立的酝酿期、从相互依赖到增加更多依赖的生养子女阶段的家庭早期、从第一个孩子离家后家庭规模变小的家庭后期三个主要阶段。当家庭面对挑战，不管是环境的还是发展的，如果不能改变结构以适应变化了的环境，就可能出现问题。问题常常不是"家庭功能不良"的标志，而是这个家庭在生命周期的转折关头遇到了新问题。

9. 阻抗

家庭治疗的阻抗可以来自某一个家庭成员、部分成员或者所有成员。初始阶段的阻抗主要表现为掩饰或者拒绝提供真实的信息；中期、后期阶段的阻抗主要表现为拒绝做出改变。近年来，治疗师认识到，如果家庭成员认为信息被公开或者做出改变是在冒险，他们会原地踏步。只有当他们认识到治疗师是可以信赖的，公开信息或者做出改变的预期结果是安全的，他们才有可能有意无意地卸下阻抗的防御；而且，如果家庭成员能真正以相互尊重和关心的方式交流，改变同样是可能的。另外，家庭成员希望其他的成员首先做出改变，以致相互观望或者埋怨甚至指责，这既是人之常情，也是家庭治疗在阻抗方面与个别治疗的不同之处。家庭治疗应为所有的家庭成员尽力创造一个温暖的、没有批评意味的治疗环境，降低威胁因素，给他们带来治愈的希望。

10. 家庭叙事

每个家庭成员除了是各自生活的行动者外，同时也都是讲故事的人。通过将生活中的事件重构成连贯的叙事，家庭成员可以对他们的经验赋予意义。也就是说，塑造家庭生活的不只是行动和互动，家庭成员们所构建和讲述的故事也有其影响。叙事治疗强调，寻求治疗的家庭常常消极地形容他们的问题，使得他们在问题面前更加束手无策。对个人叙述的重要性保持敏感度，是治疗师工作的有效部分之一。家庭叙事对经验进行组织，并使其具有意义。叙事也会塑造期望，并影响将来的行为。

11. 社会性别

就传统而言，女人心理界限的通透性更强，在互相联结的关系中形成自我，有很强的同情心，但也容易在关系中失去自我；而男人的心理界限则很坚固，否认自己有依赖的需要，害怕投入，相对而言也没有那么多的同情心。如何回应父母的言行，对孩子来说意义重大。其意义并不完全在于他们怎样才可以愉快相处，而在于他们将来会变成什么样的男人或女人。除了认同同性别的父母之外，孩子通过与异性别的父母的关系更可以部分预测他们将来和异性相处的经验。对性别敏感的治疗师必须避免家庭治疗的一些基本假设中潜在的性别不平等。

12. 文化

在影响家庭行为的众多因素中，文化背景非常重要。例如，一个来自甘肃的牧民家庭对成年子女的忠诚和期望，便会与来自北京的知识分子家庭迥然相异。家庭治疗师在治疗过程中总是需要处理文化或者亚文化方面的问题，需要对文化或亚文化多样性保持敏感，要求家庭治疗师具备多元文化能力，也就是说，应该避免将大多数人的价值观念强加在少数群体上。

（三）家庭治疗的过程和策略

1. 家庭治疗的过程

家庭治疗的实施过程也可以称为家庭治疗的基本程序，指进行家庭治疗的先后次序和步骤。实施家庭治疗通常从会见家庭开始，每次会见包括开场，探讨与干预，结束干预三个步骤。一般家庭治疗的流程分为预备性访谈、首次访谈和后续访谈。

（1）预备性访谈。了解来访家庭的结构，了解来访家庭的背景，做出具体安排，签订治疗协议。家庭治疗通常需要多位家庭成员参加。在决定治疗安排后，需要向来访家庭告知治疗形式和具体安排等事项，在来访家庭同意的情况下签订治疗协议。如果因条件限制无法做到，治疗师仍然要告知，有个口头的协议。

（2）首次访谈。首次访谈是与家庭建立关系的第一步，也是初步澄清问题、促使家庭有所醒悟的一个重要环节。主要任务是了解求助的背景、问题行为、搞清"谁"是发病者、被定义的症状是什么，并对家庭进行扰动。首次访谈要注意保持开明开放的态度，以轻松的情绪迎接家庭；让家庭成员自己选择座位，不要特意安排；熟悉家庭成员。

（3）后续访谈。后续访谈是在前次访谈的基础上，强化新的改变，促进新感悟，增进和扩大家庭治疗效果的过程，直到个案结束为止，大致有以下一些工作：检查作业，探讨改变的情况，澄清期望和行为。

2. 家庭治疗的策略

家庭治疗主要通过提问的方法促使家庭互动。结构式家庭治疗讲究通过提问介入家庭系统，在治疗现场活现出家庭生活。系统式家庭治疗讲究站在中立的立场，通过提问从外部来扰动家庭系统。无论哪种取向，提问的效能都在于发现症状后面的家庭关系，显现家庭的互动模式，促成家庭成员对关系和症状意义的领悟。

提问技巧也会对家庭治疗的效果有关键性的影响。提问技巧包括关系性提问、差异性提问、循环提问。关系性提问是指治疗师要设法将症状问题变为一个关系问题。通过差异性提问，可以将家庭中存在的差异扩大或放大，让家庭成员自己感觉到平时司空见惯的事情中存在许多差异和不同。循环提问往往是轮流询问家庭成员对前面成员观点、情绪的看法或感受。

第二节　学校与个体心理健康

一、现代社会中的学校

在生命个体发展的生态系统中，学校是非常重要的系统。社区心理学从社会生态观的视角，强调人与学校的适配性：审视人与学校之间的关系，并建立个人与学校的最佳适配性。个人与环境的本质是交互作用，如果个人或环境出现问题，应该同时审视这两个因素。因为个人和环境是以交互影响的方式而产生改变的，学校与个体的发展也是如此，学校与社会的发展关系也是如此。

（一）学校的本质

随着社会生产力的发展，社会财富相对增加，人们在长期劳动和社会生活中不知不觉地积累、创造，需要传播和传递的经验、知识、文化多起来，文字也被创造出来了，于是，人类教育就进入了一个新的发展阶段——自觉地从事教育活动的阶段。从此，人类教育进入自为状态，出现了以学校教育为标志的自为教育。学校成为一种专门的教育场所，有专职的教育工作人员和校舍设备；学校有计划、有组织地进行系统的教育，在各类学校内形成各种教育制度；学校教育表现出人类对教育活动的能动行为和自为自觉的态度，因此成为一种社会教育事业。

（二）学校的功能

学校之所以成为学校，是因为其具有其他社会组织和机构所不具备的基本功能。古德莱德（John I. Goodlad）指出，人类之所以建立学校，是专门为了保证有目的的、系统的和持续的教育过程得以展开。其他机构，例如教堂，会继续提供某些特别形式的教育，但学校专门提供有目的的、系统的和持续的普通教育。这就是说，学校得以产生并急剧成为社会结构中庞大的、不可或缺的有机部分，就是因为学校具有其他社会机构不可替代的地位和作用，而这种不可替代的地位和作用的内核就是其所特有的功能。正是学校所独具的基本功能支撑起了学校的庞大体系，使学校系统在现代社会中占据越来越重要的位置。能够有目的、有组织、有计划、系统地对某一特定年龄段的儿童和青少年十几年如一日地进行教育教学活动，只有学校具备这种功能，因此，学校中的教育并不是泛指所有的教育，它是一种特定的教育，是一种只能在学校中进行的教育，这就决定了学校的不可替代性。

学校教育会产生什么样的社会效果，会被赋予什么样的社会目的呢？对学校功能进行研究，应当研究学校的本然功能，而不应当过分关注学校的间接功能或衍生功能。否则就不可能对学校的功能形成一个正确的认识。在学校的所有工作中，教育工作是最首要的部分。如果让非教育功能过多地渗透进学校，只会减少学校花在教育上的时间和精力，势必降低学校的教育层次。学校的基本功能是教人育人并通过教人育人来实现发展人与发展社会的目的。这是由学校的本性所规定的。众所周知，学校与其他社会组织一样，都是由人构成的，人是学校组织的主体。但是，学校中的人与其他社会组织的人不同，学校中的人主要是指那些正在成长的儿童和青少年。由于其知识结构、基本技能乃至生活经验等诸方面都处于学习积累和不断形成阶段，因此他们需要接受来自成人世界的教育和培养，需要学习人类社会积累起来的丰富的知识和经验，以便更便捷、更有效地适应和应对未来。我们谈论学校中的人时，首先要认识到他不是一个抽象的人，而是具体的人，是具有自然属性和社会属性及特定时代属性的人。学校的教人育人基本功能并不是纯理论意义上的对人的教育和培养，而是对具体的人和特定的人的教育和培养，是对具体社会历史时期和社会结构中的人的教育和培养。对具体的、社会历史发展阶段中的人的教育和培养是学校的基本功能，也是现代社会赋予学校的主要任务。

学校所教育和培养的人并不仅仅是个体意义上的人，而是具有一定的社会历史特征和时代精神的人。如果离开了特定的社会形态和特定的社会历史发展时期，任何对人的教育和培养都将变得毫无意义，而且，这种教育在现实生活中也是不可能存在的。因此，学校对人的教育和培养就是学校发展人和发展社会相辅相成的过程。人的发展和社会的发展是学校教人育人基本功能这一个问题的两个方面，而不是两个彼此孤立、互不联系的问题。

学校不仅具有传递知识的功能，而且具有培养学生为人处世、相互学习的能力，促进人的社会性发展的功能。一个人在学校中所学到的社会性能力，如与人相处的能力、与人交往的能力及自信、自尊、尊重他人的能力等，是可以受用一生的财富，对其一生的发展都会起到重大的作用。人们常常比较重视和追求学校传递知识的功能，而轻视甚至忽视学校在塑造人、陶冶人、形成人的个性和品质、发展人的社会性能力等方面的功能。

（三）现代社会中学校的焦虑和挑战

学校作为社会发展社会分工的产物，是随着人类文明的进步而兴盛发达的，并日益显示出其功能的丰富性及不可替代的独特性。然而，一个不可否认的事实就是，在人们对学校的依赖越来越强烈的同时，对学校的批评或不满也逐渐增多。学校教育的价值受到了严重的批判，学校的功能也受到了强烈的质疑。人们对学校教育的不满也表现为多种多样，诸如青少年的生命问题、安全问题、健康问题、品行问题、纪律问题乃至人格问题等，这些林林总总的问题似乎都被归因于教育的失误，进而又都归罪于学校教育的失败。如此诸多简单的推理归因，致使学校教育越来越承担着不能承受之重，甚至有苦难言。更为可怕的是，在这种学校基本功能泛化的局面下，基层的中小学往往被各种复杂或"时髦"的思潮所误导，从而迷失了真正的工作方向。

20世纪60年代，一些教育的"再生产"理论家，特别是美国的萨缪·鲍尔斯（Samuel Bowles）和赫伯特·金迪斯（Herbert Gintis）等人，深刻地揭示了教育也在发挥维护社会不平等的功能。文化资本再生产理论认为，学校并不是文化公平和中立的传递者，它们使用的是中产阶级的规范语言系统和精细代码，传递的是社会中的优势文化即统治阶级的文化或为统治阶级所认可的文化，因而在传递、再生产文化的同时，也再生产了不平等的阶级结构和社会关系，并且试图将社会结构具体化到个人身上，改变人们的习性。再生产理论是对特定历史阶段中的学校的功能所作的分析和概括，带有明显的时代特征和历史责任感。例如英国的伊顿、斯科特等私立中学，聚集了全英国7%的学生，却占据了牛津、剑桥每年50%的录取率，未来这些学生将成为社会精英人士。这些社会精英人士在未来又通过各种政治和经济的影响力，持续传递和维护符合他们阶层利益的观念和制度，而这一切对不属于这个阶层的人群来说，不仅大大增加了他们进入精英基层的难度，而且这种教育循环本身就维护着社会的不平等。

贡献论的观点认为，学校能够对人和社会的发展能够做出积极的贡献，能够促进人和社会的发展。贡献论的观点在一定层次上提示了学校在人的发展和社会发展中的功能，但过分强调社会化功能和选拔功能并不能全面地揭示学校的本质，有时会给学生的身心健康发展带来不良影响。

资料窗

社区学生会：学校社会工作的社区教育探索①

1. 活动名称

社区学生会

2. 活动对象

深圳市某实验学校初中部团委干部，学生会干部

3. 参与人数

31人

4. 活动背景与目标

（1）目的：落实《中共中央国务院关于进一步加强和改进未成年人思想道德建设的若干意见》精神，进一步完善社区化的学校德育模式，给社区学生干部提供一个全方位的工作、学习环境，探索学校、家庭、社区"三结合"的教育途径，成立社区学生会。

（2）整体目标：丰富学生的业余生活，实现学生自我教育，充分发挥学生的积极性。

（3）具体目标：协助学生通过服务社区来促进自我成长；推行社区教育；联系学生与家长，促进家校合作，支持学校政策；组织学生和家长，提高家长对子女的教育水平。

5. 理论与方法

（1）结构功能主义认为社会的各组成部分以有序的方式相互关联，并对社会整体发挥着必要的功能。

（2）按照M.米德的理论，在后喻文化背景下，子女和家长之间真诚交流和平等沟通成为重要的能力。

（3）社会学习理论假定，人类的行为是与他人的社会环境中相互习得的。

---

① 根据相关资料整理，参见柯季、邱杰、郭哲男：《社区学生会，新鲜》，载《宝安日报》，2009 - 01 - 09。

6. 活动详情

(1) 国际义工日某社区环保行。

(2) 春意暖人心，携手献爱心。

7. 活动相关评估及目标达成情况

(略)

8. 活动反思

(略)

二、学校的心理辅导功能

心理辅导在某种意义上已经成为现代学校的一个重要功能，也是我国心理健康教育活动的一部分，在我国学校中逐步普及和正常发展。在学校开展心理辅导，有利于预防心理疾病，维护学生心理健康，促进学生自我和谐发展，培养学生个体适应生命处境的能力，提升学生的主观满意度和幸福感，有利于儿童、青少年社会化和人格健全发展，同时，有利于丰富校园环境心理文化，增进人际心理健康，促进学校整体心理健康水平的提升。以下就学校心理辅导的实质、内容、原则及实施的途径进行探讨。

(一) 学校心理辅导的实质

心理辅导得以产生的首要条件是辅导老师与学生之间的一种人际关系。在这种透着信任、关怀和理解的关系气氛中，学生可以安全地、无忧虑地进行自我探索，把平时有意识或无意识地掩盖着的真实的需要、动机和内心冲突发掘、表达出来。在这个过程中，学生往往可以明白自己的一些情绪和行为包括那些令自己困扰的情绪和行为背后的真正原因。辅导过程又会促使或引导学生去观察自己对于环境中一些影响自己的因素做出了何种反应，以及自己习惯性的体验方式、思考方式和行动方式是怎样的。这样一种自我省察可以帮助学生明了自己与环境的关系，明了环境对自己做了什么，自己对环境做了什么。学生会评估与环境的关系，评估自己与周围的人和事打交道的方式是否正是自己所希望的，是否是给自己带来幸福的方式。在自我探索和自我认识的基础上，学生会产生一种改变的欲望和动力，进而主动地去探求新的生活目标、发现新的行为方式，并采取实际行动去学习新的行为方式、追求新的目标，充分发挥自己的潜能，作出自由且负责任的选择。

(二) 学校心理辅导的内容和原则

1. 学校心理辅导的内容

学校心理辅导涉及对家长的辅导、对教师的建议，但大量工作还是针对学生的辅导。我国对学校心理辅导内容范围的一种简略的、实用的划分是将其分为学习辅导、生活辅导和职业辅导三个方面。

(1) 学习辅导的具体内容有：帮助学生了解自己的潜能，认识到其中对自己有利与不利的方面，以便扬长避短，确立适合自己的学习目标；协助学生了解学习的社会意义与个人意义，培养探索求知的欲望，发展学科兴趣，使学生建立认真的、自觉的、自主的、创造性的学习态度；帮助学生确立适合自己的学习志向，增加成功的机会，增强学习动机；纠正不良习惯，提高学习效率；注重对学习方法的学习，指导学生在学科学习中逐步掌握阅读的方法、记笔记的方法、检验的方法，掌握集中注意策略、理解与记忆策略、思维策略、问题解决策略等，引导学生发展出一套适合自己的独特的学习方法和策略；让学生学会独立地制订学习计划、选择学习内容、分清学习任务的主次、科学地安排学习时间，并使其具备监控计划执行的方法和能力，等等。

（2）生活辅导的具体内容有：指导学生形成一套自己认同的有社会价值的生活目标，追求人生意义，追求理想的实现，确立负责任、积极进取、乐观旷达的生活态度；指导学生养成整齐清洁、有秩序的生活习惯，培养生活自理能力，注重个人卫生与公共卫生，戒除厌食、偏食、吃零食等不良行为习惯；使学生能正确认识自己、认识他人，学会推己及人，为他人着想，接纳他人与自己的不同之处，建立正常的人际关系，养成社交活动的兴趣，掌握人际沟通的技术，敢于表达自己的正当要求和不同意见；使学生认识到人类情绪情感的丰富多样性，掌握控制、表达、发泄情绪的适当渠道和方式，变消极情感、冲突情感为积极、健康的情感；使学生了解休闲生活的意义，建立正确的休闲观念，增进休闲活动的兴趣，掌握休闲活动的知识技能，学会安排自己的休闲时间；此外，初恋辅导、消费辅导、安全辅导、危机辅导、家庭生活辅导、学校团体生活辅导等基本上都可以归入生活辅导范围。

（3）职业辅导的内容有：专业选择、职业选择、就业准备、职业适应等问题。职业辅导内容的要点是：协助学生了解自己的能力倾向、职业兴趣、职业价值观，了解工作特性，获得有关就业、社会人才需求方面的信息，了解国家就业政策，掌握择业决策的技巧，正确处理个人职业兴趣与社会需要之间的关系，等等。近年来，职业辅导已变为生涯辅导的一部分。

2. 学校心理辅导的原则

（1）均衡性的生态原则。学校心理辅导工作要考虑到学生的家庭环境，考虑到学校心理环境的创设，更要考虑在学科课程教育过程中渗透心理辅导的思想和内容。学校心理辅导老师在处理学生问题时，要将学生及其生态系统中的重要他人作为相互作用、相互影响的生态整体，因此，在工作介入时，常常需要从系统和整合的观点出发，均衡考虑生态系统中的各种要素，而非仅仅着眼于任何单一的辅导对象。

（2）人性化的尊重、接纳、真诚性原则。尊重，意味着无条件地接纳，是用行为表达出来的一种态度，更是一种价值。主要促使学生改变的并不是辅导教师的知识、理论或技术，而是教师本身的态度。尊重、接纳和真诚是教师应具备的基本态度和素养。

（3）赋能原则。心理辅导是一种助人自助的过程。"助人"只是手段，让学生"自助"才是目的。青年期是学生自我意识、独立倾向快速发展的时期。处于这一时期的学生渴望通过自己的独立思考与主动探索解决面临的问题，检验个人控制自己和影响环境的能力。他们对外界的压力和成人的过度保护往往表示反感。在辅导过程中，教师既给学生提供一定的帮助，又充分发挥学生主体作用，可以使学生形成独立个性的需要得到满足。

（4）正向性的资源取向原则。教师要发掘环境资源中的正能量，积极关注学生善良、向上、具有建设性和成长性的方面。心理辅导是心理健康教育活动中的一部分，是在一个完整的系统中影响和干预学生的发展，这些活动都以发展和预防为主，面向全体学生采取积极的措施。

（三）学校心理辅导的途径

在实践中，我国心理健康教育、心理辅导缔建了七大途径：

1. 校园文化建设

校园文化建设是首要途径，即以学校空间物理环境和人际氛围环境建设为目标，通过整体校园文化来持续性地渗透心理健康教育的理念。要将心理健康教育与学校校园文化建设相结合。

2. 班级心理工作

班级心理工作是基本途径。切合我国学校教育中的班级管理，以班主任辅导、班级建设、班级活动、班级为主体的课程等形式开展心理健康教育。

3. 学科教学中的渗透

学科教学中的渗透是主要途径。无论是主干课程还是辅助课程，所有学科教学在传授知识的过程中都可以将"教书"和"育人"相结合。

4. 心理健康教育专门行为

心理健康教育专门行为是统合途径，包括学校心理辅导教师、学校心理辅导室、学校心理健康教育工作委员会等专门组织和专门工作。

5. 教师的生命成长与心理保健

教师的生命成长与心理保健是工具性途径。每个教师都是能够促进学生心理健康的动力，也可能是导致学生心理问题的因素。要重视和促进教师自身的心理健康。

6. 校园危机预防与干预

校园危机预防与干预是心理安全保障途径。危机事件是最容易导致心理问题的直接事件，因其带有突发性，对事先的预防和事后的干预都需要给予重视。以青少年为主体的学校，是危机事件发生的高危环境和高危群体。

7. 人文关怀和帮助

要对处境不利的学生提供人文关怀和帮助。相对而言，处境不利的学生在面临心理健康问题中，缺乏更方便有效的社会支持。人文关怀是从更加根本的角度对学生的帮助，是从校园组织文化、人际关系氛围、个人人文修养等方面为学生提供预防性的帮助。这样，当学生面临心理健康问题时，就比较容易从身边获得更多的社会支持。

第三节　社区环境与个体心理健康

如果把人的内在变量与他们所处环境的外在变量割裂开来，人类行为就无法被理解。人类行为发生在生理、心理、社会因素交织起来的具有多样性的背景中。在这些背景中，人们面临着需要有效回应的生理、心理和社会需求。这种对个体、家庭和群体的需求做出有效反应的能力叫适应。探索人类行为与社会环境的互动，对了解人类适应行为是非常有帮助的，探究的目的是看人与环境的关系是促进和改善适应过程还是阻碍适应过程。环境对个体的心理产生影响，同样，个体也对环境产生影响。

一、社区环境概述

（一）社区环境的界定

所谓社区环境，是相对于作为社区主体的社区居民而言的，它可以被理解为承载社区主体赖以生存及社会活动得以产生的各种条件的空间场所的总和，属于物质空间的范畴。从广义的社区环境来看，构成社区自然环境的基本要素包括气候、地形、地貌、水文、土壤和动植物。从狭义的社区环境来看，社区环境主要是指社区的区位、规划的范围，以及社区内的绿化、净化和美化状况。

社区环境既包括基础设施等"硬件"环境，也包含人际关系等"软件"环境。根据一些学者对社区环境要素所作的各种解释，我们可以把社区环境的要素归纳为以下六个方面。

1. 社区环境的空间要素

社区环境的空间要素主要表现在主观、客观要素方面。主观要素指社区自身建设方面，如社区的整体建筑风格，社区居民的休闲娱乐空间、路面、卫星接收范围，网络速度及停车位等。客观要素指社区所处的地理空间环境，如社区是否依山傍水，交通是否便利，子女上学是否容易，等等。

2. 居住生活环境要素

居住生活环境要素主要从六个方面对城市生活空间有影响：

（1）居住条件对城市生活空间和居民生活质量的影响；

（2）居住生活单元、居住小区和居住区环境对城市生活空间及城市社区空间持续发展的影响；

（3）公共绿地和专用绿地对城市生活空间及净化空气的影响；

（4）娱乐设施和卫生保健对城市生活空间质量的影响；

（5）社区氛围对城市生活空间质量的影响；

（6）居住生活环境要素协调持续发展对城市社区可持续发展的影响。

3. 社区自然生态环境要素

社区所处的地理位置不同，会呈现出不同的生态环境，比如空气质量、气候条件、日照时间、绿地范围及饮用水质等，这些因素构成了社区环境的生态要素。

4. 社区基础设施环境要素

基础设施环境要素主要包括供水、供电、供气、供热、道路、通信等硬件设施，不仅影响城市生活空间的规模，而且直接影响城市生活空间的质量。

5. 社区人际环境要素

社区人际环境要素指社区人文环境要素和社区交际环境要素。社区的人文环境要素表现为社区居民的整体文化层次和社区经常性的文化娱乐活动。社区的交际环境要素除了相关的自然生态环境要素外，还包括出行设施、通信设施、文化娱乐设施等。

6. 社区环境的管理要素

社区环境的管理要素在主体上包括各类组织，这些组织有的属于党的组织，有的属于政权组织，有的是群众自治组织和宗教组织；在管理的客体上涉及诸如卫生、交通、电力、居民的人身和财产安全管理等社区物业管理，也包括社区的管理机制、管理模式及管理人员的素质等方面。

（二）社区社会环境

社会环境可以被界定为与人类生物遗传、心理状态及社会过程相互作用的社会系统，是影响人的行为的环境因素中一切非物质的因素。社会环境包括经济环境、政治环境、教育环境、伦理环境、文化环境等。心理环境是指人与人、人与物相互作用时所形成的环境，而心理学中另外一个常用概念——情境（situation）则是指在一定场合下能被个体感知到的那一部分环境。社会环境是环境因素的重要组成部分，并且许多学者认为，社会环境对人的行为的影响尤胜于物理环境。拓扑心理学家库尔特·勒温对环境心理的研究就偏重于社会环境，即研究人们在特定情境下的行为。社会环境对人的心理活动和行为的影响，是通过群体之间的相互影响和相互作用来实现的。

社区社会环境从广义的角度来看，主要指社区环境中非物质性因素组成的环境内容，从广义的社区环境来看，影响社区存在与发展的各种非经济因素构成了社区的文化环境。文化是社会发展过程中人类创造物的总称，包括物质技术、社会规范和精神体系，是所有物质产品与非物质产品的总和。它是人类共同生活的基础，也是人类活动的重要环境。广义的文化环境包括社会的性质与制度、行政体制的变动、传统的道德观念与风俗习惯。从狭义的社区环境来看，社会环境主要是指社区的生活环境、消费状况和治安状况。狭义的文化环境主要是指社区的文化环境、生活习惯和人际关系状况。

二、社区环境与个体行为

（一）社区环境对个体的影响

社区环境在这里更多的是指物理环境中的自然环境和人工环境。20世纪60年代后，受生态心理学和系统论等新兴科学的影响，环境心理研究趋向将人的行为作为环境系统的一部分加以研究。勒温提出，人的行为决定于人格与环境之间的交互作用。

1. 社区环境影响人的应激适应方式

应激理论认为，环境能给人们提供各种各样的感官刺激，如光照、色彩、噪声、温度、房屋、街道和他人，人对于这些刺激能产生相应的生理、心理反应，即所谓的"应激"。基于应激理论，学者们从不同角度提出了各自的理论，主要包括：适应水平理论、唤醒理论、压力理论。

（1）适应水平理论（Helson，1964），个体能适应一定水平的刺激，当刺激与适应水平不同时，则会改变其行为。

（2）唤醒理论（Meh abian & Russell，1974），环境中的个体的各种行为、经验的形式和内容与我们生理上的唤醒（例如脑活动、心率、血压等）相关。

（3）压力理论（负荷理论，Mc Ewen，1993），当环境提供的刺激量超出个体适应能力时（过多或过少），超负荷或负荷不足，都会对个体的健康和行为造成影响。

2. 社区环境影响人的心理环境

生态心理学的代表人物社会学家巴克（R. G. Barker）认为：个体的行为与环境处在一个相互作用的生态系统中，人的行为具有一个时间和空间的背景，因此研究人的行为必须关注这个行为与形成行为背景的整体。巴克提出了一个重要概念——"行为场合"（behavior-setting），即特定场所中的活动模式是固定的、规范的、不易改变的，人进入场所中，他的活动会服从其所扮演的角色，按照特定的程序、内容重复。英国利物浦大学的心理学家大卫·坎特（David Canter）在前人研究的基础上提出了"场"论，认为"场"是"表示在此场所中活动着的人们的个体的、社会的和文化的各方面综合起来的经验系统"，因此"场"很类似所谓的心理环境或情境，包含人的环境经验及从其他辅助信息源获得的个人概念和情感，是人们的"实质环境的内在表象"。[①]

社区环境影响人的环境认知。处于环境中的人对环境的心理活动形成过程如下：首先，通过对环境的感知，接受环境的刺激，从环境中获取信息，这些信息能影响人的心理活动，给人带来不同的情绪和感受；其次，某些刺激会引起人的自动的反射行为（例如瞳孔调节、眨眼、打寒颤等），同时，环境的信息进入大脑，被过滤、加工，部分会被存储入记忆，成为人的经验和知识中的一部分。

学者们认为，在空间的认知上，地标对于那些对环境不够熟悉的人、对往事记忆深刻而很难形成新的记忆的老年人非常重要，当熟悉的地标被拆除后，他们很可能不知所措，原因在于人们对空间的认知往往是按照一定结构来进行的。所谓'结构'即环境中各要素之间的空间关系，一旦其中某些结构被破坏，如地标被拆除或者加建新的建筑物，就会破坏人的认知地图。还有研究发现，男性更倾向于使用道路和边界来识别目的位置，而女性则倾向于使用标志性建筑物，可见，不同个体对于空间的认知方式存在差异。开放性和封闭性的认知研究还发现，空间的开放性和封闭性对人的心理知觉也有影响，开放的空间比狭小封闭的空间更能开阔人的心胸，减轻视觉疲劳，调节心情，而极端开阔的空间又可能会使人产生"广场恐惧症"。

---

① DavidCanter, Martin Krampen and David Stea：New Directions in Environmental Perception. Aldershot, Avebury，1988.

3. 社区环境影响个体之间的心理距离

美国心理学家斯坦利·霍尔（Granville Stanley Hall）根据人们之间的心理体验，将人们之间互动的距离按照情感亲疏关系划分为四种：①亲密距离，存在于特殊关系的人之间，如父母与子女，以及恋人、夫妻之间才使用这一距离，距离为 0～45.72 厘米；②个人距离，45.72～121.92 厘米，适合于朋友和关系较为亲密的人的交往；③社会距离，122～366 厘米，适合于一般性的事务处理或工作；④公众距离，366～762 厘米，是非常正式的距离，适合于单向交流，在这个距离内，人们可以轻易逃避或者采取防卫行动。

人与人之间的心理距离主要取决于三个方面的因素：①个人因素，包括生理特征（年龄、性别）、社会特征（教育背景、职业、地位、阶层）、人际因素、人与人之间的亲密程度；②情境因素，即活动场所和性质；③文化因素，霍尔距离学的核心观点就是不同文化的人们之间的距离不同。距离学能帮助我们从"个人空间"的角度来理解个体在环境中的情绪体验和相应的行为，特别是人们同时具有亲密性和私密性（领域性）的双重需要。有时空间似乎是一种无声的语言，更加诚实地说明了空间中的个体之间的特征、关系和活动目的。

4. 社区环境影响个体的领域感

动物都具有领域性，即要求占有或控制一定范围和空间的习性。对人而言，这是人们对于空间需求的特性之一。领域是一个可以物化的空间概念；领域感是一个心理概念，是个体或者群体对特定空间和区域所表现出来的占有感或归属感，它表现为人们需要占有或控制一定的空间区域，并且在这个区域内具有排他性。首先，人类占有领域的目的发生了变化，不再是繁衍和获取食物，而是建立良好的秩序。一定的领域划分，能减少潜在的冲突。领域性能保证人们具有独处的个人空间，以保证一定的私密性。研究还发现，个体领域的存在能使个体比较放松，对情境具有更多的控制能力。其次，人类的领域占有还具有一定的层次性。爱德华·霍尔（Edward T. Hall, 1963）首创了"空间关系学"（Proxemics）这一概念，他在《环境和社会行为：私密性、个人空间、领域和拥挤》（1975）一书中对人对领域的占有程度进行了划分，分为主要领域、次要领域、公共领域。主要领域是拥有者几乎能完全控制的领域，人们通常希望这些地方具有明显的个性特征。次要领域，是使用者虽然不居于核心地位也不排外的领域。公共领域属于可供任何人暂时使用的领域，例如公园、街道、剧院等，人们分享这些区域。这一划分其实与人的心理距离的划分有一定的对应关系。

5. 社区环境影响个体的人际关系

互动的人形成了各种亲疏不一的人际关系，并伴随相应的心理活动。心理通过其外在行为显现出来，这使得人们在同一社区内空间所处的位置以及所处位置所带来的交互方式能表达和体现出相互之间的人际关系。在社区环境中，人们下意识的行为有时是由于人际关系而产生的一种不自觉的行为，这些行为往往能更加真实地体现人际关系和潜在心理活动。如果社区环境空间不能正确反映活动于其中的人们之间的关系，那么人们很可能感到不便或局促。如果社区物理和人工规划能洞察空间内的人际关系，以及可能产生的心理体验、适合互动活动的空间，也可能利用巧妙的空间设计来调节互动活动，为人们提供更加符合需要的环境。空间中的人际关系可以分为互动关系和非互动关系。非互动关系是指那些共处于一个空间，但彼此并不需要交往的场合，例如广场、大厅或者图书馆等场所。社区环境设计能有意识地通过环境设计和布局来引导人的行为方式，而当空间按照一定方式进行布局、设计之后，人的交际行为就受其影响和制约，经过一定时间后能形成稳定的行为模式。

（二）社区社会环境与个体行为

人的社会化最外围的具体环境设置是社区，社区是某一地域里个体和群体的集合，其成员在生活上、心理上、文化上有一定的相互关联和共同认识。社区文化是整个社会文化的具体化，是最具体的社区社会环境。学校、家庭、职业团体等对个人社会化的影响，无一不与社区文化紧密相连。社区文化建设既包括文化场所和设施，也包括文化活动的消费者。

1. 社区社会环境影响个体生活方式

社区社会环境十分重视共同的文化，共同的行为规范，共同的生活方式、社区意识、社区隶属感，使得社区社会环境在形成社区居民积极的价值观、态度和道德品质方面能够发挥出较大的作用。社区的文化建设，就是要把社会所公认的生活方式、行为规范、人生观等逐渐在生活中表现出来，并通过文化活动渗透到文化活动的消费者身上，从而形成一种良好的社区文化氛围。社区社会环境潜移默化地帮助社区成员提高道德水准，建立文明、健康、科学的生活方式，积极创造人际交往的和谐空间，并有目的地抵制低级趣味的文化因素渗入社区，以免对社区成员产生不良影响，从而使人的社会化环境得以净化、优化。

2. 社区社会环境影响个体的身心健康

社区心理学希望通过研究社区社会环境促进健康社区建设，提升人们的满意度和幸福感。作为社区教育的一部分，社区保健教育应担负生命质量方面的部分意义。社区保健至少包括三个方面：一是社区环境保护；二是居民身体保护；三是居民精神心理疾病的防治。

现代人应该具备对生物多样性负责的态度。地球上最后的一滴水将是我们人类的眼泪。但是，由于环境保护需要政府支出大量的经费，因此，这方面的宣传常常停留在口号上，很少见诸行动。社区的反应就不同，因为环境污染的最直接受害者是社区居民。要保护环境，首先要从人人居住的社区开始。其次要关注关乎生存的健康，每个人身边最切实的依靠是社区医疗服务，然而，在患病接受医疗之前，现代医学更强调的是保健在先，预防在前。保健和预防，实际上是一种观念和意识，这种意识在社区教育传递中建立。通过社区教育的渗透，提升个体的主观幸福感，促进人的身心健康，同时也提高人们对社区的满意度。

3. 社区社会环境影响个体的道德素养和法律人格的养成

从工业社会向知识经济时代的知识社会转化，道德教育占据主体性地位，其中伦理准则和道德规范的主要源泉是社区。例如，西方传统宗教在社区中的扩张，随着社区中以教堂为中心的道德"善"气氛的发散，润滑了工业经济中的人群的利益摩擦，消解了经济竞争中人际的孤独，抚慰了人们在物质丰富后的寂寞，从精神的层面满足了人们的寄托需要。道德建设问题最基本也是最牢固的层次是道德习惯的养成，而构筑其底层的那一块石头不是别的，就是社区。社会生活中的边界很多，如法律和道德，而与法律相比，更基本、更深入、更柔和、更温情的是道德。道德对行为约束的范围远比法律为广，它对一切有利于他人和社会集体的行为都予以表扬和鼓励，对一切不利于他人和社会集体的行为都进行干涉和谴责，奖善罚恶，达到"有口皆碑"与"十手所指"的境地，发挥对个体行为强大的制约力量。在这个意义上，社区道德建设，是社会稳定与发展的最重要和最基本的核心基石。法律制约通过国家立法，包括民法与刑法，通过公安局、法院、检察院与监狱等司法机关，采取强制性手段来制约人类的社会行为。法律对人类行为的影响起着教育、威慑与惩罚作用，即惩罚极少数犯罪分子，威慑少数有违法倾向、企图以身试法的人，教育广大守法群众。个体的道德认识、判断和评价能力，自我教育和道德实践能力的养成，主体性道德人格的养成与社区社会环境有紧密的联系。同时，法律人格的养成也离不开社区环境的社会控制。

4. 社区社会环境影响个体的亲社会行为

社会参与是社区实践的核心和社会工作实践的要素。充分的社会参与是公民对地方社区和国家治理的参与。在民主的社区中，社会和公民的参与特别重要，民主依赖于多个组织对政策实施影响，如果公民及其组织不参与这个过程，他们就会在政府的规则制定中被排除在外、不被考虑。如果生活在社区中的公民对社区有归属感，彼此之间相互支持，社区人们之间的信任和密切纽带建立起来，人们具有公共责任感和很强的公民意识，有助于获得和强化社会支持感，使个人精神充实，有助于适应社会的变化，增进亲社会行为，使个人的社会交往和参与更加充分，追求超越个人利益的更高目标。从社会层面，积极的社区感促进了社会稳定和控制，提高了整体生活的质量。

环境对个体的心理产生影响，同样，个体也对环境产生影响。人们创造和改善环境，最终目的还是提升人的适应力，提升人的生活质量。

第四节　组织中的心理健康议题

一、组织的含义和功能

（一）组织的含义

所谓组织，就是执行一定的社会职能、完成特定的社会目标、按照一定的形式组织起来的相对独立的社会群体。组织是一个有特定目标、资源和结构，有比较清晰的人际和行为界限的集体。其要点有四：第一，组织就是聚集在一起的一些人；第二，这些人有共同的目标；第三，这些人相互依赖，需要按照特定的规则或规范彼此协作；第四，这些人需要特定的空间和条件开展活动。其中，目标或目的的共同性或一致性是组织的本质特征。

社会组织是社会发展到一定阶段的产物，是人们为了达到特定的目标而有意识地建立起来的共同生活群体，是次级群体的表现形式。社会组织可以分为广义和狭义两种。广义的社会组织指一些人的共同生活群体，如家庭、家族等。狭义的社会组织，是人们为了达成某种目标，将其行为彼此协调、联合起来所形成的社会团体。社会组织的构成要素主要是规范、地位、角色和权威。按照不同的原则，社会组织有不同的分类。最典型的就是按照关系和功能来划分社会组织，前者可以分为正式组织和非正式组织，后者可以分为经济组织、政治组织、文化教育组织、群众组织等。

（二）组织的功能

1. 组织的社会功能

组织源于人类的生产与社会实践。在长期的实践活动中，为了实现一定的目标，人们与他人发展协作关系，创造群体合力，并不断优化这种关系，以提高群体效能的需要，而组织正是人们为满足或实现这种需要而努力的结果。在现代生活中，组织已成为社会的基本单元，其影响已渗入社会领域的方方面面，它凝聚了个体的智慧，形成了推动社会进步与发展的一股股力量。

2. 组织的管理功能

一方面，组织负有协助政府对人们进行管理的职能，各类各级组织本身就是政府管理公民的重要途径或工具。组织是联系个人和社会的桥梁和纽带，正是通过一个个组织，人们的生活才变得井然有序，社会才得以安定。另一方面，组织自身的目标也要靠组织来实现。组织既是各种管理活动展开的舞台或背景，又是实施和推行管理措施的主体或依托。比如，社区组织可以促进社区参与。社区参与是社区工作的核心任务，是民主价值的体现，也是了解社区需要、促进社区发展的最佳途径。社区组织在促进社区参与尤其是政治参与方面起着举足轻重的作用，同时能强化社会控制。

3. 组织的个人功能

组织不仅可以为个人带来收入和经济保障，更重要的是，可以为个体带来归属感、价值感。组织为个人提供了施展抱负、发挥才华、实现自身价值的舞台，可以满足个人的自我实现需要。社区组织可增强社区认同感，提高社区凝聚力。社区组织的形成过程就是将居民个体的力量集合起来，将分散的资源整合起来，共同面对社区存在的问题，确定社区的需要。

二、社区心理学视角下的组织

（一）以个体为研究对象，以提升个体的幸福感为终极目标

社区心理学从个体的角度来研究心理与组织的关系，关注个体与组织的动态关系，关注个体在具体组织情境中的生命质量和幸福感。追求幸福且有意义的生活是个体心理健康的核心内容。关注正向心理品质的意愿，关注个体幸福感获得的影响因素，关注组织环境的建设，提升人的幸福感和生命质量，是社区心理学的终极追求。

凯斯（C. Keyes，2007）提出，幸福感是积极的心理状态，也是个体的主观心理感受。这种心理感受可以包含以下三个方面：

（1）正性情绪状态，主要包括：①幸福与快乐；②兴趣，即使人主动探索世界，追求新经验；③满意感，即使人享受过去与现在。

（2）积极的心理机能，即心理幸福感，主要包括：①自我接纳，即对于自我具有肯定的态度和接纳自我的不同方面，接受过去是自己的一部分，积极看待自己的过去；②个人成长，即有持续的发展和潜能实现的感觉，对新经验开放，不断地感觉到知识和效率；③生活目标，即生活中有目标和方向感，能够找到活着的支点，有坚定的信念往前走；④环境控制，即感觉到有能力管理复杂的环境，能够洞悉环境对自己的影响，以及如何影响环境，选择或创造适合个人的环境，善于承担生活中的责任；⑤自主，即自我决定，有选择的能力，能独立地、内在地调节行为，能抵制社会压力对思维和行动的影响，用个人的标准来评价自我。

（3）社会安宁或社会幸福感，主要包括：①社会接纳，即以积极的态度对待他人，爱他人，相信人性光芒；②社会实现，即相信社会是积极的，关心社会，相信社会具有积极成长的潜能；③社会归因，即相信奉献社会是有价值的，团体活动是有意义的；④社会凝聚，即将社会看成理智的、有逻辑的、可预测的；⑤社会整合，即归属于某一社会团体，真正地投入与归属，与团体分享生活，将团体看作幸福的来源。

社区心理学尊重个体生命的独特性和人类行为的多样性，尊重不同文化背景的人的独特生活方式和展现生命状态的过程，尽量促进不同的生命个体在组织中和谐相处、共同发展。

（二）以生态的观点看将个体的心理状态

社区心理学以生态观点来研究个体的心理健康和心理状态。个体的心理不仅受遗传的影响，也深受环境的影响。在个体通向心理健康的道路上，个体的努力无疑是非常重要的，但环境的影响不容忽视。社区心理学考虑组织环境对个体心理的影响，也考虑其他的环境因素，同样，其他环境对个体的心理作用会影响个体在组织中的心理状态。例如，现在许多组织都意识到应当帮助员工平衡他们的工作和家庭生活，家庭归属感和支持感满足度高的员工更倾向于努力工作，工作的动机积极而健康。也有些企业在选拔重要岗位的员工时会考察他的婚恋状态。

个体与组织并非时时刻刻都是和谐相处或者矛盾丛生的，换言之，个体与组织不是一直维持一种好或不好的状态不变。员工会在沮丧的时候想到马上辞职，但冷静下来之后发现其实组织中的内部氛围挺好的。这种动态关系也是社区心理学关注的。社区心理学的主要目标通常是促进组织内个人功能的发挥，其目的在于帮助组织内的个体面对困难时，自己有能力找出创新的解决之道，并且营造组织内独有的归属感。个体能力的发挥是最重要的。在组织内部，可以通过营造积极的氛围来提升个体的归属感。社区心理学家更关注积极社区感的营造，而不是组织本身。个体在一种积极的氛围中，会更大限度地发挥自我的潜能，增强自我效能感。

（三）从组织文化的角度看待个体的不适应行为

组织文化是指支配组织成员在面对问题和机遇时进行思考和行动的共同设想、信念及价值观的基本模式。它是规范组织行为的一种无形力量，是影响组织气氛和士气的重要因素。共同设想属于组织文化中最深层的部分常常会以无意识的方式对人们产生不容置疑的影响；

信念代表着人们对于现实的认知和领悟；而价值观则是指比较稳定和持久的态度，它有助于人们对各种思想和行为进行价值判断。总之，作为组织文化的基本要素，共同设想、信念、价值观通常潜伏在外显的组织行为背后，虽然不容易被直接观察，但它们的影响无处不在。

组织文化是一种特有的文化现象，这种文化现象在特定的组织环境中会对人产生很强的积极影响，也可能产生消极影响。如果组织文化的主流价值观念深入人心，且长期被绝大多数成员支持和接受，那么可以称之为强文化；相反，若组织文化的主流价值观念持续时间较短，尚未被多数人所接受，只是管理层少数人倡导和支持，那么就可称之为弱文化。强文化对人的影响大，但其影响是好是坏、是否有利于促进组织发展，要看组织文化与组织环境的匹配性。只有当组织文化的内容与组织所处的环境相匹配时，强文化才能够有效地促进组织绩效和组织发展。如果一种文化是错误的或是与组织环境不匹配的，那么它不仅不能促进组织的发展，还会阻碍组织的发展，并且组织中的个体也会产生不适应性行为，因此，组织文化的建设必须注意组织文化的适应性。任何组织文化都不是一成不变的，因为变化是组织生存和发展中必需且必然的一部分。只有不断关注环境中发生的变化并且鼓励创新以紧跟变化节奏的适应性文化，才会更有利于组织的发展和组织中个人的发展。

三、组织中的个体心理健康

评价任何一个组织发展健康与否，一个指标就是看处于组织中的个体生活、工作的重要心理因素是否得到足够的重视，组织中的个体心理健康是否得到应有的关怀。

（一）情绪劳动

情绪劳动的概念最早由霍奇德（Hochschild A. R.）于 1979 年提出。他认为，情绪劳动多存在于情感密集型行业（如护士、教师、服务员等），是指劳动者为了获得一定报酬而对自己的情绪进行控制，以营造出公众可以观察并接收的面部和身体上的动作表现[1]。第芬多夫和格罗斯朗德（Diefendorff & Gosserand, 2003）则更直接地将情绪劳动定义为：为了响应组织有关情绪表现的规则以完成组织工作任务而对个人情绪表现进行管理的过程[2]。

由以上论述可以看出，情绪劳动应具备以下几个条件：第一，情绪劳动须在与顾客面对面、声音对声音的互动中完成；第二，情绪表达要用来影响他人的情绪、态度和行为；第三，情绪的表现要遵循一定的规则。因此，我们可将情绪劳动定义为：当组织中的员工与其他人进行面对面或语音等方式（如电话或邮件）的沟通和交往时，为完成组织任务，根据组织有关规则和要求做出特定情绪表现的过程。

（二）情绪劳动与组织内个体的心理健康

情绪劳动者时刻进行着情感强化和情感置换的过程：一方面，要增强自己和服务对象之

---

[1]　Hochschild A. R. Emotion Work, Feeling Rules and Social Structure. American Journal of Sociology, 1979, 85, 551 – 575.

[2]　汪义贵、彭聪、吴国来：《情绪劳动研究的回去与展望》，载《心理研究》，2012（4），17 页。

间的亲密感，把陌生的服务对象想象成自己的朋友和亲人，对待他们像对待自己的亲人一样；另一方面，则要隐藏起自己的真实情感，正确表达企业需要的情感。即使员工不喜欢甚至讨厌某个人，但一旦这个人成为自己的服务对象，仍然要流露出高兴快乐的表情。在这种情况下，员工长时间压抑自己的真情实感，很可能出现一些不良后果，会出现情绪失调、工作倦怠、工作压力和角色混乱等心理健康问题。

1. 情感耗竭、去人格化和工作满意度降低

情感耗竭是指由于角色负担过重、角色冲突强烈等问题而心情烦闷，甚至长期精神压抑，感觉自己已经被"掏空"、无法再继续付出的状态。这在医护人员的情绪劳动中出现的频率相当高。去人格化是指在需要投入的情绪劳动频率过高、持续时间较长的服务中，情绪劳动者容易将服务对象当作一个需要服务的物体而不是活生生的人来看待。此时情绪劳动者的情感表达也因此成为一种程序化的无意识反应，他们表面上所表现出来的情感反应与内心的实际感受完全分离，他们的微笑和热情都只是为了完成份内工作而做出的一种机械动作。过度的情绪劳动还会降低服务人员的工作满意度，表现为对工作没有兴趣、提不起精神、离职倾向明显等。

2. 角色混乱

马斯拉奇（MikolaJczak M.）在研究了快餐店、航空公司、银行、酒店、医院等行业从事服务工作的员工后发现[1]，这些长期从事情绪劳动的员工要按照企业要求掩藏个人真实情绪进行角色转换，他们可能分不清楚哪些是属于自己的情感，哪些是与工作相关的情感，他们甚至说不清自己的真实感受，或者总感觉自己的情感不是特别真实，产生角色混乱。长此以往，员工就会感到工作压力或对工作产生厌倦。服务性行业常常有许多明文规定的制度和情感服务规则用来规范员工的言行举止，员工为了更好地履行这些制度或规则，往往会将之内化为个人的行为准则。在员工下班后，如果不能及时转换角色，就会导致工作状态下和生活状态下的角色冲突。为了给顾客提供个性化的服务，组织或企业往往要求员工与顾客之间建立一种"虚拟关系"，增进相互之间的亲密程度，以培养顾客对企业的信任感与归属感。然而，长时间、高强度的情绪劳动可能导致与企业期望相反的效果，员工的工作角色与其自身的感受出现分离与脱节，员工不能表现自己的真实情感，使得顾客体会到的只是一种职业化的服务，而不是一种发自内心的关怀。

3. 工作倦怠

倦怠是一种情绪性耗竭的症状，这种症状最容易在工作情境中出现。当工作本身对个人的能力、精力及资源过度要求时，会产生身体和情绪衰竭的现象。马斯拉奇在对服务行业进行访谈及个案研究的基础上，编制了工作倦怠量表，对工作倦怠从三个维度加以定义，这三

① Mikolajczak M., Menil C., and Luminet O. Explaining the Protective Effect of Trait Emotional Intelligence Regarding Occupational Stress Exploration of emotional Labor Processes. Journal of Research in Personality, 2007, 30 (1), 1 –19.

个维度分别是情感耗竭、去人格化、个人成就感降低。情感耗竭是这一系列症状的主要方面，被认为是倦怠最具代表性的指标。它的特征是缺乏活力，有一种情绪资源耗尽的感觉。此外，情感耗竭经常伴随着挫折、紧张，所以员工会在心理层面上自认为无法致力于工作。去人格化是工作倦怠的第二个维度，其特征是视服务对象为"物"，而不将其当成"人"看待，表现为对他人消极、冷淡、过分隔离、愤世嫉俗等态度和情绪。去人格化是员工过度紧张或耗竭时的一种防御性反应。第三个维度是个人成就感降低，表现为自我效能感降低，自尊心下降，感觉无助，倾向于对自己作负面评价，工作满意度也随之降低。

4. 压力

压力指的是使人感到紧张的事件或环境刺激等外部影响下，人体对内部需要或伤害性侵入的一种生理反应和主观反应，是紧张或唤醒的一种内部心理状态，它是人体内部出现的解释性的、情感性的、防御性的应对过程。

在组织内部，个人的压力主要来自于组织环境和与工作有关的因素。工作负荷，工作环境，新技术的引进和使用，角色冲突和角色模糊，工作安全度，人际关系，提升机会，培训和发展机会等，都会给员工带来压力和应激。

重大生活事件和日常生活事件也会给人带来压力，进而影响人的情绪和身心健康。人们在生活中可能会遇到一些突发性的或重大的生活事件，如结婚、离婚、亲人亡故等。日常生活中充满了令人烦恼的小事。虽然这些事件的应激指数不高，但发生的频率很高。这些事件称为日常生活事件。它们可能发生在生活的各个方面，包括家务的烦恼、时间压力烦恼、经济烦恼等。

当人们长期处于应激状态而无法自拔时，他们的精神就会被拖垮，出现各种各样的心理症状。过度应激还有很多行为后果，如退缩、逃避、撒谎、攻击等。在组织情境中，过度应激常常导致不按时上班、缺勤、消极怠工、离职等行为，严重的还可能表现为破坏或盗窃公司物品等，从而降低个人的工作绩效，阻碍组织目标的实现。因此，对于一个组织而言，为了更好、更高效地完成组织目标，在关注工作的同时，必须创造各种机会和条件，对组织内的人进行人文关怀，帮助他们解决困难，提升他们的情绪智力，改善组织内的沟通，在员工福利中增加心理建设的相关议题。特别是在劳动复杂度越来越高、工作分工越来越精细的现代生产方式中，这一问题日益重要。

◆ 本章回顾

内容小结

中观系统包括家庭、学校、社区和组织等，是个体密切接触的社会单位，直接或间接地影响着个体发展，与个体形成紧密的互动关系。

家庭是中观系统中个体发展的核心情境，是个体发展中各种需要满足的重要的、初始化的生活空间。家庭系统是所有心理社会环境中第一个也是影响最深的一个系统。家庭所特有的情感，成员关系的持久性带来的归属感，对个体身心发展和社会成员之间互动模式具有不可逆的影响和制约功能。

学校作为专门的教育场所，不仅仅是个体学习知识的专业机构，更在个体的全人成长中扮演着重要的角色。学校心理辅导的出现和普及，体现了学校作为生态环境中的重要影响因素对个体的直接影响。

社区环境在这里更多的是指物理环境中的自然环境和人工环境。受生态心理学和系统论等新兴科学的影响，环境心理研究趋向将人的行为作为环境系统的一部分加以研究。心理学家勒温提出人的行为决定于人格与环境之间的交互作用。社区心理学从个体的角度来研究心理与组织的关系，关注个体与组织的动态关系，关注个体在具体的组织情境中，生命的质量和幸福感。追求幸福且有意义的生活是个体心理健康的核心内容。

关键词

家庭功能　家庭生命周期　家庭治疗　三角关系　家庭系统　学校心理辅导　行为场合　心理环境　领域感　组织　工作倦怠

思考与练习

一、简答题

1. 什么是家庭生命周期？
2. 家庭治疗对我们的教育有何启示？
3. 为什么需要在学校开展心理辅导？
4. 社区环境是如何影响个体行为的？
5. 为什么要重视组织中的心理健康问题？

二、论述题

家庭生命周期是家庭理论中的一个重要观点。请你根据家庭生命周期的观点，采访一个你所熟悉的已经步入老年阶段的家庭，了解他们的家庭的成长经历，并根据这个素材整理出他们的家庭发展周期特征，在此基础上谈谈你个人对这个理论的认识。

三、案例分析

《虎妈猫爸》是2015年播出的一部得到大众共鸣的高收视率的电视剧。电视剧的主线是，一个能干的妈妈，为了孩子的成长，不遗余力地做着各种努力；副线描述了核心家庭、大家庭、家庭关系、家庭与学校、学校与社会等的相互交织和依赖。请你以此剧为例，分析如何认识家庭、学校、社会在个体成长中的作用。

第五章 宏观视角：社会文化历史与个体心理

本章概要

影响个体心理发展的宏观视角，是从历史、进化等角度来描述个体心理与社会文化的关系。作为宏观影响因素，人类的历史、进化过程虽然没有直接影响到当前的社区心理学的研究和实务，但它们会帮助我们更深入地理解人类行为的意义。本章包含两节内容。第一节介绍维果茨基的社会文化历史发展理论，该理论认为，人的高级心理机能是受到个体所处的社会文化历史阶段影响的。第二节介绍影响个体发展的社会文化因素中的城乡差异、种族差异、地域差异、文化差异、性别差异等，期望能够为学习者建立更宏观的认识问题的理论视角。

学习目标

了解社会文化历史发展对个体心理的影响，建立认识问题的宏观视野，能够在掌握相关知识的基础上主动搜集整理资料，对所希望解决的（个体或群体）问题进行宏观分析建议，并体会这种认识思路与以往的不同。

学习建议

本章虽然呈现出比较浓重的理论色彩，但建议学习者在学习本章的过程中刻意训练将宏观理论与具体问题相结合的能力。具体来说，就是在学习过程中，能够带着一个具体的（个体或群体）问题，从宏观角度来认识，在此基础上还能够提出针对性的干预建议。

引　言①

笔者所从事的一项研究随机选取了381位在校大学生，对他们的民族观进行问卷调查，

---

① 万明钢：《把民族平等观念植入公民信念》，载《中国民族教育》，2015（5），11页。

调查题目设计上避免让学生作"对"或"错"的判断,而是设计一些情境,让他们自己置身于问题情境中做出反应。根据调查结果,大致可以把大学生的民族观分为三类:第一类是"本质论民族观",这一部分约占 55.8%;第二类是"建构论民族观",约占 29.9%;第三类不能确定,约占 14.2%。其中,本质论者主张,民族由不可改变的、根深蒂固的本质(基因或者生物因素等)所决定,这些本质决定了民族成员稳定的人格特质和智力属性。建构论者则认为,民族是由社会文化和政治因素建构的,民族分类和民族特性是动态的、可变的。持不同的民族观究竟会对民族交往的态度和行为产生怎样的影响呢?

首先,本质论者的群际边界清晰、僵化,他们往往具有比较强烈的内群体认同,而对外群体持有刻板印象和偏见,不利于跨民族互动。他们把民族的差异视为由基因决定的、不可改变的,把民族内部成员视为完全同质化的群体。这里隐含着另一个危险,即在民族之间强调文化的相对性、独特性和多元性,而在民族内部强调同质性,把所谓集体的选择强加于个人,剥夺个人选择的自由。如果处于弱势地位的少数民族持本质论观点,会使他们更加疏离于主流社会,接受不平等的社会现实,丧失努力进取、改变自身弱势地位的信心。而把处于社会弱势或不利地位归因于少数民族的先天特质,也会成为主流群体维持不平等社会地位且歧视少数民族的"合法性"理由。与此相反,建构论者更多地看到不同民族之间的相似和共同之处,民族之间的界限比较模糊,民族间交往的意愿更加积极。即使民族之间存在偏见,也会因为彼此之间有积极的交往意愿和态度,可以通过接触和交往纠正彼此的偏见。当前,已经有越来越多的学者认同"民族或族群是想象的共同体"。人类学研究表明,人类群体中的大多数行为都是由文化产生而非生物决定的。大量民族志研究揭示出的文化相似性也表明,文化进化能力在所有人类群体中都是相当的,都遵循着相同或近似的进化路径。

第一节　个体心理发展的社会文化历史观

一、维果茨基及其维列鲁学派

(一) 维果茨基——社会文化历史学派的创始人

维果茨基(1896—1934)是世界杰出的心理学家,是著名的社会文化历史学派的创始人。在世界众多的心理学理论中,维果茨基的学说独树一帜。他以辩证唯物主义为指导,在心理学方法学、普通心理学、发展心理学、艺术心理学、儿童缺陷学、临床神经学及其他人文科学(如符号学、语言学、文化学等)的广阔领域进行了卓有成效的理论与实验研究,创造性地提出了一系列重要的心理学原理,为推动心理科学的发展做出了重大的贡献。

维果茨基自幼聪颖好学,机敏过人,具有超人的阅读速度和记忆力,对戏剧、历史、哲学表现出浓厚的兴趣。维果茨基在 18 岁那年进入了莫斯科大学医学系,但入学不久,他就放弃医学,改学法律。强烈的求知欲使维果茨基除了求学于莫斯科大学法律系外,同时就读于沙尼亚夫斯基人文大学历史系、文学系。1917 年,维果茨基从两所大学毕业后回到了故乡戈梅利,度过了七年教师生涯。

　　1924 年，维果茨基有机会参加在列宁格勒（今圣彼得堡）举行的全俄第二届精神神经病学代表大会，作了题为《反射学的研究方法与心理学的研究方法》的长篇报告，赢得了当时新任苏联心理研究所所长科尔尼洛夫的赏识。会后，科尔尼洛夫立即邀请维果茨基到他的研究所工作。1925 年，维果茨基以著作《艺术心理学》作为博士学位论文，获得莫斯科大学心理学研究所的博士学位。

（二）维列鲁学派

　　维果茨基来到莫斯科之后不久，见到了鲁利亚和列昂节夫。他们三个充满激情的目标是通过一条新的道路对心理学进行重建。他们的思想之一是，人类的社会生活是个体心理特性和能力的源泉。这就要求必须尊重不同的民族，因为民族文化是心理学的源泉，尽管在人类发展范围上，它们的价值不能被预先判断。他们的思想之二是，不再把个体作为心理实在的中心，而把个体意识的形成视为语言历史、文化、物质实践等因素的产物。其思想之三是，人类获得了一系列技能，其中语言技能是创造和管理生活的工具。心理学要想揭示深层的心理现象，其研究的方法学必须要遵循这些原则，这就是文化历史理论的初步观点。

　　维果茨基后来又深入研究了心理学的方法和理论问题，于 1927 年发表了十多万字的著作《心理学危机的历史内涵》，在马克思主义哲学基础上拟订了研究心理学具体科学方法的计划。从 1924 年起，他兼任苏联人民教育部缺陷儿童教育分部的工作。1926 年，他在人民教育部附设的缺陷实验研究所创建了缺陷儿童心理实验室，直到去世前，一直担任该研究室的学术领导人。

　　维果茨基学派又称"社会文化历史学派"，在中国也被称为"维列鲁学派"，形成于 20世纪 20 年代中期，其研究基地是莫斯科心理学研究所，维果茨基是其主要创始人。维果茨基学派是俄国心理学史上最大的学派，也是在当代国际上具有重要影响的一个心理学学派。

二、维果茨基的社会文化历史观

（一）高级心理机能的社会起源说

　　维果茨基从种系发展的角度研究高级心理机能的起源。他首先深入研究了所谓人类萎退性心理机能，即"行为的历史发展所遗留下来的生动的痕迹"。维果茨基把它们称为"心理学上的化石"。维果茨基认为，具有重要意义的萎退性心理机能包括：①求签占卦，这在原始人中是很重要的行为方式，在现代社会中，那些缺少文化科学知识的人仍有不少是通过这种方式来决定行为的；②结绳记事，这也是日常生活中常常看到的心理现象；③文化算术，即用手指头计算，这种萎退性操作直到现在还保存着，在儿童行为中常常可以看到，在算术思维发展的过程中似乎是一个必不可少的阶段。维果茨基认为，研究这三种萎退性心理机能的意义并不在于这些萎退的、僵死的心理形式本身，而是通过这些高级的、文化的行为形式去"寻找一把打开高级行为的钥匙"。因为这些心理的"化石"能够显露出心理的高级形式结构，使我们知道一切高级的心理过程最初是什么样子的，它们是怎样起源的。

　　维果茨基运用发生法从个体发展的角度研究高级心理机能的起源。他认为，高级心理机能不是儿童所固有的，更不是从天上掉下来的，而是起源于社会的，是在与周围人交往的过程中产生和发展的。儿童从出生的第一天起就处在一定的社会文化的影响之下。儿童的一切高级交往都是活动的最重要的形式，是形成一切高级心理机能的社会基础，没有社会交往就不可能产生高级心理机能。随着儿童交往的扩大与复杂化，随着儿童掌握更多的交往手段即语言，他们的高级心理机能也就不断发展，最后形成了完整的高级心理机能的自我调节系统，形成了意识。由此可见，人的高级心理机能是受社会制约的。

对人类萎退性心理机能的进行研究且从个体高级心理机能的发生与发展的事实出发，维果茨基得出了三个极其重要的结论，这些结论是他创立社会文化历史学派的理论基础。

（1）高级心理机能的发展不受刺激—反应公式直接决定，而在于人通过自身创造与使用人为的"刺激—手段"来确立自己的行为。维果茨基认为高级行为的本质特点乃是这种"自体刺激"。

（2）符号的作用。什么是符号？维果茨基说："由人加入心理情境并执行着自体刺激机能的人为的刺激—手段称为符号。"符号在高级心理机能的发生与发展中起着重要的作用，重要的是，我们必须弄清楚符号的起源与机能。

（3）社会是人行为的决定因素。维果茨基指出，社会生活和人的相互作用使人在社会生活过程中创造和发展了极其复杂的心理联系系统，以调节自己的行为，这些心理联系的手段便是记号，即各种人造的工具，也就是说，这些记号的产生和运用是由社会决定的。

由上述几点可以清楚地看到，维果茨基提出了与一切唯心主义与形而上学观点相反的观点，这种观点对于心理学极为重要，是理解心理过程的历史原则。

维果茨基的历史主义是将马克思主义的历史方法运用于心理学的一种尝试。历史的研究只是意味着将发展的范畴应用于现象的研究。不论研究的是历史上的什么，都意味着在运动中研究，这也是辩证方法的基本要求。因此，维果茨基认为，人的高级心理机能是在低级心理机能基础上产生和发展起来的，高级心理机能是历史的形成物。可见，历史的原则就是要求从历史的观点而不是从抽象的观点出发，在社会环境之中而不是在社会环境之外去研究意识和心理的发展。

（二）高级心理机能的活动说

活动说是维果茨基的文化历史发展理论的一个重要组成部分。维果茨基很早就意识到，人的实践活动应该成为科学心理学的一个重要范畴。从 20 世纪 20 年代起，他就试图将活动概念运用于心理学。他很早就注意到活动在高级心理机能形成中的重要作用，认识到意识与活动的统一性，即意识不是与世隔绝的、与活动分离的内部封闭系统，活动正是意识的客观表现，所以，可以通过活动对意识进行客观研究，把意识的事实物化，转换成客观的语言，转换成客观存在的东西。根据马克思的活动观，意识是人在活动开始时关于活动的映象，它是客观现实的反映，同时又对人的活动进程起着十分重要的调节作用。由此，维果茨基提出一个重要的理论假设：人的心理过程的变化与其实践活动过程的变化是同样的。这就是后来备受苏俄心理学家推崇的"意识与活动统一"原则。维果茨基试图运用这一原则解释活动与儿童发展的关系，并由此阐明教师在教育教学过程中的重要作用。他十分明确地提出："奠定教育过程的基础应当是学生的个人活动。教育者的全部艺术应当归结为只是指导与调节这种活动……从心理学的观点来看，教师乃是具有教育影响的社会环境的组织者，以及他与受教育者相互作用的调节者与监督者……社会环境乃是教育过程的真正杠杆。教师的全部作用在于驾驭这一杠杆。"他还指出动机在引发活动中的重要作用："心理学的规则认为，你想号召儿童去从事某种活动之前，要让儿童对活动感兴趣，关心儿童对该活动所必需的全部力量，让儿童去活动，教师始终只是指导和引导他的活动。"①

显然，维果茨基的有关活动与意识相统一的原则，为研究人所特有的高级心理形式即意识开辟了一条现实的途径。由此出发，他在强调个体活动是人的心理、意识发展的重要基础的同时，明确指出，儿童与同伴、儿童与成人之间的共同活动不仅仅是儿童发展的重要因素，事实上，这种社会性的活动乃是儿童发展极其重要的源泉，儿童高级心理机能的形成正是这一活动中介的结果。

（三）高级心理机能的工具说

工具说是维果茨基的文化历史发展理论的另一个不可分割的重要组成部分。这个学说最初不是来自于对心理现象本身的研究，而是产生于对劳动活动的分析。众所周知，马克思主义经典作家在论述劳动活动中首先分析了它的工具特征，认为劳动过程以工具为中介。据此，维果茨基决定从类推法出发分析心理过程。他假设：能否在人的心理发展过程中找到以特殊的心理工具为中介的成分呢？结果他从培根"既不能单靠手，也不能单靠脑，手、脑只有靠它们使用的工具才更完全"的名言中获得启示。因此，维果茨基认为，人类有两种工具：一是诸如石刀、石斧乃至现代机器的物质工具。借助物质工具，人类可以进行物质生产并脱离动物世界。二是诸如语言符号等精神工具。物质工具和语言符号等精神工具的类似性就在于它们使间接的心理活动得以产生和发展。所不同的是，生产工具指向于外部，它引起客体的变化，而语言符号指向于内部，它不引起客体的变化，而是影响人的行为。控制自然和控制行为是相互联系的，因为人在改造自然时也改变着人自身。运用精神工具，人类可以进行精神生产和心理操作，从而使人类的心理机能发生质变。

维果茨基认为，一个儿童为了达到某种目的将某一物体作为工具使用，这就意味着他朝向形成外部世界与自身的积极性迈进了一步，因为一个儿童掌握某一特定工具的能力正是其高级心理机能发展的标志。这就表明，人心理发展的源泉与决定因素是在人类历史过程中不断发展的文化，即作为人的社会生活与社会活动产物的文化。而能够从本质上改变低级心理机能、促进高级心理机能的心理工具，则应该是人类文化发展的一个重要方面。这种起着中介作用的心理工具有一个显著的特点，即可以在作用于外部物质改变的同时作用于人的内部心理过程。

---

① ［俄］维果茨基：《学龄期间智力的发展和教学问题》，见《维果茨基：儿童在教学过程中的智力发展》，3~19页，莫斯科，国家教育出版社，1935。

（四）高级心理机能的内化说

维果茨基是内化说的最早提出者之一。维果茨基的内化说的基础是其工具理论。维果茨基把符号当作人的心理活动的工具，同时指出了符号和工具之间的区别：工具是人进行外部活动的手段，符号则是人进行内部活动的手段。在高级心理机能中，所有内部的东西以前都是外部的东西，在发展过程中，外部的活动"内化"为内部的活动。内化主要是通过言语实现的。在符号中，词语是普遍使用的刺激手段。词语、言语就其本身意义而言，是社会联系的核心系统，是社会联系和文化行为的核心技能，它先在人们的协同活动和人与人的交往之中形成，然后变成个人的心理手段。实现某一活动的外部刺激手段被发自内部的言语这一刺激手段代替的过程就是内化。儿童还不能使用言语这个工具来组织自己的心理活动，心理活动是直接的和不随意的、低级的、自然的。只有掌握了言语工具，才能转化为间接的和随意的、高级的、社会历史的心理机能。维果茨基通过"中介"概念阐明了儿童文化发展的一般发生法则："在儿童的发展中，所有的高级心理机能都两次登台：第一次是作为集体活动、社会活动，即作为心理间的机能；第二次是作为个体活动，作为儿童的内部思维方式、内部心理机能。"① 显然，这种从社会、集体、合作的活动向个体、独立的活动形式的转换，从外部、心理间的活动形式向内部心理过程的转化，就其实质而言，就是人心理发展的一般机制即"内化"机制。同时，这也表明了内化的过程是一种转化的过程，而不是传授的过程。

三、对社会文化历史观的评价

（一）社会文化历史观的贡献

1. 首创高级心理机能历史起源的理论

维果茨基的高级心理机能历史起源理论，力图证明人的心理发展的源泉和决定因素是人类历史过程中不断发展的文化，这对消除把心理过程理解为精神的内部固有属性的唯心主义观点的影响，克服无视动物行为与人的心理活动的本质差异的自然主义倾向起了积极作用。

2. 最早将历史主义原则引入心理学

维果茨基提出了与一切唯心主义与形而上学观点相反的观点，这种观点对于心理学极为重要，是理解心理过程的历史原则。他认为单纯地从生理学的角度去寻找高级心理机能产生和发展的原因是值得批判的，是一种只把高级心理机能看作生物发展结果的生物学化的观点。同时，他也批判了西方心理学家的唯心主义的文化历史观：只把高级心理机能看作生物发展的结果，单纯地从生理的角度去寻找高级心理机能产生与发展的原因；同时，他也批判了西方心理学家的唯心主义的文化历史观：把文化的发展看作由于意识机能的不断完善所造

---

① ［俄］维果茨基：《学龄期间智力的发展和教学问题》，见《维果茨基：儿童在教学过程中的智力发展》，3～19 页，莫斯科，国家教育出版社，1935。

成的。与上述所谓的历史主义不同，维果茨基的历史主义是将马克思主义的历史方法运用于心理学的一种尝试。历史的研究只是意味着将发展的范畴应用于现象的研究。不论研究历史上的什么，都意味着在运动中研究，这也是辩证方法的基本要求。

3. 倡导辩证唯物主义心理学方法论

在维果茨基看来，20世纪初心理学所面临的危机主要是方法论的危机。他认为心理学只有建立在辩证唯物主义哲学基础上才能克服这种危机。维果茨基大力倡导的唯物辩证法，使心理学家在心理学传统方法之外找到了另一条研究人类心理的有效途径。

（二）社会文化历史观的限制

1. 文化历史理论狭隘地理解历史主义原则，带有抽象社会学色彩

在人的心理的历史发展中，社会历史文化观只看到了一个因素，即内部工具、符号是实现某种心理机能的手段。其实，人的心理生活和意识的历史发展是复杂多样的，随着社会发展的整个进程而发展，依存于社会关系的具体内容、一定时代的物质生活。对于历史发展的这种复杂多样性，文化历史理论既没有阐明，也没有把它作为自己的研究对象，甚至不把它当作一个研究课题，因而它对历史主义原则的理解是狭隘的。

2. 文化历史理论在阐述人的个体心理机能发生的自然发展和文化发展时，论据与论点相反

维果茨基认为，儿童心理发展过程沿着自然发展和文化发展两条路径行进，它们在个体发生中是紧密联系在一起的，但在具体论述时认为这两种过程的相互融合是在儿童发展的较晚时期（学龄时期）才实现的。这实质上背离了对人们的心理发展的理解，即人从出生最初几天起就是受社会制约的。

3. 维果茨基把符号说成使自然的心理机能成为文化的心理机能的工具的观点有悖于反映论

不过，一些学者对此将有不同看法。反面意见认为，文化历史理论只是在心理学水平上，把符号看作实现高级心理机能的中介环节。

第二节　文化历史因素对个体心理的影响

一、跨文化心理学研究

跨文化心理学起源于人类学，它是人类学的一个分支——心理人类学。心理人类学家的研究兴趣不仅在于对心理学中的一些习以为常的、适用于整个人类行为的法则提出挑战，他们在广泛的自然的社会文化背景中的研究还从方法论上给心理学家指出了突破性的方向。加拿大著名心理学家伯里（J. Berry）提出跨文化心理学概念的构架。这一概念的构架探讨了综合社会生态系统水平和个体微观水平上影响人类行为的各种变量，包括背景变量、过程变量和心理结果。基本假设是社会生态系统的作用是文化与行为的原动力和塑造者，生态学的变量培育出了塑造人类行为的文化模式，同时也对文化模式具有强制性的作用。

　　跨文化心理学以不同文化环境中的个体或群体为对象，分析、比较其心理或行为的相似与相异之处，从而判断文化因素对人类行为的影响程度。从跨文化心理学的产生与发展的历史来看，它主要是心理学研究方法论的一种策略。通过跨文化研究，把在单一文化背景中提出的概念、假设和理论引入不同的文化背景，查明文化结构是如何影响人类行为的。检视单一文化中的心理学法则是否也适用于其他的文化。运用这一方法策略，可以检验或判明产生于西方文化背景中的主流心理学在多大程度上具有文化普遍性或局限性。因而，有些学者不把跨文化心理学看作一个独立的心理学科的分支，认为它与心理学的其他学科如普通心理学、发展心理学、社会心理学、教育心理学等不是一种并列的关系。跨文化研究可以作为一种方法论策略，可以进行如社会性行为的跨文化研究、认知的跨文化研究、人格的跨文化研究及其他人类心理的跨文化研究。很多跨文化心理学的心理学家都是把其作为一种方法论来看待的。对于作为方法论策略的跨文化心理学，学者们更多是从两个层面上进行理解的：一是把跨文化研究理解为一种具体的研究方法，与观察法、实验法、测量法等方法并列起来，这种理解的意图在于把文化纳入心理学的研究过程，强调研究中的比较，但是，这一理解过于偏窄；二是把跨文化心理学放在方法论层面上来理解，是对心理学其他方法论策略的重要补充。跨文化心理学并不是一种独立的、可操作的研究方法，它本身也没有自己独立的研究内容，但是，作为独立研究的方法论，它可以为研究的设计提供指导思想，可以检视或衡量具体研究方法的文化偏向，并且拓展了心理学具体研究方法的应用领域，同时，也有助于心理学家对研究的结论进行谨慎和恰当的推论。

　　人类学家弗兰克·皮克（Frank N. Pieke）最早将特殊性和普遍性用作跨文化心理学的术语。特殊性和普遍性是跨文化心理学的两种不同的研究策略。普遍性研究是指对行为的研究超越特殊的社会文化系统，通过相异的社会来探讨人类行为的本质。特殊性是指某一特定社会系统的内部研究人类行为。这两种策略都包含在跨文化心理学这一大体系中。

　　著名跨文化心理学家伯里认同特殊性和普遍性这两种研究策略的意义。他认为，任何研究都必须以某种方式开始，研究的第一步通常都是运用产生于研究者自己所在社会的测验工具和观察技术，并会认为它们对相异文化的研究也是有效的，将产生于自己所在社会的工具、技术与相异文化进行比较也是合适的，似乎这些工具和技术具有普遍的意义。伯里认为，运用这样的研究策略所得出的结论是"强加的普遍性"，因为我们没有办法知道这些工具和技术运用到相异文化中去是否合适。他进而认为，研究者在相异的文化背景中进行研究，要通过参与观察和其他人类学方法，透过当地人的观点分析问题，努力接近当地文化背景，把研究者自己社会的特殊性同相异文化的特殊性结合起来，从而寻求他们的共同特征，由此研究者才能真正得到普遍性的行为特征，这是"获得的普遍性"。考虑心理学的概念、理论的文化普遍性和文化特殊性，其目的在于确定在跨文化研究时把这些理论和概念运用于不同文化背景，是否具有可比较性，是否做到了文化均等。同样，跨文化心理学研究中的测量也要考虑到文化公平的问题。

二、文化历史角度下的性别差异

（一）性别差异

区别男女的生物特征是性差异，这些特征包括不同的生殖器官，以及激素和解剖上的差异。这些差异是普遍的，是由生物学决定的，不会因社会影响而发生变化。它随着时间的迁移还会导致某些传统社会角色的发展。

与生物学意义上的性别不同，性别是指一种通过学习得来的与性别有关的行为和态度的心理现象。性别认同是指个体对男性化和女性化认识的程度，它包括对自己性别的意识和接受的程度。性别角色是指一个特定社会中被认为恰当的男性和女性的行为模式。这些行为模式表现出最基本的男性和女性差异。性别角色的获得被认为是文化塑造的结果。许多研究人员指出，性别角色的社会化在出生伊始就已经开始了。从中国文化中可以看到，当父母和其他长辈在描述新生女孩的时候，会用"小丫头""小姑娘""秀气"这样的词，而描述新生男孩的时候，会用"大胖小子""结实"这样的词。父母会给儿子和女儿穿戴不同的服装，给他们不同的玩具，以不同的方式与他们互动。当他们出现与自己的性别一致的行为时，会受到父母积极的关注和强化。家长不光是儿童性别角色的社会化动因，他们不是简单地给儿童打上性别角色的印记。游戏方式和对不同玩具的偏好与家长的偏向或角色并没有很高的相关度。年幼的儿童，即使在成人不管他们时或在成人鼓励男女混合游戏时，他们也喜欢与同性别的儿童一起玩。可见儿童性别行为中的许多差别都是同伴关系的产物。

（二）心理学中的性别差异

1. 从进化心理学的角度看性别差异

进化学派心理学家提出进化如何决定两性在行为上的差异的理论。意识到世界范围的两性间普遍具有的攻击性、支配性和性特征的差异后，美国亚利桑那州立大学心理学教授、进化学派心理学家道格拉斯·肯里克（Douglas T. Kenrick）认为："我们无法改变自己种群进化的历史，我们彼此之间的一些差异毫无疑问受这段历史的影响。"[1]

进化学派的心理学家预测，如果两性面对完全相同的适应挑战，那么两性之间就不会有任何差异，两性都通过分泌汗液调节体温，在口味上都偏好那些有营养的食物，皮肤磨损时都会起老茧。但是，进化学派心理学家同时预言，两性在约会、婚配及繁殖行为等方面会存在差异。我们可以思考一下男性在性活动中有更高的主动性的问题。正常的男性在其一生中会产生亿万个精子，所以相对于卵子来讲，精子要"便宜"很多。当女性孕育一个受精卵时，男性还可以与其他女性性交来增加自己基因的传播机会。于是，进化学派心理学家认为，女性会更加小心地考察男性的身体健康及资源状况的信号，以便谨慎处理自己的繁殖机会。男性则需要与其他人竞争，以便将自己的基因遗传下去。男性寻求广泛的繁殖，而女性

① ［美］道格拉斯·肯里克、弗拉达斯·格里斯克维西斯：《理性动物》，魏群译，北京，中信出版社，2014。

则需要明智的繁殖。男性寻找的是能够播种的肥沃土壤，而女性则寻求那些能给予她们优良资源且比较专一的父亲。

进化学派心理学家提出，在身体运动能力方面处于优势的男性会获得更多得到女性青睐的机会，于是人类漫长的演化历程增强了男性的攻击性和支配性。如果我们的祖先母亲通过读懂自己孩子和求婚者的情绪情感而获得益处，那么自然选择就会同样赋予女性情感理解能力。在所有这些假设之下的原则是，自然会选择那些有助于基因遗传的特性。进化学派心理学家也预测，男性会努力为女性提供她们所需要的——外界资源和身体保护，男性也会显示他们的财富，"男性的成就最终会变成求爱本钱"，而女性也可能会隆胸、除皱纹、抽脂，以提供男性需要的年轻漂亮的外表等。

2. 从社会心理学的视角看性别差异

受到心理学家广泛关注的社会角色——性别角色，反映了文化的重大影响。文化的影响可以通过不同时间和地点的性别角色生动地体现出来。不同文化背景及不同时代的性别角色差异非常大。主要的文化影响并不是由父母直接带来的，而是通过同伴形成的。

我们可以看到文化如何塑造男女两性的行为观念，以及当人们违反社会期待时将会遭受社会舆论的何种谴责。在很多国家，女孩会花更多的时间做家务和照顾孩子，而男孩则把时间花在自由游戏上。在获得考尔德科特奖的儿童书里，拿着家务用具（比如扫帚、针线、锅、碗等）出现的女孩形象是男孩的 4 倍，而拿着生产用具（比如干草叉、犁、枪等）出现的男孩形象是女孩的 5 倍；在中国电视广告中，女性做的广告一般是家务劳动用具，而男性的多是生产用具。这些对男女的行为期待界定了性别角色。

不同文化、不同时代的性别角色差异表明，文化确实会影响性别角色。不同文化下会有不同性别角色。

夫妇两人一起工作，共同照顾孩子，或者丈夫外出工作而妻子待在家里照顾孩子，这两种生活哪一种更令人满意？这是皮尤全球态度调查（Pew Global Attitudes, 2003）向 38 000 人提出的一个问题。被调查的 44 个国家中，有 41 个国家，其大多数人都认为夫妇两人一起工作、共同照顾孩子更令人满意。但是国家之间的差异十分明显。埃及不赞成这种观点的人与赞成者的比例是 2∶1，而越南人中赞成者与不赞成者的比例则高达 11∶1。在工业化国家，妇女的地位也有很大差异。日本女性中只有 1/10 可以做经理，而德国、澳大利亚和美国做经理的女性则高达 1/2，在北美，大多数的医生包括牙医都是男性；而在俄罗斯，大多数的医生是女性；丹麦大多数的牙医也是女性。

同样，不同时代下也会产生不同的性别角色。在刚刚过去的半个多世纪中，性别角色发生了巨大的变化。1938 年，只有 1/5 的美国人支持"已婚女性可以去工作挣钱，即使她的丈夫有能力养家糊口"。到 1996 年，4/5 的人都赞成这种观点。1938 年的数据显示，57% 的大学一年级学生赞同"已婚妇女的活动应该限制在家庭范围内"，而到 2002 年，只有 22% 的人同意这一观点。行为的变化也影响到态度的转变。美国人口调查局 1999 年的数据显示，从 1960 年到 1998 年间，在职的 40 岁已婚妇女的比例上升了近 1 倍——从 38% 到 75%。在加拿大、澳大利亚和英国也出现了类似的情况，大量妇女进入劳动市场。

同伴相传的文化会影响性别角色。这类观点且影响比较大的是荣获美国心理学会乔治·米勒奖的心理学家、作家朱迪斯·哈里斯（Judith R. Harris）的"教养论"，即父母抚育孩子的方式决定孩子会成为什么样的人。弗洛伊德派和行为主义流派的许多学者及很多普通人都支持这一观点。比较那些受父母溺爱和受父母打骂的孩子的极端例子，我们可以发现，父母的养育方式确实有影响作用。而且，孩子会接受父母的很多价值观，包括他们的政治倾向和宗教信仰等。但是，如果孩子的人格是在父母的榜样示范及抚育下形成的，那么同一家庭中长大的孩子的人格应该差不多是相同的吗？由对双胞胎及有血缘关系的家庭和收养家庭的研究发现，基因的影响大约可以解释人格特性中50%的个体差异。共享环境影响包括共享家庭影响只能解释0～10%的人格差异。那么剩下的40%～50%由什么来解释呢？哈里斯认为，答案是同伴的影响。孩子们比较关注的其实并不是父母怎么想，而是他的同伴怎么想。孩子们主要从同伴那里学习玩游戏、音乐爱好、口音，甚至说脏话也大部分来自于同伴群体。如此显著的跨文化、跨时间的差异表明，进化论和生物学并不能解释性别角色差异，而是文化塑造了性别。

3. 从认知心理学的视角看性别差异

心理学并不否认智力有性别差异，但不是笼统地说男性比女性聪明。智力差异有以下几个方面的表现。

（1）智力结构或智力品质上的差异。一般来说，男性在空间关系、图形知觉，逻辑演绎、数学推理、机械操作、视觉反应等方面表现更好，而女性则在语言表达、数的识记、机械记忆、听觉反应等方面显示出优势。这种结构性的差异经大量研究证实，甚至可能与性取向有关。许毅等（1999）采用韦氏成人智力量表（WAIS - RC，中国修订本）对60名男性同性恋者进行智力结构评定。结果发现，男性同性恋者的智力结构与女性对照组相比，差异较小，均以言语智力为优势，而与男性对照组相比，差异则非常显著。男女两性在智力结构上的差异表现在学习上，男生的思维比较广阔、敏捷，兴趣广泛，动手能力强，喜欢独立思考，但有时不够细致周密，而女生往往在记忆力和语言能力上比较强，更习惯于背诵、默写和记忆，但思路比较单一。

（2）智力表现时间上的差异。相对而言，一般女性表现较早，男性表现较晚。这也是小学时女生成绩更好、中学时男生成绩更好的现象的一个原因。

（3）智力分布上的差异。男性智商分布的离散性比女性大。也就是说，女性中智力超常和低能的比例比男性中的小，而智力中等的比例较大。这在一定程度上也可以解释男生的学习成绩两极分化较女生严重的现象。

三、进化论视角下的个体心理

（一）进化心理学简介

进化心理学是现代进化生物学和现代心理学的全新综合。一方面，它利用了进化生物学的最新理论成果——适应性理论、亲代投资理论和性选择理论，而且建立了非常严格的标准来评估某种适应器是否存在。另一方面，进化心理学也整合了心理学在概念和经验证据上的最新进展，比如信息加工模型、人工智能、情绪表达的普遍一致性、人们对动植物进行分类的普遍一致性，以及人们对他人父母归类的普遍一致性。

从进化历史来看，人类在几百万年的进程中，在绝大部分的时间里，需要花费大量的精力来获得食物，以确保生存。获得食物的祖先才能生存下来，把基因传给下一代。人类开始种植的农业历史不过 1 万年，如何获取生存必需的卡路里这个问题只有在近百年来才得到缓解。在寻找食物的同时，人类需要躲避各种生存上的威胁。今天人们会有好奇心，喜欢探险、刺激的行为，也是这种遗传的反应方式。也是因为存在这种能力，在面临困境时，人们的本能才会发生作用。

在人类的生育方面，进化论心理学家不同意社会学的"爱""权利"的解释，进化论心理学家发现，每个人身上都有气味，这是个人免疫系统的表现，气味的吸引是两个人免疫系统相互补充的结果，这一结合最有利于下一代的健康。性关系中，男性更主动随意，女性更被动谨慎，也是由于女性在生育过程中需要更多的付出和牺牲。人类的脑垂体会在有了后代时分泌出催产素（女性）或者后叶加压素（男性），这使得人们变得愉悦、平静、有爱，这也是遗传基因相似带来的影响之一。研究者在家庭中进行"水中闭气"实验，让每个人为某一个家庭成员赢得奖金而在水中摒住呼吸。时间越长，家人可以得到的奖金越多。结果发现，人们总是为和自己的遗传基因比例最大的亲人摒住呼吸的时间更长。例如父母为子女摒息时间更长、亲生的兄弟姐妹之间摒息时间总高于祖辈关系和表亲关系。这似乎符合生物黄金原则：为遗传基因最多的人做得最好。

获取食物特别是肉类食物的历史，不仅给人类提供了改善大脑营养的条件，也使人类形成了根深蒂固的竞争本能和失败恐慌。人类行为的动机源于事情带给我们的成就感或源于回避失败的本能。成就动机带来的愉悦感或失败带来的沮丧感，也源于人类希望自己成为最好的遗传基因。婴儿从一出生就会用各种手段来吸引他人，例如哭闹、捣乱，并以此让自己获得成功。一个在 12 万人中进行的调查发现，家庭中较小的孩子用各种方式来吸引他人注意的行为会伴随其一生，在成年后他则会以各种更为隐蔽的社会性方式来表达。

从利他行为的遗传视角来看，人类的利他行为，其实也是在更大范围内的帮助自我的行为。研究者用吸血蝙蝠的行为来解释此现象。吸血蝙蝠如果 48 小时内无法吸食到血就会死去。为了不让一起生活的其他同伴死去，吸到血的蝙蝠会用反刍的方式帮助同伴。但是，如果某只蝙蝠只获得而从不反馈，就会失去伙伴，这加大了它生存的风险。

进化心理学为理解心理学的各个分支提供了一个统括性的框架。它为心理学研究提供了一种非常重要的视角，也为我们探索人类的心理机制提供了一种有效的方法。不仅有助于我们理解人性的普遍性，而且有助于我们理解文化对心理机制的不同作用。它对社会科学中对人的基本看法没有考虑到人类进化这一事实提出挑战。进化心理学在过去二十多年间是行为科学最重要的新发展之一。

── **资料窗** ──────────

《自私的基因》序言①

虽然黑猩猩和人类的进化史大约有99.5%是共同的，但人类的大多数思想家把黑猩猩视为畸形异状、与人类毫不相干的怪物，而把他们自己看作高高在上的万物之主。对一个进化论者来说，情况绝非如此。认为某一物种比另一物种高尚是毫无客观依据的。不论是黑猩猩和人类，还是蜥蜴和真菌，都是经过长达约30亿年之久的所谓自然选择这一过程进化而来的。各物种之内，某些个体比另一些个体留下更多的生存后代，因此，这些得以繁殖的幸运者的可遗传特性（基因）在其下一代中的数量就变得更加可观。基因的非随机性的区分繁殖就是自然选择。自然选择造就了我们，因此，要想了解我们的自身特性，就必须懂得自然选择。

尽管达尔文的自然选择进化学说是研究社会行为的关键所在（特别是同孟德尔的遗传学相结合时），但一直为许多人所忽视。社会科学领域内一系列研究部门相继兴起，致力于建立一种达尔文前派和孟德尔前派的社会和心理世界的观点。甚至在生物学领域中，忽视和滥用达尔文学说的情况一直令人诧异。无论造成这种异常发展的原因究竟何在，有迹象表明，这种状况即将告终。达尔文和孟德尔所进行的伟大工作已经为日渐增多的科学工作者所发展，其中著名者主要有菲希尔（R. A. Fisher）、汉密尔顿（W. D. Hamilton）、威廉斯（G. C. Williams）和史密斯（J. Maynard Smith）。现在，道金斯（Richard Dawkins）把根据自然选择的社会学说的这一重要部分用简明通俗的形式介绍给大家，这是第一次。

──────────

（二）人类的适应性问题

和其他物种一样，人类在进化历史中也面临数量巨大的适应性问题，并且产生了许多非常复杂的适应性机制。所以，接下来的关键问题就是：我们如何确定这些适应性问题到底是什么？

1. 确认适应性问题的方法

确认适应性问题的方法来自于有关人类普遍结构的知识、传统的部落社会、考古学、任务分析及现在的心理机制等。

确认适应性问题的指导方针，来自不断累积的关于人类结构的普遍的知识。除了极个别的隐居者之外，所有的人都是群居的。认识到这种现象之后，我们就能够推断，我们人类肯定已经进化到了对一系列潜在适应性问题都形成了解决方案。在已知的所有人类群体中，无一例外地存在社会等级现象，这是我们人类的一种结构特征。等级制度在人类社会是非常普遍的，这涉及另一类适应性问题：超过他人（因为地位高的人能得到更多的资源），防止地位下滑，防止其他人觊觎你的位子，防止地位更高的人会因你的地位提升而受到威胁从而给

───────────

① ［英］理查德·道金斯：《自私的基因》，卢允中等译，6页，北京，中信出版社，2012。

你带来麻烦，等等。

与现代社会相比，传统社会和我们祖先的进化环境更为相似。大型猎物是人类狩猎最常见的目标，所以，对狩猎—采集者社会进行考察，能为我们探讨祖先所面临的各种适应性问题提供大量线索。为了成功地进行合作，猎人们必须解决大量的适应性问题，比如如何分配工作、如何协调群体的力量，这两种问题都需要通过清晰的交流才能实现。

以考古学和古人类学为指导——这种指导来自于出土的石器和骨头。比如，对人类祖先的牙齿的分析，揭示了祖先饮食习惯的重要特征；对骨骼折断处的分析，能够揭示我们祖先的死因；而且，骨头还能提供很多线索，告诉我们远古人类曾经受到何种疾病的困扰，从而向我们揭示祖先所面临的另一组适应性问题。

我们还可以以现在的心理机制为指导。信息（非常有用的信息）来自现代人类所拥有的心理机制的特征。比如，各种文化背景下的大多数人都害怕蛇、害怕蜘蛛、害怕高、害怕黑、害怕陌生人，但并不害怕汽车和电源插座等，这些现象向我们提供了关于祖先生存问题的大量信息。它告诉我们，人们的普遍害怕现象是我们进化了对远古危险动物的害怕的反应，但对汽车、电源插座等现代危险物，由于没有进化历程，不会出现共有的害怕反应。另外，性嫉妒的普遍性也表明，远古时代的男性和女性不一定对其配偶非常忠诚。

一种更加形式化的确认适应性问题的方法就是任务分析（Marr，1982）。任务分析就是去分析一种现象，然后确认当这种现象出现时有机体必须解决哪些认知任务，而且他只能采用远古环境中所能得到的信息。任务分析通常从对人类结构的观察（比如人类群居生活且拥有地位等级）或一种已知的现象（比如人们乐于帮助遗传亲属）入手。任务分析所要解决的问题就是：当这种结构或现象出现时，有机体必须解决什么样的认知任务和行为任务？我们来看看这个现象：人们倾向于帮助遗传亲属，而不是帮助那些没有遗传关系的人，这种现象在性命攸关的情境中尤为突出。在对此现象进行分析的时候，我们要从远古的进化历程中寻找答案，这就是任务分析。

2. 从进化理论直接得出的适应性问题

现代进化理论本身就是一种指导方针。它告诉我们，进化过程的推动力就是差异性地复制基因编码。所以，从理论上来讲，所有的适应性问题都必须和繁殖活动有关，并能够直接或间接地增加有机体的繁殖成功率。

（1）生存和成长的问题：让有机体存活到能够繁殖的年龄。

考察有关生存的适应性问题，应该是探讨人类进化心理学的一个合理的起点。生存带来了一系列的问题。尽管当前的生活方式让我们远离危险，但是每个人仍有可能遇到那些威胁到我们自身生存的情境，达尔文称之为"恶劣的自然条件"，主要包括气候、天气、食物短缺、毒素、疾病、寄生虫、捕食者和同一物种内的激烈竞争。对人类而言，这些恶劣的自然条件产生了一系列的适应性问题。在进化的历史长河中，这些适应性问题反复地出现在每一代身上。这些适应性问题对于能否成功地存活下来至关重要，它们就像一个个过滤器，将那些未能渡过难关的个体淘汰出局。人类总是必须以高度专门化的方式来与生物世界相互作用。例如，我们必须知道哪些东西能吃，哪些东西有毒；哪些物种可以捕食，哪些物种将会猎杀我们。

很多恶劣的自然条件反复不断地困扰着我们的祖先。人类已经进化了许多适应性的机制来克服这些障碍，以便能够存活下来。获得食物是最重要的生存问题之一。关于人类进化的最有争议的问题之一就是，我们的祖先究竟是如何获得食物的。研究者们提出了三种基本的假设：狩猎假设、采集假设和食腐假设。生存的另一个适应性问题是：寻找栖身之所。人类已经进化出了对资源丰富且视野开阔的风景的偏爱，这些特征通常模仿了人类祖先的最初居住环境。

人类已经进化出了对许多事物的害怕反应来避免生存环境中的危险。除了害怕反应之外，人类的注意模式也表现出某种可预测的偏向：我们能从一堆非危险物的图片中轻易地挑选出蛇和蜘蛛的图片来。我们还拥有一种听觉偏向，它让我们在听到危险声音时能更早地作出反应以避免危险。

（2）择偶问题：选择、吸引并留住配偶，进行繁衍所必需的性行为。

女性一般从配偶那里获取财富、智慧、创造力、健硕的体格等各种资源，但资源并非总是直接可辨的，因而女性的择偶偏好对于某些品质很敏感，这些品质显示出可能的财富，或者未来的前景和资源。的确，与抱负、智慧和年龄等能带来资源的品质相比较，很多女性更少受到金钱的影响。女性通常会对这些个人品质细致考察，从而去挖掘一个男性的潜力。光有潜力是不够的，因为许多拥有丰富资源潜力的男性本身也非常挑剔，有时会有随意的性关系。这使得女性面临承诺的问题，解决手段之一是要求对方的爱。爱的行动标志着一个男性从事实上对某个女性作出了承诺。不过，如果获得一个在竞技场上被轻易击败的男性的爱和承诺，对于远古女性来说也很难说是一个优势。嫁给一个瘦小的缺乏威力和勇气的男性，女性就要冒着被其他男性侵犯或抢夺财产的危险。而高大强壮的运动型男性能给她们以保护，这样一来，也就给她们提供了保障。现代女性就是那些根据身体条件成功选择了配偶的远古女性的后裔。妻子通常悉心照料丈夫的健康，以确保能长期受益，同时迎合丈夫的个性和兴趣，以保证其忠诚和家庭稳定。如今，女性择偶偏好的许多方面都还和千万年前祖先择偶时面临的适应性问题保持着完美的对应。

女性的择偶偏好并不是一成不变的，而是会随着以下至少五个背景因素发生适应性的变化：她们的个人资源、双方关系的持续时间、她们的月经周期、她们的配偶价值、她们的居住地对资源的需求程度。择偶偏好也会随着性取向而发生变化。

男性在选择长期配偶时面临两个重大的适应性问题。

第一个是如何辨别有高生育力和高繁殖价值的女性——能够成功养育后代的女性。大量证据表明，男性评判女性吸引力的标准是依据那些能体现女性生育能力的线索，这是进化而来的。这些线索中最重要的是年轻和健康，包括光洁的皮肤、丰满的嘴唇、小而低的下颚、对称性、洁白的牙齿，以及没有伤疤和感染，还有较低的腰臀比率。男性看重女性的外貌和身材，这一点并非动物世界中不可更改的法则。在动物世界里，对年轻的偏好也不是一个普遍的法则。然而，对人类来说，男性面临一系列独特的适应问题，因此进化出独特的性心理。他们偏好年轻的女性是因为人类择偶是以婚姻为中心的。他们的欲望集中在未来的生育潜力上面，而不仅仅是暂时的生育。他们更看重外貌和身材，是因为这些恰好是未来配偶的生育潜能的可靠线索。

第二个重大的适应问题是父子关系不确定的问题。在人类进化历程中，那些漠视该问题的男性就有可能冒抚养别人子女的危险，浪费大量的精力却不能成功养育自己的后代。许多国家的男性都很重视未来新娘的童贞，虽然并非全部如此。觉察忠贞度的更普遍的解决方法是利用这样一个线索，即女性和其他男性发生性关系的可能性。男性既希望拥有一个迷人、年轻、性感的妻子，同时还希望她坚贞不移。这种择偶偏好是普遍存在的。目前尚未发现有一种文化中不存在这种偏好。

3. 抚养问题：帮助后代生存和成长，让后代存活到能够繁殖的年龄

从进化的视角来看，后代是父母基因的载体。通过子女，父母的基因得到成功繁衍。没有子女，个体的基因很快就会消失。既然后代最重要的功能是遗传的媒介，那我们就有理由推断，自然选择可能青睐父母为确保生存和成功繁殖所依靠的那些强大机制。除了择偶问题，也许就再没有一个适应性问题比保证后代的生存发展更重要了。没有成功繁衍后代，有机体为择偶付出的所有努力也都毫无意义。所以，进化过程应该产生一整套专门用于抚养后代的心理机制。为什么母亲往往比父亲提供更多的亲代抚育？有三种假设给出了解释：①父子关系不确定假设。男性比女性投入更少，是因为他们对假定的后代贡献基因的概率更少（母子关系的确定性是100%，而父子关系的确定性低于100%）。②遗弃假设。由于许多物种都是体内受精，因此雄性可以成为率先遗弃孩子的人。③择偶机会的代价假设。付出亲代投资的男性的代价高于女性，因为这种投资使他们丧失了其他的择偶机会。尽管这三个因素都可能说明亲代投资中全部的性别差异，但当前证据更为支持的是父子关系不确定假设和择偶机会代价假设。

根据预测，亲代投资的进化机制至少对以下三种背景因素敏感：①与后代的亲缘关系；②后代把亲代抚育转化成适应性的能力；③亲代投资资源的其他利用途径。足够的经验证据支持了与后代的亲缘关系影响人类的亲代投资这一假设。根据预测，进化的亲代机制对于后代把亲代抚育转化为繁殖成效的能力也非常敏感。

4. 更愿意帮助有更高遗传比例的亲属

内含适应性理论应用在人类身上的主题包括：①应该存在一组特定的涉及亲属关系的进化心理机制，这些机制能用于解决同胞、半同胞、祖父母、祖孙和姑姨叔舅等亲属所带来的不同的适应性问题；②性别和世代是区分亲属的主要类别，因为这两个维度限定了一个人的适应性载体的重要特征，例如，男性亲属的繁殖数量的上限要高于女性亲属；年轻亲属的繁殖价值要高于年老亲属；③亲属之间的亲近感是有大小之分的，而遗传相关度则是这种亲近

感的主要预测指标；④合作行为和亲属关系的稳定性是遗传相关度的函数；⑤年老的亲属会鼓励年轻成员向遗传亲属（比如年老亲属的同胞）表现出更多的利他行为，而这超出了年轻成员本来的利他意愿；⑥一个人的家庭角色将是他（她）的自我认同的主要成分；⑦在无亲属关系的情况下，人们将会利用亲属称谓词来影响或控制其他人。大量的研究证据显示，亲属关系是帮助行为的一个重要指标。

➡ 本章回顾

内容小结

维列鲁学派认为，人类不同文化的社会生活是个体心理特性和能力的源泉，必须尊重不同的民族，个体意识的形成是语言、历史、文化、物质实践等因素的产物，语言技能是创造和管理生活的工具。这就是文化历史理论的初步观点。

跨文化心理学以不同文化环境中的个体或群体为对象，分析比较其心理或行为的相似与相异之处，从而判断文化因素对人类行为的影响程度。通过跨文化研究，把在单一文化背景中提出的概念、假设和理论引入不同的文化背景，查明文化结构是如何影响人类行为的。

进化心理学是一种综合了生物学、心理学和社会科学的研究思想，它认为人类的心理是由自然选择而形成的信息处理装置，这些装置的目的是处理我们祖先在狩猎等生存过程中所遇到的适应问题。因此，人类的种系进化史是了解现在的钥匙，要了解人类心理首先要弄清这些心理机制的进化史，人的行为表现是以心理机制为核心的，环境是第二位的影响因素。

本章从更加宏观的角度，对个体的心理进行了描述，以能够为理解人的心理与行为奠定更加宽广的认知基础。

关键词

维果茨基　社会文化观　活动说　内化说　进化心理学

➡ 思考与练习

一、简答题

1. 请简单介绍维列鲁学派的主要思想。
2. 语言作为一种重要的人类文化工具，对个体心理有怎样的影响？
3. 什么是跨文化心理学？
4. 什么是进化论心理学？
5. 影响个体行为的内在机制与外在环境，哪个更重要？

二、论述题

维果茨基说："奠定教育过程的基础应当是学生的个人活动。教育者的全部艺术应当归结为只是指导与调节这种活动……从心理学的观点来看，教师乃是具有教育影响的社会环境的组织者，以及他与受教育者相互作用的调节者与监督者……社会环境乃是教育过程的真正杠杆。教师的全部作用在于驾驭这一杠杆。"谈谈你对这个观点的理解。

三、案例分析

联合国的一份报告指出，虽然为了保护阿拉斯加地区的土著民族，当地成立了公司为居民提供经济支持，同时在文化上建立民族博物馆，但阿拉斯加依然正在成为全世界少数民族消失最快的地区之一。因为，当地年轻人越来越多地用英语生活，目前只有大约30%的人使用民族语言。而随着语言的消失，一个民族的文化传统也将消失。

社会文化历史学派认为，人类的社会生活是个体心理特性和能力的源泉。这就要求必须尊重不同的民族，因为民族文化是心理学的源泉，尽管在人类发展范围上，它们的价值不能被预先判断。此外，应该把个体意识的形成视为语言历史、文化、物质实践等因素的产物。语言技能是人类创造和管理生活的工具。心理学要想揭示深层的心理现象，其研究的方法学必须要遵循这些原则。

请你尝试用上述的社会历史发展观来分析本案例中的问题，并提出自己认为有效的解决方案。

第六章　社区中的临床心理学问题

CHAPTER

➜ 本章概要

本章主要阐述了临床心理学的主要知识，并强调从社区的角度对这些知识进行应用。这部分是传统的社区心理学的核心内容。

精神病学重视各种精神疾病的诊断和以药物为主的治疗；临床心理学是应用心理学的一个分支，是用心理学的理论帮助精神病人改善行为障碍，通过预防手段来培养健全的人格，帮助所有人更加有效地适应环境，提升幸福感。精神疾病的社区康复与治疗已成为现代精神疾病治疗的重要趋势。常见的精神疾病的康复方式包括住宿服务、工作与就业（公疗服务）、公众教育、临床心理服务、个案管理、主动式社区治疗等。心理咨询是可以广泛运用于社区精神治疗与康复的有效手段，是社区心理学家服务的理论基础。本章的最后介绍了我国重性精神疾病社区管理的相关制度。

➜ 学习目标

了解临床心理学的基本知识、精神疾病的基本知识和社区中的心理健康等相关问题；理解精神疾病社区治疗与社区康复的历史发展和现实意义；掌握社区中精神康复和促进心理健康的主要方式；初步运用本章知识处理社区中的相关问题。

➜ 学习建议

本章中第一节主要是对一些相关知识的普及，在学习这部分内容时，需要注意对临床心理学、精神疾病等日常似懂非懂的知识形成更科学的理解。第二节是关于以社区为核心的精神健康的历史、理念、方法，一般来说，大家目前对这部分内容了解比较少，但这又是社区心理学中最重要的内容之一。第三节介绍了心理咨询的相关理论，这些理论是开展社区心理学服务的理论基础。在学习中，大家要认真理解第一节和第三节的基本知识，在此基础上理解第二节的内容，第四节略作了解即可。

➜ 引　言

2003 年 2 月 18 日韩国大邱市发生了该国历史上最为严重的地铁纵火案，造成至少 198 人死亡，146 人受伤，另有 289 人下落不明。纵火者是 57 岁的金姓中年男子。他曾经是大邱市某出租公司的司机，后来当过 6 年的货车司机。1999 年，他被大邱市内一家神经外科医院诊断为患有精神疾病，在 2001 年患上中风后，他又得了失语症、右半身麻痹和脑梗死等各种并发症，被登记为脑疾二级残疾人。此后他多次离家出走，并想让警察用枪杀了他。其间他曾在一个草药诊所治疗，但病情并没有好转。他当时情绪低落，多次扬言要杀掉没有治好他病的医生，烧掉那家诊所。他甚至跑到大邱医院请急诊室的医生杀了他。2002 年 8 月，他还因患忧郁症接受过精神科医院的治疗。从那之后，他就失去了工作，成了一个忧郁的毫无工作能力的人。

他的儿子在爆炸事件后向警察描述，他父亲患有严重的抑郁症，经常有自暴自弃的倾向，失去判断能力，看到电视中有人在地铁里跳轨时会说"我也想跳轨自杀"。事后该男子也向警察供认他纵火的目的是"与其孤独地死去，不如和其他人一起死"。

以此为例，我们可以问自己：我们是否意识到精神疾病在今天其实可能影响到我们每一个人？我们每一个人是否都应该有责任和意识了解这些问题和这些人，并从自身做起，为改变这些做点什么？

第一节　临床心理学及相关议题

一、临床心理学的内涵

心理学科可以分为基础心理学和应用心理学两大部分。应用心理学中与我们的生活最密切、最有影响力的部分主要是工程心理学、教育心理学、临床心理学和组织管理心理学。临床心理学是与心理健康关系最为密切的学科，也是心理学科中最受普通大众关注的学科。

"临床"一词源于医学，临床医学是指与解剖学、细胞学等基础医学相对应的医生与病人直接面对面的诊断、治疗过程。但临床心理学的含义更为广泛，不仅包括心理学专家用心理学的理论对患有精神疾病的人的治疗，也包括心理学家对可能产生心理健康问题的人进行的预防和康复工作，甚至包含大众为了解和提升心理健康知识而需要进行的相关教育工作。从静态分析来看，有关精神病学研究发现，真正患有精神病的人大约占人口总数的 1%；有关心理卫生学的研究也认为，没有任何心理问题和心理障碍的人也只有极少数；大部分人口处于从没有任何心理问题到患有精神疾病的中间过渡带之中，而处于过渡带的有种种心理问题或不同程度的心理障碍的人就是临床心理学的工作对象。

实际上，人的心理是处于动态变化过程中的，精神病患者在度过急性发作期转入康复阶段时，就更接近于一种有心理问题的状态；精神健康的人在某些特殊时期或特殊时刻也可能转变为处于有心理问题的状态。

早期的临床心理学是以帮助有行为障碍和精神疾病的人康复为目的的，是运用心理学知识帮助病人康复的应用学科。自弗洛伊德以来，医生们认识到精神疾病在很大程度上与神经系统无关，而与个人的心理历程有关，并在此基础上开始探索从心理的角度治疗精神疾病。但现代的临床心理学早已扩展到更多的正常人群，包括运用心理学知识缓解心理压力、解决心理问题、培养良好个性，使人们具有良好的适应能力和创造力，帮助人们过上更有品质、更有意义的生活。

2000 年美国心理学会（American Psychological Association，APA）临床心理学分会将临床心理学定义为：综合运用科学的理论和实践来理解、预测和改善人们的适应不良、能力缺乏、情绪不适，并促进人们的适应、应对和个人发展。综合不同学者的观点，我们可以将临床心理学理解为以心理学的知识体系和研究方法为基础，包含从心理测量、专业伦理、专业评估与诊断以及心理治疗的过程与方法的学科，它是心理学与临床医学交叉影响的学科。由于临床心理学的专业性，大多数国家都要求从业者必须有相应的注册资质。但从业者的工作领域不仅与临床医学直接相关，更涵盖商业、服务、教育等更广泛的领域。

临床心理学建立的标志是赖特纳·韦特默（Lightner Witmer）于 1896 年在宾夕法尼亚大学建立世界上第一所儿童心理指导诊所。当代临床心理学最重要的治疗理论取向有：心理动力学（精神分析）、人本主义、行为主义学派、认知行为学派、家庭治疗等。心理动力学取向包括古典精神动力学与现代精神动力学，强调从早期经验和个人防御机制中认识个体的心理状态；人本主义取向的代表人物是卡尔·罗杰斯，他强调心理咨询与治疗的充分必要条件是：温暖、共情、无条件积极接纳；行为主义取向重视外在的可观察的客观行为表现，通过强化过程对人的行为进行改变；认知行为取向注重对与行为密切相关的个人的内在认知体系的觉察；家庭治疗取向认为个体问题是家庭问题的症状，需要从整个家庭的改变中解决问题。此外，比较有影响力的还有格式塔学派、存在主义治疗、阿德勒疗法、现实疗法等。

临床心理学与社区心理学有极为密切的关系。在美国，随着临床心理学的深入和普及，自 1946 年起就开始实施《社区精神卫生法案》，临床心理学就紧紧围绕社区开展工作，在此基础上，形成了社区心理学的基本框架。

二、心理健康问题在现代社会中的重要性

人类社会的变化是一个越来越快的过程。每个身处网络信息飞速传播的 21 世纪的人，都能够深刻感受到"瞬息万变"的含义。这些变化在给人类带来丰富的物质供给和思想撞击的同时，也让人们越来越容易感受到不稳定、不确定、不知所措的压力状态，给人的心理带来更大的挑战。另外，从心理问题对经济发展的影响来看，各类精神问题约占疾病总负担的1/5，即占全部疾病和外伤所致残疾及劳动力丧失的1/5，世界前十种致残的主要疾病有五种与精神疾病有关。

人们对健康的认识是随着社会的进步不断改变的。在很长的历史中，人们把"健康"单纯地理解为生物学上"无病、无伤、无残"。但目前，世界卫生组织对健康的定义是：健康不仅是躯体没有疾病或伤痛，而是身体、心理和社会方面完好的状态，即除了有机体的生理功能正常外，还包括心理（精神）健康和社会生活美满幸福。健康的含义超越了生物学的范畴，而且，人的健康与生物学、心理学和社会学紧密地联系在一起。与健康的理念相一致。

世界卫生组织提出了健康的十大标准：①精力充沛，不感觉疲劳；②处世乐观，积极参与，敢于承担责任；③善于休息，睡眠好；④适应环境，应变力强；⑤不常得病，能抵御感冒等传染性疾病；⑥体重适中，身体匀称；⑦眼睛明亮，不发炎，反应敏捷；⑧牙齿清洁，无龋齿；⑨头发有光泽，无头屑；⑩骨骼健康，肌肤丰满、有弹性。

随着现代化工业化城市化步伐的加快，中国的心理健康问题日益凸显，在这种背景下，心理咨询和心理健康日益成为社会中备受关注的领域。这一方面源于社会发展带来的适应压力，另一方面也源于生活水平提升后人们对精神健康的意识和需求的提升。据调查，我国的精神病患病率一直呈现逐渐上升的趋势，20 世纪 50 年代为 2.7‰，70 年代为 5.4‰，80 年代为 11.1‰，1993 年为 13.47‰，1999 年为 15.56‰，精神病患者已达 1 600 多万人，其中精神分裂症患者占半数左右；3 000 多万人受到各种心理障碍的困扰[①]。近年来，随着经济发展和社会转型，精神卫生工作涉及面越来越广，敏感度越来越高，精神心理问题与社会安全稳定、公众幸福感受等问题交织叠加等特点日益凸显。焦虑症、抑郁症等常见精神障碍及心理行为问题逐年增多，心理应激事件及严重精神障碍患者肇事肇祸案件时有发生，老年痴呆、儿童孤独症等特定人群疾病干预亟须加强，精神卫生工作仍面临严峻挑战。精神障碍社区康复体系尚未建立，部分地区严重精神障碍患者发现、治疗、随访、管理工作不到位，家庭监护责任难以落实，贫困患者得不到及时有效的救治，依法被决定强制医疗和有肇事肇祸行为的患者收治困难。公众对焦虑症、抑郁症等常见精神障碍和心理行为问题的认知率低，社会偏见和歧视广泛存在，讳疾忌医多，科学就诊少。现有精神卫生服务能力远远不能满足人民群众的健康需求，与国家经济建设和社会管理的需要尚有较大差距。

世界卫生组织、世界银行和哈佛大学合作发表的《2010 的健康人民》（National Insititute of Mental Health，2001）报告中指出：在建立了市场经济的国家中，精神疾病占到疾病负担的 15%，明显超过各类癌症导致的疾病负担。[②]

目前，我国精神卫生服务资源十分短缺且分布不均，全国共有精神卫生专业机构 1 650

---

① 江光荣：《心理咨询的理论与实务》，2 版，5 页，北京，高等教育出版社，2012。

② R. Paul Olson：《四国精神卫生服务体系比较——英国、挪威、加拿大和美国》，233 页，石光、栗克清译，北京，人民卫生出版社，2008。

家，精神科床位 22.8 万张，神科病床数平均每万人口 1.71 张，远低于全球 4.36 张的平均水平；有精神科医师 2 万多名。① 很多精神病患者因资源、知识、资金等问题得不到及时有效的治疗康复，精神卫生问题成为亟待高度关注的社会问题。

三、心理障碍的诊断与生理心理社会医学模式

临床心理学的一个重要依据就是对心理障碍的诊断，临床心理学家通常是按照诊断的分类、概念和症状开展相关的研究，因此，我们先学习一点心理障碍诊断的知识。与单纯的生理学治疗模式不同，在心理障碍的治疗中，生理心理社会模式成为一种共识。

（一）心理障碍的诊断

与心理健康相关的另外一个维度就是心理不健康。相对而言，处于正常状态、通过自我调整就可以改善的心理不健康，可以称为心理问题；超过正常状态、需要外在特殊帮助的心理不健康，则称为心理障碍。心理障碍又称精神障碍或精神疾病，是指在生物学、心理学、社会环境因素的交互影响下所导致的认知、情感、意志和行为等精神活动出现障碍。精神病患者通常表现为感知、记忆、思维受损，情绪与行为反应不适当。

在著名的心理科学创始人威廉·冯特（Wilhelm Wund）的指引下，现代精神病学之父德国医生埃米尔·克雷佩林（Emil Kraepelin）将自己的研究方向聚焦于前所未知的领域，开创了精神疾病这一领域的工作。他在 1883 年创造出精神官能症（neuroses）以及精神病（psychoses）这两个名词，对精神病有系统地加以分类，建立了以症状描述为特点的精神医学的基础。20 世纪 50 年代，精神科药物的出现，对现代精神医学的治疗做出了重大的贡献，也促进了精神医学的治疗与护理方式的相应改变。目前，建立在神经生化研究基础上的丰富的精神疾病的药物分类，不仅使人们对精神疾病的类别与症状归类更为精确，而且其疗效的有效性和使用的方便性，也大大改变了依赖专科医院的治疗模式，使社区治疗成为现实和有效的选择方式。

在日常生活中人们会用"精神病""神经病""神经不正常"等说法来描述精神疾病，目前在精神疾病的临床诊断中，最广泛采用的权威性的精神障碍的分类标准有中国精神障碍分类与诊断标准（Chinese Classification of Mental Disorder，CCMD－3）、美国精神病学会的精神障碍诊断与统计手册（Diagnostic and Statistical Manual of Mental Disorder，DSM-Ⅳ）、世界卫生组织的国际疾病分类手册（International Classification of Disease，ICD－10）。也就是说，对各类精神疾病的科学描述是应该按照 CCMD、DSM 或者 ICD 的分类来命名。我们在下文"资料窗"中对这三个精神疾病分类标准进行介绍。通常在临床诊断中，只需要采用其中的一种标准进行诊断。在不同国家，可能最常用的只是其中一种标准。这些分类标准中的疾病类型，也使用通用的精神疾病标准命名。

---

① 《国务院办公厅关于转发卫生计生委等部门全国精神卫生工作规划（2015—2020 年）的通知》，http://www.nhfpc.gov.cn/jkj/s5888/201506/1e7c77dcfeb4440892b7dfd19fa82bdd.shtml，2015－06－18。

—• 资料窗 •—

中国精神障碍分类与诊断标准（第三版）①

0. 器质性精神障碍

1. 精神活性物质或非成瘾物质所致精神障碍

2. 精神分裂症（分裂症）和其他精神病性障碍

3. 心境障碍（情感性精神障碍）

4. 癔症、应激相关障碍、神经症

5. 心理因素相关生理障碍

6. 人格障碍、习惯与冲动控制障碍、性心理障碍

7. 精神发育迟滞与童年和少年期心理发育障碍

8. 童年和少年期的多动障碍、品行障碍、情绪障碍

9. 其他精神障碍和心理卫生情况

美国精神障碍诊断与统计手册（第五版）②

0. 神经发育障碍

1. 精神分裂症谱系及其他精神病性障碍

2. 双相及相关障碍

3. 抑郁障碍

4. 焦虑障碍

5. 强迫及相关障碍

6. 创伤及应激相关障碍

7. 分离障碍

8. 躯体症状及相关障碍

9. 喂食及进食障碍

10. 排泄障碍

11. 睡眠－觉醒障碍

12. 性功能失调

13. 性别烦躁

14. 破坏性、冲动控制及品行障碍

15. 物质相关及成瘾障碍

16. 神经认知障碍

17. 人格障碍

---

① 郝伟、于欣：《精神病学》，7 版，北京，人民卫生出版社，2013。

② ［美］美国精神医学学会：《精神障碍诊断与统计手册》，［美］张道龙等译，北京，北京大学出版社，2015。

18. 性欲倒错障碍

19. 其他精神障碍

20. 药物所致的运动障碍及其他不良反应

21. 可能成为临床关注焦点的其他状况

国际疾病分类手册①

F01 血管性痴呆

F03 未特指的痴呆

F04 器质性遗忘综合征，非由酒精或其他精神活性物质所致

F05 谵妄，非由酒精和其他精神活性物质所致

F06 由于脑损害和机能障碍及躯体疾病引起的其他精神障碍

F07 由于脑部疾病、损害和功能障碍引起的人格和行为障碍

F09 未特指的器质性或症状性精神障碍

F10 由于使用酒精引起的精神和行为障碍

F11 由于使用类鸦片药引起的精神和行为障碍

F12 由于使用大麻类物质引起的精神和行为障碍

F13 由于使用镇静剂或催眠剂引起的精神行为障碍

F14 由于使用可卡因引起的精神和行为障碍

F15 由咖啡因等其他兴奋剂引起的精神和行为障碍

F16 由于使用致幻剂引起的精神和行为障碍

F17 由于使用烟草引起的精神和行为障碍

F18 由于使用挥发性溶剂引起的精神和行为障碍

F19 由于使用多种药物和其他精神活性物质引起的精神和行为障碍

F20 精神分裂症

F21 分裂型障碍

F22 持久的妄想性障碍

F23 急性而短暂的精神病性障碍

F24 感应性妄想性障碍

F25 分裂情感性障碍

F28 其他非器质性精神病性障碍

F29 未特指的非器质性精神病

F30 躁狂发作

F31 双相情感障碍

---

① 卫生部卫生统计信息中心、北京协和医院世界卫生组织疾病分类合作中心：《国际疾病分类 ICD－10应用指导手册》，北京，中国协和医科大学出版社，2001。

F32 抑郁发作

F33 复发性抑郁障碍

F34 持续性心境 [情感] 障碍

F38 其他心境 [情感] 障碍

F39 未特指的心境 [情感] 障碍

F40 恐怖性焦虑障碍

F41 其他焦虑障碍

F42 强迫性障碍

F43 严重应激反应及适应障碍

F44 分离 (转换) 性障碍

F45 躯体形式障碍

F48 其他神经症性障碍

F50 进食障碍

F51 非器质性睡眠障碍

F52 非器质性障碍或疾病引起的性功能障碍

F53 产褥期的精神和行为障碍，不可归类在他处者

F55 非依赖性物质滥用

F59 与生理紊乱和躯体因素有关的未特指的行为综合征

F60 特异性人格障碍

F61 混合型和其他人格障碍

F62 持久性人格改变，非由脑损害和疾病所致

F63 习惯和冲动障碍

F64 性身份障碍

F65 性偏好障碍

F66 与性发育和性取向有关的心理和行为障碍

F68 成人人格和行为的其他障碍

F69 未特指的成人人格和行为障碍

F70 轻度精神发育迟滞

F71 中度精神发育迟滞

F72 重度精神发育迟滞

F73 极重度精神发育迟滞

F78 其他精神发育迟滞

F79 未特指的精神发育迟滞

F80 特定性言语和语言发育障碍

F81 特定性学习技能发育障碍

F82 特定性运动功能发育障碍

F83 混合性特定性发育障碍

F84 弥漫性发育障碍

F88 其他心理发育障碍

F89 未特指的心理发育障碍

F90 多动性障碍

F91 品行障碍

F92 品行和情绪混合性障碍

F93 特发于童年的情绪障碍

F94 特发于童年和青少年的社会功能障碍

F95 抽动障碍

F98 起病于童年和青少年期的其他行为和情绪障碍

F99 未特指的精神障碍

精神医学范畴内的部分精神疾病是难以根治的，但是经过合适的治疗，症状可以得到缓解，患者可以重返正常生活。大多数精神疾病对患者的生活只有轻微影响，只有少数会严重影响患者的生活品质。精神疾病具有慢性、长期性及复发性的特点，患者常需要长期甚至终生治疗。但即使如此，精神病人依然有可能和有权利与其他慢性病患者一样，带着症状去过有意义的生活。

（二）　生理—心理—社会医学模式

在临床医学中，存在生物医学和生理—心理—社会医学两种模式。

生物医学模式关注人的躯体，以生物解剖、物理测量、化学分析、细胞学、分子学等自然科学知识为基础，以实验室科学的研究为依据，将电子技术、数字化技术、微创技术、基因工程等运用于人体治疗中，形成了一整套有严格的科学逻辑和实证标准的治疗模式。一方面，生物医学模式为改善人类的疾病做出了巨大的贡献，但同时这一体系本身就已十分强大，无法在此基础上顾及在躯体上同时具有的人的精神活动和社会影响。另一方面，越来越先进的生物医学材料和手段似乎又带来了社会公平等其他更多的社会公正、医疗资源不足、老龄化社会等方面的问题，从而为生物医学带来挑战。例如，一味采用医学技术来延长植物人的生命是否更道德？在濒临死亡的治疗中以挽救生命的名义给病人造成更大的创伤性治疗是否有价值？在生命最后时刻花费大量的医疗资源和金钱是否对贫困儿童公平？而且，先进的生物医疗技术与临床治疗效果的不匹配，也使越来越高端的医学技术被质问。例如，我国成年人高血压患病率为18.8%，也就是说，大约1/5的人口患有高血压病。其中，经过医生诊断，自己知道自己患病的知晓率为30.2%，配合积极治疗的治疗率为24.7%，通过治疗能有效控制病情的控制率仅为6.1%。在高血压疾病的研究和药物研发中，国家投入了大量的人力、物力、财力，相较于最后的个位数的控制率而言，其中不仅仅是一个生物学问题，我们更应该思考其社会性问题。

为了使生物医学面对这种挑战，1978 年美国《科学》杂志登载了罗彻斯特大学精神病学和心身医学教授恩格尔（G. L. Engel）的一篇文章《需要新的医学模式：对生物医学的挑战》，主张人呼吁创建"一种文化上的至上命令下的生物—心理—社会医学模式替换现有生物医学模式"。这一观点也直接呼应了世界卫生组织对健康的界定。虽然几十年来，人们普遍认为这是一个非常完美的理论模型，但在实际的医学领域中，还是无法有效地在操作层面来全面实施这一模型。因为一方面这一模型过于宏观，难以操作；另一方面，医学界还是认为自身对社会最重要的贡献就是建立在严密的唯科学基础上的一整套生物治疗模式，自身缺少改变的动力和精力。

但是在精神和心理问题上，可能习惯于自我决断和临床自信的医学专家知道的不比哲学家、心理学家、政治家、人类学家和管理学家多多少。在这一领域中，医生的最大优势是具有扎实的生物医学知识，熟悉生物医学的科学范式，可以保证提供建立在实验数据和事实基础上的科学实践过程。医学专家并不能完全替代其他人的工作，甚至也不一定是最重要的工作，他们需要负责的是做好以现有的生物医学为基础的工作。同时，其他人群需要在此问题上承担更重要的角色。

现代精神医学中的治疗团队应该包含精神科医生、精神科护士、心理治疗（咨询）师、职业康复师、社会工作者等相关专业人员和病人、家属、社区代表、机构代表等。精神科医生能够从疾病症状和生物学因素方面提供判断和指导，具有处方权，能够决定用药和监督药物的疗效及其副作用。精神科护士能够提供病人所需要的护理和照顾，并配合医生完成对病人的其他服务。心理治疗（咨询）师，主要是从个体的内在主观现象世界与病人进行沟通，帮助病人重新建立自身的内在秩序感和自我控制感。社会工作者可以帮助病人和家属获得更多的法律援助、社会福利、职业服务等资源，也应该给病人自身及其家属等加入治疗团队的机会，因为他们并不是被动的接受者，他们自身的参与非常有利于疾病的康复和社会能力的恢复。更多社会成员的参与也有助于为病人建立更加有利的社会环境。

第二节　精神疾病的社区康复与治疗

一、精神疾病治疗的去机构化运动

自 20 世纪 50 年代以来，精神疾病药物的层出不穷、对精神疾病的社会心理干预的发展、政府对精神卫生的重视和投入、普通大众在人道精神感召下对精神病患者的态度的转变，使以生物医学模式为核心的精神疾病的住院治疗和药物治疗模式发生了巨大的改变。精神疾病的治疗主阵地转移到了社区，精神卫生专科医院与社区综合医院的整合，逐渐替代了精神病院的治疗模式。在此背景下，欧美国家出现了精神疾病治疗的"去机构化运动"，促进了现代以社区为核心的精神卫生运动的发展。但是，精神疾病治疗的去机构化运动，应该不仅仅是将病人从专科医院赶出来，而是需要建立资金充足、人员和服务配套健全的以社区为中心的服务。否则就可能导致病人被社区拒绝，或者因为社区无法提供服务而被送入监狱或者收容所。

英国在 1959 年通过了《精神卫生法案》，推动社区精神卫生的发展，从而使精神病院的住院周转率明显加快，大型精神病医院床位数快速减少。美国在 1963 年通过了《社区心理卫生中心法案》，该法案将全美国划分为 1 500 个社区，规定每 7.5 万～20 万人口的地理划区内设置一所社区精神卫生中心，专业队伍向社区流动，在机构工作的医生需要将部分工作时间用于社区服务，将社区保健人员加入治疗团队当中。这一措施使大型精神病院的病床数剧减，门诊和社区服务设施猛增，服务重心由医院转为社区，出现了很多如个案管理、主动性社区治疗等有效的社区干预方法。澳大利亚在 1966 年才有第一部精神卫生法，鼓励私人在社区投资建立供出院精神病人居住的中途宿舍并予以津贴，精神病人出院率激增，很多大型精神病院关闭。同时考虑到帮助病人回归社区，澳大利亚将精神卫生服务体系和社区保健服务体系相结合，并在 1992 年宣布《国家精神卫生政策》，强调了精神卫生机构与综合医疗体系和其他方面的联系，以及服务综合体和初级保健服务设施。实行了患者在专科医生和全科医生间双向转诊，专科医生对全科医生的培训，以及双方定期（1～2 月/次）会面磋商制度。

推行全球精神卫生的"柳叶刀"专家组针对低收入和中等收入国家的精神卫生状况，提出了以下策略：第一，把精神卫生纳入公共卫生优先项目；第二，改革精神卫生服务的基本结构，改变以专科医院为主的现状；第三，精神卫生和基本保健整合；第四，发展精神卫生人力资源。与低收入国家不同，发达国家即使经历了去机构化运动，精神科医生的人口比例和精神科的床位数仍然高于大部分亚洲国家。

为探索在发展中国家推动社区治疗，苏迪拖·切特杰（Sudipto Chatterjee）和他的同事在印度进行了一项对精神分裂症患者的多中心、随机对照社区治疗的临床试验（COPSI），并将结果发表在《柳叶刀》杂志上。研究结果显示，对于中至重度精神分裂症患者，与单独采用传统医疗机构治疗相比，传统医疗机构治疗联合社区治疗的协作医疗模式可以更有效地降低患者的致残程度并减少精神病性症状，提高患者的服药依从性。协作医疗模式不需要诊所或医院等基础设施，需要的专业技能较低，家庭是整个协作医疗的核心。但实现这种协作医疗模式并非易事，需要考虑监管社区工作者的连续性，保证患者的躯体健康，以及当地的社会文化环境。但在消除偏见及歧视、减轻照料者的负担及增加家庭成员疾病知识等方面，社区干预作用不大。即使如此，这项试验的结果也是令人欣喜和值得推广的。

这项研究结果还显示，在专业精神卫生从业者恰当的督导下，进行家访的非专业社区医务人员在改善低收入国家患者预后方面扮演着重要的角色。即使在资源匮乏的国家和地区，精神分裂症患者也可以借由移动的社区治疗小组获得成功的医疗。通过将治疗迁移进社区，这些地方的患者所急需的医疗资源规模可以提高。

澳大利亚新南威尔士大学德瑞克·萨里维（Derrick Silove）和菲利普·沃德（Philip Ward）教授指出，若要持续进行一项精神卫生运动，全面的、多部门的工作必不可少，尤其是在资源匮乏的情况之下，当地领导者及利益相关团体的主动参与同样至关重要，所有措施均应发挥作用。实施社区精神卫生计划，特别是在资源贫乏的地区，需要一个综合、多部门参与的方法，当地的社区和有关部门也非常关键，否则无法处理精神分裂症这类牵扯临床和社会不同层面的复杂疾病。在那些社区基础力量和资源薄弱的地区，患者可能不仅仅存在精神疾病，还有可能存在其他躯体疾病，还有当地复杂的社会文化背景，因此制定出一套恰当的社区治疗精神分裂症的策略尤为困难。对于低收入和中等收入国家，实施精神卫生服务的第一步就应该是综合分析当地的文化、环境、历史、信仰、健康习惯、社会结构及政策预算。

—— · 资料窗 · ————

穗拟建 13 个社区精神康复综合服务中心①

今年（2013 年）起，广州市分步开展社区精神康复综合服务中心建设，今明两年在全市将建立 13 个社区精神康复综合服务中心。其中白云区 2 个，其余各区、县级市各 1 个。昨日，笔者从广州市残联了解到，相关建设方案已经确定。

据介绍，建设社区精神康复综合服务中心旨在为社区内有精神康复需要的对象提供社区康复训练、心理疏导、事前预防、危机介入及实时支持、个案跟进服务，填补社区精神康复服务的空白。按照计划进度，今年建成 3 个中心，剩下 10 个中心将在明年建成。2015 年后，根据精神康复服务实际情况，再由市政府批准建设。

社区精神康复综合服务中心采用社会工作的方法开展业务，面向具有广州市户籍的持有残疾人证或纳入卫生部门、公安部门相关信息管理系统管理的精神残疾人和精神病康复者提供社会能力适应训练服务；为上述精神病患者或康复者家庭提供心理疏导、危机介入支持性服务；为社区内有明显精神疾病症状的对象提供咨询、转介、危机介入支持性服务。

各中心通过"政府出资购买、社会组织承办、全程跟踪评估"的公共服务供给方式运营。各中心具备为所在区（县级市）不少于 200 个精神残疾人或精神病康复者提供支持服务的能力。承接服务运营的民办社会工作服务机构须配备相应的工作人员。工作人员应不少于 8 人，总数的 2/3 以上为社会服务领域相关专业人员、1/2 以上为社会工作专业人员，并应持有国家认可的相关职业资格证书。工作人员的职业类别包括社会工作师、心理咨询师和精神科护士。

二、精神疾病社区康复与治疗的主要途径

（一）精神疾病社区康复的国外经验

社区是指若干社会群体（家庭、氏族）或社会组织（机关、团体）聚集在一定地理区域，形成一个在生活上相互关联、相互依赖的大集体。社区康复是以社区为基础的康复。世界卫生组织所强调的定义是：社区康复是启用和开发社区的资源，将残疾人及其家庭和社区

---

① 李强、方晨：《穗拟建 13 个社区精神康复综合服务中心》，载《南方日报》，2013 - 10 - 30。

视为一个整体,对残疾的康复和预防所采取的一切措施。社区精神疾病康复是社区卫生工作的重点之一,目标是要对本社区精神病患者提供终身服务。

精神疾病的传统医学治疗模式主要包括药物治疗、电击治疗、手术治疗等方法,以医生为核心,以症状的解除和减轻为目标,主要的治疗场所为精神病专科医院门诊或住院部、综合医院门诊或住院部。现代精神疾病治疗模式在关注到传统治疗模式的同时,更加注重心理治疗、家庭干预、社会环境改善等方面的积极配合,治疗从以医生为核心转变为以病人为核心,建立医生、护士、心理治疗师、职业训练师、社会工作者、家属(甚至包括病人本人)、社区工作者、志愿者等治疗团队,为病人提供最有益、最可行、最持久的治疗方案,这一过程既涵盖了治疗又涵盖了康复。度过急性发作期的病人在离开医院后,应该建立以社区为核心的服务体系,为病人提供一系列帮助病人恢复社会生活的手段和措施。

综合国内外已经开展的精神疾病的社区治疗与康复的经验,目前的相关工作主要有以下方式:住宿服务、工作与就业服务、个案管理、主动式社区治疗、临床心理服务、公众教育等。这些方式在实际实施中会有所侧重和重合。

(1)住宿服务,也称中途宿舍服务,是指在社区建立专门的宿舍,并配有管理者,为需要帮助的患者提供住宿服务和更适合他们的社会环境。那些刚出院的病人或暂时不适合回家的病人,可以在这些宿舍中居住,白天外出工作,下班后参加住宿服务机构提供的各种心理小组活动或者社交训练,逐步适应正常的社会生活。

(2)工作与就业服务。社区或社区康复机构为出院后的患者提供工作训练教育或者帮助他们上下班、与企业建立联系,以帮助他们适应工作需要。也有一些社区会直接建立适合患者的社会企业。我国的工疗站和农疗基地提供的服务就是精神病患者进行康复和职业适应的重要方式。工疗站和农疗基地能够为精神病康复者及智力残疾人员提供日间托管、康复训练、辅助就业等服务。有些工疗站和农疗基地除了设置与就业相关的训练和场地外,还设置了文化学习区、心理咨询室、文化阅览室等。

(3)个案管理,是指指定某一个或一组人(医生、护士、社工、志愿者)作为个案管理者,确保患者获得全方位、持续性及综合性的全面服务。个案管理者可陪同患者去一所福利机构,或上门家访,或者针对患者的服务召集一次有不同机构人员参加的会议。具体包括以下连续过程:识别个案对象;评估服务需求(包括治疗和护理需求,康复训练等);设计个案管理服务方案;协调与监控服务的内容和质量;再评估服务方案实施质量和效益;修改服务方案并重复运行。

(4)主动式社区治疗。专门为那些适应及功能较差的精神病患者而设计,主要针对每个患者的应对技能、资源能力、缺陷及社区生活需要,采用一种因人而异的社区治疗程序。治疗由团队服务人员随时实施,多在病人家中、邻居及工作场地进行。服务人员要帮助病人进行日常生活,如洗衣、购物、烹饪、梳洗、理财及使用交通工具,还应尽量支持和帮助病人继续学业、寻找工作,或安排其在一个庇护性工场内工作。

(5)临床心理服务。这是指在社区内为需要的患者提供专业的心理治疗和心理辅助,包括个体心理治疗、团体心理治疗、治疗性的自助团体、心理俱乐部等。很多社区还开展社区家庭服务训练，进行相应的家庭教育，提升家庭功能，以帮助稳定期的精神病患者康复，加强其社会生活技能训练。

（6）公众教育。这是指为提升患者的社会环境而在社区内开展的各种教育。其内容可能涵盖诸多方面，例如，对疾病相关知识的了解，帮助患者康复的各种手段，协调家庭关系或进行家庭教育等。

（二）"社会化、综合性、开放式"的中国精神病防治康复模式

1991 年中国残疾人联合会和政府有关部门遵循尽可能使患者在社区接受治疗康复的原则，结合国内外的成功经验和我国国情，创造性地推行了"社会化、综合性、开放式"的精神病防治康复工作，收到了明显效果。

（1）社会化：精神病患者除了在急性发作期外，必须生存于社会环境中，要在开放的社会之中学习适应和成长。同时，精神疾病的预防与整个社会的认知、氛围、行动也密切相关，社会化是针对这一特征的概括。

（2）综合性：精神病防治康复，是涉及卫生部门以外的民政、工会、行政管理、公安、教育、经济等的业务广泛、多学科、跨部门的工作，在管理方面具有很强的综合性。

（3）开放式：开放式是指相对于过于依赖专科医院的治疗模式的改变，综合心理咨询、社会工作、社区管理等多方面的力量，形成开放式的治疗模式。

"社会化、综合性、开放式"，已经成为精神病防治康复工作的基本工作方针，这一方针渗透精神病防治康复工作的各个方面，不仅体现在防治康复方法上，还体现在组织管理体系上，包括预防、治疗和康复工作，乃至对患者的管理。

这一方针也可以概括为"社会化的工作体系，综合性的防治措施，开放式的管理"。在此方针的指导下，我国各省、市、县、街道、乡镇、居（村）委会及千人以上单位层层建立了协调机构——精神病防治康复工作领导小组，并指定专人负责日常工作。各级领导小组由政府分管领导任组长，卫生、民政、公安、残联、财政、计划、劳动和社会保障等有关部分组成，综合协调和组织本地区精神病防治康复工作。有关部门各司其职，齐抓共管，协调运作，社会各界广泛参与。建立以精神病院、综合医院精神科为骨干，以社区为基础，以家庭为依托的精神病防治康复工作系统，承担精神病患者的治疗和康复工作。医疗机构负责诊断病情，提出治疗方案，收治重症患者，深入社区指导，建立家庭病床并定期巡访，积极开展院外服务；社区组织、社区卫生服务网、社区服务网、治安防范网、残疾人组织网，组织调查摸底，积极开展社区精神病防治康复服务，建立工疗站、车间、农场，组织社会就业，促进和帮助精神病患者参与社会生活，并进行检查、评估；居民委员会、村民委员会和千人以上单位与家庭相结合，设立看护组，承担精神病患者的看护、服务和家庭康复工作，如记录病情，督促服药，疏导心理，解决困难，防范自伤与肇事，并视病情做好向医疗机构的转介。

—— 资料窗 ——

香港新生精神康复会工作简介①

"康复"与"身心康盛"一直是本会服务发展的核心理念。我们致力于透过不同形式的社区精神康复服务，让康复者能独立生活，并按照个人的兴趣及能力参与不同的工作，在公开市场就业，在社区参与正常的社交休闲活动，提升个人的生活质素，达致最佳整全健康状况的生活模式。本会的服务范围包括：住宿服务、职业康复服务、社区支持、家属支持、自助工作、精神健康教育。

三、常见的心身疾病问题

心身疾病是一组与心理社会因素密切相关，但以躯体症状表现为主的疾病，主要特点包括：第一，心理社会因素在疾病的发生与发展过程中起重要作用；第二，有明显的躯体症状，如器质性的病理改变或已知的病理生理过程；第三，不属于躯体形式障碍。有关心身疾病的流行病学的国内资料显示，在综合性医院的初诊病人中，有近1/3的患者所患的是与心理因素密切相关的躯体疾病。但非精神科医生很少关注这些患者的心理因素，认为这些是内科的疾病，也很少把这些看成与精神科相关，因此患者往往只接受躯体上的治疗，心理社会因素方面则很少得到关注，从而延误了治疗。心身疾病治疗的关键是在安慰治疗的基础上，对其辅以心理、社会因素干预，提供心理咨询、团体活动或者心理教育，社区是心身疾病康复治疗的重要场所。

常见的心身疾病有以下几种：

1. 进食障碍

进食障碍包括神经性厌食、神经性贪食、神经性呕吐，此类障碍常常与个体与他人的控制关系等心理社会因素相关。

（1）神经性厌食，主要表现为对"肥胖"的恐惧和对形体的过分关注，拒绝保持与年龄、身高相称的最低正常体重。

（2）神经性贪食，主要表现为反复出现发作性否认大量进食，吃到难以忍受的腹胀为止，有不能控制的饮食感觉，患者往往同时十分在意自己的体重和体型，担心发胖，因此在大量进食后常常采用诱发呕吐、药物控制、一段时间的严厉禁食等代偿行为。

（3）神经性呕吐主要表现为进食后自发地或故意诱发地反复呕吐。

2. 睡眠障碍

睡眠障碍包括睡眠症、嗜睡症、睡眠—觉醒节律障碍、睡行症等，常常与个体的心理因

---

① 参见 http://www.nlpra.org.hk/en_index.php。

素和心理适应密切相关，患者常常伴有忧虑或恐惧感，活动效率明显下降。

（1）失眠症，主要表现为入睡困难、易惊醒、多梦、早醒、疲乏感或缺乏清醒感。患者常对失眠感到焦虑和恐惧，严重的还可能因此影响其工作效率或社会功能。

（2）嗜睡症，是指过度睡眠，并且不是由睡眠不足或其他精神疾病或药物所致，患者每天睡眠时间过多，或症状持续一个月以上。

（3）睡眠—觉醒节律障碍，是指由于生活节律的改变，睡眠和觉醒的时间紊乱、反常、无规律，睡眠总时间也无规律，有时可连续两三天不入睡，有时过于早睡或过于早醒。患者白天感觉思维不清醒、记忆差、疏懒、无法有效地工作学习。

（4）睡行症，也被称为梦游症，是指患者在入睡后突然起来活动，常持续数分钟或数十分钟，同时双目向前凝视，不说话，被询问也不回答，难以被唤醒，然后会继续睡觉，醒后对此毫无记忆。

3. 性功能障碍

性功能障碍包括性欲减退、阳痿、阴道痉挛等疾病，常常伴随有紧张感、恐惧感，患者常常对性有不恰当的认知，同时与个体和他人的关系质量有明显的关系。

（1）性欲减退，指与原来相比较，性兴趣、性欲望、性幻想和性活动明显降低，甚至丧失。

（2）阳痿，指成年男性具有正常的性功能，例如在手淫、晨醒时可以正常勃起，但在性交中难以勃起，或勃起不充分或历时短暂。

（3）阴道痉挛，指女性在性交时阴道肌肉强烈收缩，致使插入困难或引起疼痛，导致无法正常进行性行为。

此外，性功能障碍还包括早泄、阴冷、性高潮障碍等。

4. 支气管哮喘

支气管哮喘是一种常见的心身疾病，当患者遇到首次诱发其哮喘发作的类似心理场景时，即使没有相应的过敏源，也可能出现哮喘发作，呼吸困难，引发关注。患者一般具有依赖性强、较被动、懦弱而敏感、情绪化等人格特点。

5. 消化性溃疡

胃肠道是最能表现情绪的器官之一，当患者出现精神疲乏、压力较大、无能感、心理应激等情况时，都可能引起消化性溃疡。

心身疾病的治疗方式包括心理治疗、药物治疗、其他治疗。心身疾病的治疗应强调综合性治疗原则，即在原发病躯体治疗的同时兼顾心理、行为等方面的治疗。原发病的躯体治疗的主要目的是控制或解除症状。要巩固心身疾病的治疗，减少心身疾病的复发，应结合心理治疗与必要的精神药物治疗，综合性治疗常常可以获得更为全面的疗效。

第三节 心理咨询与心理治疗

一、心理咨询与心理治疗的定义

心理咨询是包括谈话、测验、指导、建议等过程，试图帮助个人解决问题、计划未来的一般术语。通常，心理咨询师（咨询心理学家）指一些专门指导婚姻问题、戒毒、职业选择、社会工作等的临床工作者[1]。

心理治疗是指受过专业的训练，采用合法技术的专业人士人对心理、情绪或行为障碍者所进行的具有减缓或治疗作用的技术或措施。由于心理治疗师所采用的理论取向存在差异，在实际运用这个概念时，常常表述为精神分析（心理动力治疗）、行为治疗、认知治疗、家庭治疗、团体治疗等。

美国心理学会咨询心理学分会主席哈恩（Hahn M. E.，1953）曾这样描述心理咨询与心理治疗的区别和联系："就我所知，极少有咨询工作者和心理治疗家对于已有的在咨询与心理治疗之间的明确的区分感到满意的。意见最一致的几点可能是：①咨询与心理治疗是不能完全分开的；②咨询者的实践在心理治疗家看来是心理治疗；③心理治疗家的实践又被咨询者看作咨询；④尽管如此，咨询和心理治疗还是不同的。"[2] 表6-1体现了这两者的相对差异。

表6-1 心理咨询与心理治疗的区别[3]

	心理治疗	心理咨询
接受帮助者	可称作患者，主要有①精神患者；②神经症患者；③精神上受了打击的人；④越轨者	称作来访者或当事人，是在适应和发展方面发生困难的正常人
给予帮助者	①精神病医生，主要接受医学训练，较少经过系统的心理学训练；②临床心理学家，主要接受心理学训练	称作咨询师或咨询心理学家，接受心理学的专业训练
障碍的性质	神经症、人格障碍、行为障碍、心身疾病、性心理变态、处在缓解期的某些精神病等	正常人在适应和发展方面的障碍，如人际关系、学业、升学、就业、婚姻家庭等方面的，也涉及一些变态行为

---

[1] ［美］阿瑟·雷伯：《心理学词典》，李伯黍译，892页，上海，上海译文出版社，1996。

[2] Hahn, M. E. Comceptual Trends in Counselling, Personnel and Guidance Journal, 1953。

[3] 江光荣：《心理咨询与治疗》，2版，15页，北京，高等教育出版社，2012。

续表

	心理治疗	心理咨询
干预的特点	强调人格的改造和行为矫正，重视症状的消除，有的治疗流派不重视患者理智的作用，如精神分析和行为治疗；费时较长，从数周到数年不等	强调教育的原则和发展的原则，重视对象理性的作用，强调发掘，利用其潜在的积极因素，自己解决困难；费时较少，从一次至若干次不等

在实际工作中，心理咨询与心理治疗两者所采用的理论方法常常是一致的；两者的工作的对象常常有很高的重叠性；两者都强调工作的最终目标是帮助来访者成长和改变；两者都十分注重建立助人者和当事人之间的良好的专业关系。虽然如此，两者也存在很多区别：心理咨询的工作对象主要是正常人，正在恢复或已恢复的人；心理治疗的工作对象主要是有心理障碍的人。心理咨询所着重处理的是正常人在发展中所遇到的问题，如人际关系、职业选择、情感等；而心理治疗所着重处理的是某些神经症、变态、行为障碍、身心疾病，以及康复中的精神病人的问题等。心理咨询一般时间较短；心理治疗则费时较长。心理咨询主要在意识层次进行，更重视其教育性、支持性，重点在于找出已经存在于当事人的自身的因素，使其得到发展，或在现在的条件上提供改进意见；心理治疗的更为复杂。心理咨询工作是更为直接地针对某些有限的具体目标进行的；而心理治疗的目的比较模糊，其目标在于重建人的人格。

二、心理咨询与心理治疗的诞生与发展

早在古埃及、古希腊、古罗马时代，就把"言语"作为一种治疗疾病的工具。患者来到"患者睡眠殿堂"接受治疗，治疗者综合运用诸如音乐、药物、重复言语等多种方法使患者入睡，醒后病情霍然而愈。但总体而言，那时的人们认为心理障碍要么是由于精灵附体，要么是神对人的惩罚。治疗主要由神职人员执行，他们要么给予患者支持、宽慰、草药、宗教仪式性治疗，要么用放血、饥饿、叫喊、拷打、禁闭、火烧等各种驱魔方法。

随着科学和医学的发展，人们对心理障碍的认识和治疗也开始进步。一些学者认为，异常行为应该有自然的原因，应该用观察和实验的方式进行研究。他们也开始把这些患者从修道院转到专门收容精神病患者的"疗养院"，并采用人道的方式对他们进行照顾。德国著名的精神病学家埃米尔·克雷佩林从科学的角度和态度对大量的精神病患者的行为进行观察和研究，把精神病看作和身体的其他疾病完全一样的一种疾病，并建立了现代精神病学的基础。

19世纪中叶，英国一名外科医生布雷德（G. Braid）发现催眠现象属于心理现象，是受催眠者长时间注视某一目标所产生的眼肌疲劳，因此他创造了"神经催眠"（Neurohypnology）这一术语。此后，法国的利保尔特（A. A. Liebeault）、伯尔尼海姆（H. Bernheim）、沙可（J. M. Chorcot）等精神科医生又把催眠术当成治疗精神病的主要手段之一。后来弗洛伊

德觉察到童年时期某些造成心灵创伤的经历与晚期出现的精神障碍有关。他重新考虑揭露无意识心理的方法，于是创立了自由联想、梦的解析、移情分析等一系列技术，提出精神分析方法，这成为心理治疗的第一个完整的体系，并成为其他各种心理理论的基础和出发点，极大地推动了心理治疗的发展。在他之后，又陆续出现了行为治疗、当事人中心疗法等十多种治疗流派。

心理咨询始于 19 世纪末美国的指导运动。当时，指导运动一方面是职业指导，主要给年轻人提供职业介绍和职业咨询；另一方面是改善学校教育，强调以人道主义态度对待教育，关心学生的个别差异，主张学校要因材施教，不要只关注那些有天赋的儿童。1942 年，卡尔·罗杰斯出版了《咨询与心理治疗：实践中的若干新概念》一书，第一次将心理治疗与咨询联系在一起。他认为，咨询就是治疗，治疗就是咨询，二者实质上是一回事。在他的影响下，更多的人愿意用"心理咨询与治疗""辅导与心理治疗"等来描述两者的关系。1951 年美国心理学会将咨询心理学会接纳为第 27 分会。咨询心理学独立后，咨询心理学家与临床心理学家、精神科医生、社会工作者密切合作，学科和专业获得迅猛发展。

三、心理咨询与心理治疗的工作过程和主要理论

（一）心理咨询与心理治疗的工作过程

心理咨询与心理治疗的工作过程一般分为开始阶段、指导与帮助阶段、巩固与结束阶段。

1. 开始阶段

开始阶段是心理咨询的第一步，是整个心理咨询的基础。开始阶段需要完成的任务有三项，即建立咨询关系、掌握当事人的资料，以及进行分析、评估。

（1）建立咨询关系。咨询师与当事人必须建立起信任、真诚、接纳的咨询关系。这是心理咨询的起点和基础，这种关系有助于咨询师真实了解当事人的情况，确定咨询目标，也给当事人提供了一种良好的人际关系的范例，使其能在咨询环境之外加以运用，提高人际交往的能力。

（2）掌握当事人的资料。收集与当事人有关的各种资料，通过会谈、观察、倾听、心理测验等方式，了解对方的基本情况及存在的心理问题。通过对基本情况的了解，掌握其过去、现在等各方面的活动及生活方式。需要了解的心理问题涉及多方面，咨询师要通过收集有关资料弄清当事人心理问题的性质、持续时间及产生原因。

（3）在收集资料的同时进行分析、评估。分析、评估是在收集资料的基础上，进一步明确心理问题的实质、程度及原因，并对其作出正确的评估。咨询师要根据不同的问题和问题的不同程度形成工作计划。

2. 指导与帮助阶段

这一阶段也可以称为工作阶段，主要是根据不同的理论取向，按照理论的核心观点和对问题的解释，帮助当事人了解自我，作出负责任的选择。这一过程因当事人的问题、心理发

展程度、环境资源、与治疗师之间的关系发展、其他外部因素等而有长有短，有艰辛有平稳。在工作中，要高度注意保持当事人对自身改变的主动性和决定性，不能使其产生对咨询师的依赖。咨询师和当事人也需要经历这一过程中的各种阻抗和冲突矛盾。治疗关系在这一阶段会起到十分重要的影响，这一阶段的困扰和阻抗都可能因良好的关系而安然度过，也可能因关系的瑕疵和粗糙而酿成遗憾。这一阶段会不断地涉及工作目标的问题，咨询师应该从具体目标、中间目标、终极目标三个层次来设定对当事人的工作目标，聚焦于可实现的具体目标，但具体目标又必须与中间目标和终极目标相一致。咨询理论的目标常常是一种终极目标，而当事人需要解决的问题常常是具体目标。这两者之间应该有内在的一致性。就具体的帮助技术来说，也涉及不同的理论技术的运用问题。对此，我们建议学习者在学习的技术过程中，千万不能望文生义、自我摸索，而要在专家的指引和督导下熟悉掌握技术，之后再用于当事人。同时，要高度注意任何一种技术在一个具体的人身上应用时的各种反应，并有能力及时做出有效的处理。这一能力就如同医生对用药的跟进。

3. 巩固和结束阶段

当治疗的具体目标达到后，就转入了巩固和结束阶段。虽然心理治疗的终极目标是人的完善，但在具体的帮助过程中，若当事人有效地解决了具体问题，并在此过程中获得了自我发展的能力和经验，就可以进入结束阶段了。这一阶段的工作主要是巩固效果和追踪调查。面谈的频率可以降低，主要目标是帮助当事人巩固已有的进步，将获得的经验运用到日常生活中去，并逐步将其内化为当事人的观念、行为方式和能力，使之能独立有效地适应环境。追踪调查应在咨询基本结束后的数月至一年间进行。时间过短，调查结果的真实性难以保证；时间太长，则不能及时了解情况，发现问题，同时也增加了调查工作的难度。

（二）心理咨询与治疗的主要理论

心理咨询与治疗的理论，主要是建立在人格心理学研究基础上的各种不同的理论及其改变技术。研究指出，各种心理咨询与治疗的理论在临床应用中都是有效的，不存在哪种理论的效果明显高于其他理论的研究成果。

据统计，当今存在的心理治疗的方法有400种之多，比如音乐治疗、陶艺治疗、厌恶疗法、内观疗法、游戏治疗，等等。但实际上，咨询师所遵循的理论模式却相对比较集中，基本上以下列理论为主：精神分析（心理分析）理论、认知行为理论、当事人中心理论、行为理论、阿德勒理论、家庭理论、存在主义理论、完形理论、沟通分析理论。有些咨询师会兼用以上某两种或某几种理论的折中理论取向。这里我们主要介绍几种最重要、最基础的心理咨询与治疗的理论。

1. 心理动力学理论

心理动力学理论也被称为精神分析、心理动力疗法、动力心理学、深蕴心理学、心理分析的心理治疗等，指运用语言交流，依据以往历史作用，通过对特殊过程（防御机制）的认识和人际间的相互作用（移情）而使行为发生改变，达到医治病患的目的。精神分析理论在一百多年的发展历程中，分化为多种不同的分支，包括古典精神分析、客体关系理论、自我心理学等。该理论认为，人的人格结构包括本我、自我、超我三个部分，个体早期特别是六岁前的成长环境和经历是导致心理问题的根源，个体早期的发展被弗洛伊德分别命名为口欲期、前生殖器期、潜伏期、生殖器期。在不同时期，个体会形成各种不同的自我防御机制来应对内在的心理冲突。个人的人格改变是通过自由联想、觉察和修通无意识的心理意义实现的，在此过程中，移情和阻抗是最重要的工作内容。自从精神分析开创以来，心理治疗就变成精神医学领域里的一项主要的医疗方式，推动了以心理学的观点来了解和研究精神病理的观念的转变。

2. 行为治疗理论

行为治疗理论是以行为主义理论为指导，按一定的治疗程序来消除或纠正人的异常或不良行为的一种心理治疗方法。行为疗法不同于其他疗法，它不是由一位研究者有系统地创立的一个体系，而是由许多人依据一种共同的心理学理论（行为主义理论）分别开发出的若干种治疗方法集合而成的。行为治疗（矫正）的基础是经典性条件反射和操作性条件反射原理。行为治疗（矫正）强调当前环境事件的重要性，强调对需要矫正的行为程序进行准确客观的行为（操作化）描述，强调对行为初始状态和改变的客观记录和测量。行为治疗重视对导致当前行为的过去原因和个体行为背后的潜在原因。行为治疗的过程主要包括发现靶行为、行为分析、制订并实施行为矫正方案、巩固与结束四个阶段。行为治疗技术是行为治疗中非常有创造性的组成部分，包括系统脱敏技术、冲击疗法、厌恶疗法、生物反馈技术等。

3. 认知理论治疗

认知理论治疗于 21 世纪六七十年代在美国产生，是根据人的认知过程是影响其情绪和行为的内在机制的理论假设，通过认知和行为技术来改变求治者的不良认知，从而矫正并适应不良行为的心理治疗方法。由于文化、知识水平及周围环境背景的差异，人们对问题往往有不同的理解和认知。所谓认知，一般是指认识活动或认识过程，包括信念和信念体系、思维和想象。认知理论认为人的情绪来自人对所遭遇的事情的信念、评价、解释或哲学观点，而非来自事情本身。情绪和行为受制于认知，认知是心理活动的决定因素，认知理论治疗就是通过改变人的认知过程和由这一过程中所产生的观念来纠正本人的适应不良的情绪或行为。认知理论治疗不仅仅针对行为、情绪这些外在表现，而且分析患者的思维活动和应付现实的策略，找出错误的认知并加以纠正。

4. 理性情绪行为疗法

理性情绪行为疗法的提出者美国临床心理学家阿尔伯特·艾利斯（Albert Ellis）认为，不合理的认知和信念引起不良的情绪和行为反应，只有通过疏导、辩论来改变和重建不合理的认知与信念，才能达到治疗目的。梅钦伯姆（Meychenbaum）认为，人的行为和情绪由自我指令性语言控制，而自我指令性语言在儿童时代就已经内化，因此，了解这些内化了的消极语言，然后用语言进行新的积极的自我指令，就可以使人发生改变。阿伦·贝克（A. T. Beck）也指出，心理困难和障碍的根源来自于异常或歪曲的思维方式，通过发现、挖掘这些思维方式，加以分析、批判，再代之以合理的、现实的思维方式，就可以解除患者的痛苦，使之更好地适应环境。

5. 当事人中心理论

卡尔·罗杰斯于1942年出版了令世人瞩目并且奠定了其学术基础和地位的著作《咨询和心理治疗：实践中的若干新概念》，书中否定了当时指导性的心理咨询和治疗方法，重视当事人的情绪而非认知；重视当事人的现在而不是过去；认为咨询关系是当事人成长的重要因素；等等。书中也有第一个严谨的治疗记录和分析（这在当时的技术条件下是非常不容易的）。1951年，他又出版了他最重要的著作《当事人中心治疗》。1957年，他的最重要、最广为人知的论文《治疗性人格改变的必要和充分条件》发表，在心理治疗的历史上，他把治疗关系放在了至高无上的地位。1961年，他出版了极有影响力的一部著作《论成为一个人》，赢得了成千上万的教育家、治疗师、哲学家、艺术家、科学家及普通人的赞赏。在20世纪70年代中期，他把自己的疗法改称为"当事人中心理论"，这时候，以人为中心的疗法已经不仅仅是一种心理治疗的方法，而是一种人生哲学、社会哲学。当事人中心疗法注重当事人的责任与能力，以便发现更能面对现实的方法，强调当事人的现象学世界。咨询师的功能就在于：当事人是通过和眼前这个真正的人的人际关系过程来体会到人际关系上的成长的。这种真诚、温暖一致、准确的共情所营造出的心理气氛，是治疗中的"必要和充分条件"。

6. 家庭治疗

家庭治疗是以家庭为对象实施的团体心理治疗模式，其目标是协助家庭消除异常、病态的情况，以执行健康的家庭功能。家庭治疗的重点不在个人，而是相互之间的沟通、规则，从家庭系统中去解释，个人行为的改变有赖于家庭的改变。家庭治疗的主要理论有心理动力家庭治疗、结构家庭治疗、系统家庭治疗、行为家庭治疗、策略家庭治疗等。

第四节　重性精神疾病的社区管理与服务

一、重性精神疾病简介

（一）常见的重性精神疾病

重性精神疾病是指精神活动严重受损导致对自身健康状况或者客观现实不能完整辨认，或者不能控制自身行为的精神疾病。患者由于大脑功能失调导致认知、情感、意志和行为等精神活动出现不同程度的障碍，表现为幻觉、妄想、思维障碍、行动紊乱等，并且社会生活能力严重受损。常见的重性精神病包括重度抑郁症、精神分裂症、反应性精神病中的反应性木僵、器质性精神病中的感染性精神病、躯体疾病所致精神病、中毒性精神病、老年性痴呆、酒精中毒性精神病、脑外伤性精神病等。大多重性精神病患者都需要住院治疗。2013年7月29日，国家卫生和计划生育委员会印发了《严重精神障碍发病报告管理办法（试行）办法》，该办法规定，精神分裂症、分裂情感性障碍、持久的妄想性障碍（偏执性精神病）、双相（情感）障碍、癫痫所致精神障碍、精神发育迟滞伴发精神障碍六种重性精神疾病，应当实行发病报告。

1. 精神分裂症

精神分裂症，是一种常见的病因未明的精神病，多于青少年期发病，具有思维、情感、感知、行为和人格等多方面的障碍和精神活动的"分裂"（观念与现实的不一致、情感与认知的不一致、思维奔逸跳跃）。大多数患者一旦发病，病程会迁延多年，易复发，多次发病者会转入慢性状态。精神分裂症常常是人们最容易辨认和感受到的精神疾病，事实上，精神分裂症的流行病学统计的发病率一直稳定在总体人口的1%左右，大约有30%的精神分裂症患者会有自杀行为，10%死于自杀。精神分裂症的生物学、社会学、心理学因素都非常复杂。需要十分重视急性发作期之后的维持治疗。

2. 分裂情感性精神病

分裂情感性精神病，是指精神分裂症和情感性障碍并存，两组症状又同样突出的一类精神病性障碍。分裂症状表现为幻觉、妄想及思维障碍等阳性精神病性症状，情感症状为躁狂发作或抑郁发作症状。临床特点表现为分裂性和情感性症状同时出现，或多次反复发作时交替出现情感性障碍或精神分裂症症状，并可伴有意识模糊。在我国，归于"精神分裂症及其他"大条目下（见前文"资料窗"）。据世界卫生组织统计，其患病比例为精神分裂症的13%。研究发现，发病前应激或巨大生活事件对该病的促发因素为60%，同时遗传倾向较明显，家族中有精神病史者占50%以上，高于精神分裂症、躁狂症和抑郁症。

3. 持久的妄想性障碍

持久的妄想性障碍，又称偏执性精神病，系一种病因未明、以系统妄想为主要症状的精神病。据国外统计，时点患病率为0.03%，终生患病率为0.05%~0.1%。多在30岁以后发病。最突出的特征是不可动摇的与现实不符的妄想。患者具有主观、固执、敏感多疑、自命不凡等性格特点，可在夸大的被害妄想支配下采取种种行动，如寻找保护、上诉、攻击他人或自伤。在诊断时需要排除更年期精神障碍、青少年精神障碍。

4. 双相（情感）障碍

双相（情感）障碍，又名心境障碍、情感性精神病、躁狂抑郁症。这是一组情感（心境）显著改变——以情感高涨或低落（可伴或不伴焦虑）为特征的疾病。躁狂发作时，表现为情感高涨、言语增多、活动增多；而抑郁发作时，则出现情绪低落、思维缓慢、活动减少等症状。病情严重者在发作高峰期还可出现幻觉、妄想或紧张性症状等精神病性症状。首发会以抑郁为主，往往一次或者数次抑郁发作后再出现狂躁或轻狂躁的发作。躁狂和抑郁常反复循环或交替出现，但也可以混合方式存在。每次发作症状往往持续相当长时间（躁狂发作持续一周以上，抑郁发作持续两周以上），并对患者的日常生活及社会功能等产生不良影响。据世界卫生组织统计，全球"双障"的发病率为1%~2%，最高可达5%。美国发病率为4%；我国发病率最高地区是深圳，为1.5%。患者自杀风险是普通人群的100倍，25%~50%的患者有过自杀行为，其中11%~19%的人自杀身亡。

5. 癫痫所致精神障碍

癫痫所致精神障碍，又称癫痫性精神障碍，原发性及症状性癫痫均可发生精神障碍。癫痫患者在癫痫发作前、发作时、发作后或发作间歇期表现出精神活动异常，有的患者甚至表现为持续性精神障碍。发作前可能表现出焦虑、紧张、易激惹、冲动、抑郁、淡漠或一段时间的愚笨或自主神经功能紊乱，如胃纳减退、面色苍白或潮红、消化不良等前驱症状；发作时会出现幻觉、记忆障碍、思维中断、异常的恐惧感或幸福感，或抑郁焦虑，还伴有头痛、头胀、腹痛、恶心、流涎、呕吐、心悸、脉快、呼吸急促或暂停、出汗、面色苍白或潮红、体温改变等症状，出现意识模糊下的行为或动作，如反复咀嚼、吞咽、吐痰、扮鬼脸、转头，或无目标、不自控的走动、跑步、搬动东西或自言自语等；发作后出现意识模糊、定向障碍、反应迟钝，或出现生动幻视、自动症及躁动狂暴行为，一般持续几分钟至数小时，少有持续数天或数周之久者。

6. 精神发育迟滞伴发精神障碍

精神发育迟滞伴发精神障碍，是指精神发育迟滞，伴发其他形式的精神障碍的双重诊断。精神发育迟滞与智力缺陷密切相关。轻度精神发育迟滞者的智商为 50～69 分，躯体一般无异常，语言发育迟滞，适应社会能力低，能自理生活，可从事简单的劳动，但有明显的学习困难；中度精神发育迟滞者的智商为 35～49 分，能部分自理日常生活，语言、运动功能和技巧明显落后，缺乏学习能力，成年时期不能完全独立生活；重度精神发育迟滞者的智商在 20～34 分，缺乏社会适应能力，日常一切生活须别人照护，不知危险，言语发育障碍，运动功能受限，常伴有癫痫、先天畸形；极重度精神发育迟滞者的智商低于 20 分，有明显的先天畸形，无法自理生活，不会讲话，不会走路。

精神发育迟滞伴发精神障碍患者同时伴有其他精神障碍的可能性是一般人的4～6倍，所有其他精神障碍均有可能出现在精神发育迟滞患者身上，同时由于智力较低，症状会因个人差异而出现很大的变化。如伴精神分裂者，突出表现为思维贫乏、作态和刻板姿态，如有幻觉、妄想，则内容较简单、重复；如伴抑郁症，突出表现为悲哀表情和激越行为；如伴癫痫，则智力水平越低，癫痫程度越重，控制癫痫发作越难，合并的行为及个性障碍也更突出。一般发病年龄较早，临床症状偏重于行为紊乱。

（二）重性精神疾病的治疗与康复

重性精神病患者依靠心理治疗、认知行为治疗往往不能有效缓解，此时住院治疗和药物治疗起着至关重要的作用。重性精神病的治疗周期长、易复发，有些要终生服药，不仅患者无法很快地恢复社会功能，其家人也常常因需要照料患者而无法正常工作。虽然我国大部分地区对重性精神疾病都能够提供免费或医保治疗，但事实上，重性精神病患者的就医现状并不容乐观。据统计，我国重性精神病患者约1 600万，只有20%能够有效就医治疗。这既有目前我国的专科医院及病床和医生人数有限的原因，也有其他多种原因，例如，患者及其家属无法判断有效的资源而耽误治疗，或是患者和家人没有能力获得这些资源，因无法获得除医保外的维持医疗的基本生活条件而放弃治疗，或者因为污名化（指由于疾病而带来的社会羞耻感或鄙视）的原因而拒绝求医。对此，有学者建议建立以政府为主导、以充足专项救助资金为后盾、以尊重精神病人及亲属监护权为基础、以民政部门救助与监护为强制措施的长效管理体制，将精神病患者的治疗与监护上升到公共事业的地位，解除精神病患者救治和社会康复所面临的经费困难。

在求医过程中，由于其疾病性质，发作期重性精神病患者自己已很难做到正确服药，必须由家人协助完成。家人在协助患者服药时需要注意：发作期患者一般都不承认自己有病，大多数不愿意服药。对此，家属可找患者最信任的人来耐心劝说。若无法让患者按时服药，可以请医生把口服药物改为肌肉注射或静脉注射。此外，要重视恢复期坚持服药的重要性。通常，重性精神病患者病情稳定后要坚持服药 2~3 年。很多患者和家属往往服一段时间的药就自行停药，甚至怕患者服抗精神病药影响脑子和身体而提前停药，而这往往造成了疾病的再次复发。在恢复期维持治疗期间，一定要定期到门诊检查，以便医生根据病情调整药物。

二、重性精神疾病的社区管理与照顾

（一）重性精神疾病的社区管理

国家卫生和计划生育委员会《严重精神障碍发病报告管理办法（试行）》规定，精神分裂症、分裂情感性障碍、持久的妄想性障碍（偏执性精神病）、双相（情感）障碍、癫痫所致精神障碍、精神发育迟滞伴发精神障碍六种重性精神疾病，应当实行发病报告。对已经发生危害他人安全行为或者有危害他人安全危险的严重精神障碍患者进行发病报告，主要基于两个方面的考虑：一是严重精神障碍患者病情严重，尤其在急性发病期需要尽快尽早进行救治，否则有可能危害个人及他人。对这部分患者进行发病报告，对优先提供救治服务十分必要。二是对已经发生危害他人安全行为或者有危害他人安全危险的严重精神障碍患者进行发病报告，有助于卫生、民政、残联及社区治安管理等部门加强合作，共同对患者进行救治、帮扶和管理，有助于最大限度地减少此类患者对他人及社会的危害，保护公共安全。这一办法的出台，标志着国家对重性精神疾病的重视和管理思路，重性精神疾病开始建立国家级的信息管理系统，医疗机构是责任相关单位。在统一信息管理的基础上，医疗机构还需要为病人建立一般居民健康档案，每年至少随访 4 次，并对患者和家属进行康复指导。

—— **资料窗** ————————————————

严重精神障碍发病报告管理办法（试行）[①]

第一条 为做好严重精神障碍发病报告管理工作，根据《中华人民共和国精神卫生法》（以下简称精神卫生法）的规定，制定本办法。

第二条 国家建立重性精神疾病信息管理系统（以下简称信息系统），严重精神障碍发病信息是该信息系统的组成部分。

---

① 人民网，http：//www.nhfpc.gov.cn/jkj/s5889/201308/bd5d4e6d9fa14a96bb0dc01dababd75b.shtml，2013－09－02。

第三条 医疗机构应当对符合精神卫生法第三十条第二款第二项情形并经诊断结论、病情评估表明为严重精神障碍的患者,进行严重精神障碍发病报告。

第四条 具有精神障碍诊疗资质的医疗机构是严重精神障碍发病报告的责任报告单位。责任报告单位应当指定相应科室承担本单位的严重精神障碍确诊病例的信息报告工作,相应科室应当指定专人负责信息录入或报送。

精神科执业医师是严重精神障碍发病报告的责任报告人。精神科执业医师首次诊断严重精神障碍患者后,应当将患者相关信息及时报告前款规定的负责信息报告工作的科室。

第五条 责任报告单位在严重精神障碍患者确诊后10个工作日内将相关信息录入信息系统。不具备网络报告条件的责任报告单位应当在10个工作日内将患者相关信息书面报送所在地的县级精神卫生防治技术管理机构。

县级精神卫生防治技术管理机构接到不具备网络报告条件的责任报告单位报送的患者相关信息,应当在5个工作日内录入信息系统。

第六条 责任报告单位发现已报告的严重精神障碍患者有精神卫生法第三十五条第一款情形,经再次诊断或者鉴定不能确定就诊者为严重精神障碍患者的,应当在下月10日前通过信息系统进行修正。不具备网络报告条件的责任报告单位应当及时书面报送当地的县级精神卫生防治技术管理机构,由其在下月10日前通过信息系统进行修正。

第七条 严重精神障碍患者出院的,责任报告单位应当在患者出院后10个工作日内将出院信息录入信息系统。不具备网络报告条件的责任报告单位应当在10个工作日内将患者出院信息书面报送所在地的县级精神卫生防治技术管理机构。

县级精神卫生防治技术管理机构收到不具备网络报告条件的责任报告单位报送的出院信息,应在5个工作日内录入信息系统。

第八条 县级精神卫生防治技术管理机构应当在严重精神障碍患者出院后15个工作日内,将患者出院信息通知患者所在地基层医疗卫生机构。基层医疗卫生机构应当为患者建立健康档案,按照精神卫生法第五十五条及国家基本公共卫生服务规范要求,对患者进行定期随访,指导患者服药和开展康复训练。

第九条 各级卫生计生行政部门、精神卫生防治技术管理机构、严重精神障碍责任报告单位、基层医疗卫生机构应当严格保管严重精神障碍患者信息,除法律规定的情形外,不得向其他机构和个人透露。

第十条 各级卫生计生行政部门对本地区严重精神障碍发病报告管理工作实行监督管理。

第十一条 各级精神卫生防治技术管理机构承担本地区严重精神障碍发病报告的业务管理、人员培训和技术指导工作。负责对本地区严重精神障碍发病报告信息进行审核、管理、数据分析及质量控制,及跨区域就诊确诊病例的信息转送工作,以及本地区信息系统的日常维护及运转。

第十二条 严重精神障碍发病报告的责任报告单位应当定期对本机构内部严重精神障碍发病报告工作进行自查。

县级以上地方卫生计生行政部门将严重精神障碍发病报告列入医疗机构考核范围,组织对本地区严重精神障碍患者发病报告工作进行督导检查，对发现的问题及时予以通报，并责令限期改正。

　　第十三条　精神分裂症、分裂情感性障碍、持久的妄想性障碍（偏执性精神病）、双相（情感）障碍、癫痫所致精神障碍、精神发育迟滞伴发精神障碍等6种重性精神疾病，符合本办法第三条规定情形的，应当实行发病报告；不符合本办法第三条规定情形的，应当按照现行国家基本公共卫生服务规范及其他有关规定进行登记管理。

　　第十四条　精神卫生防治技术管理机构，是指由各级卫生计生行政部门指定的承担本地区精神卫生防治技术指导与日常管理任务的精神专科医院、设精神科的综合医院或疾病预防控制中心。

　　第十五条　本办法自发布之日起施行。

（二）重性精神疾病的社区照顾

　　1970年，威斯康星大学的精神病学家伦纳德斯坦（Leonard Stein）和社会工作系教授玛丽·安·苔丝（Mary Ann Test）推出替代住院治疗的选择性计划，最初称之为"社区生活训练"，后改为"积极性社区治疗计划"，或称"流动社区治疗运动"，对严重精神病患者提供全面的、连续的照顾。积极社区治疗模式需要多学科的小组合作，发挥个案管理员的功能，主张由精神科医生、心理学家、社会工作者、护士、康复工作者、精神疾病技师等组成连续照顾小组，提供每周7天的服务。该模式没有个人个案工作量要求，但要求小组中的任何一个成员都能为案主提供连续的照顾，小组形式也激发了创造力和活力。小组全体工作人员每周提交案主的现状报告，并协调他们的工作。

　　社区照顾的实践者们相信：持久而严重的精神病患者有能力在支持下生活于社区之中；这些人具有可发展和提高的能力；严重精神病患者易遭受压力、依赖和贫困等经常性危机范例的侵袭；严重精神病患者有能力成长、改变、学习和改善其心理和社会功能；对众多严重精神病患者而言，他们在经常所处的环境中学习最有效，学习是渐进和递增的过程；严重精神病患者享有公民的权利和义务，只要他们不违法或妨碍他人，就有言论、机会和自主的自由；严重精神病患者有权代表他们自己参与服务计划和制定知情决策；如果案主同意接受家人的帮助，那么家人是康复和计划过程的潜在合作者。社区有责任将严重精神病患者整合于社区之中，并建立符合案主需要的服务连续体；案主的治疗应该是最少侵入性且最具治疗效果的，并应在与案主需要一致的最少限制的环境中进行；社区有责任为该人群提供长期的和无限期的服务。

　　在社区照顾的具体实施中，要注重在案主的原有生活环境之中定期、持续地且在危机之时积极接触案主；承认案主对社区照顾的依赖性，更支持其自主性的改变动机；在社区生活环境中逐步训练其所需要的技巧，并运用行为干预的理念，在案主于其获得进步之时及时给予强化和支持；帮助案主获得与其支持和服务需求相一致的各种条件。在医院同意和案主具备其应对新环境的能力时，决定帮助案主申请中途宿舍、单独住房或者合居住房；鼓励案主使用社区资源；与社区代表合作，帮助他们将严重精神病患者融入社区；在个体与社区层面为案主呼吁；社区照顾小组应在问题的早发期就能够预防和干预案主的问题，在案主问题处于危机时期时能够替代医院的干预，以避免其住院；个案管理角色要与社会工作价值、心理社会康复目标和 CCS 原则①保持一致；协助案主在社区建立原有生活的支持体系；与严重精神障碍患者的家人建立建设性、合作性关系。

三、针对抑郁症、焦虑症、物质依赖与滥用患者的社区服务

（一）针对抑郁症患者的社区服务

抑郁症是一种心境障碍，有 6%~20% 的人口在一生中会发病，这是现代社会中最常见的精神疾病。发病时患者深感失落、愤怒、心灰意冷、悲观失望，产生无用感、罪恶感，出现行动迟缓等，最普遍的感受是难以驱散的痛苦，甚至会诱发或实施自杀。美国精神障碍诊断与统计手册对抑郁症的分类包括：躯体疾病所致的心境障碍、物质所致的心境障碍、单相障碍、双相障碍、重性抑郁障碍、具有抑郁心境的适应障碍、轻度抑郁障碍、产后烦躁障碍、反复发作的短期抑郁障碍和混合性抑郁焦虑。

住宿服务、工作与就业服务、个案管理、主动式社区治疗（例如我国的社区工疗站、农疗基地等方式）、临床心理服务、公众教育等社区精神康复手段，都可以有效运用于抑郁症患者。

有研究者推荐对抑郁症患者进行人际关系治疗。人际关系治疗实际上是团体治疗的一种形式。该方法认为，抑郁是在人际和社会情境之中形成的，基因、环境压力、人格特点、早期经历以复杂交织的方式形成了抑郁的病因和病理。针对抑郁症患者的人际关系治疗的形式通常是 12~16 周，每周 1 次，每次 1 小时。治疗的理论基础是人本的温暖、不评价、无条件的积极关注；案主为其改变负责。干预过程分为开始阶段、中间阶段和结束阶段。开始阶段（3~4 次）的主要任务是确定诊断并签订治疗合约，收集案主个人史症状和当前功能等信息，用量表评估案主的症状，向案主解释抑郁症和治疗方案。在案主的人际情境中收集关于其生活轮廓和重要他人、生活事件等的信息，选择悲伤、人际冲突、角色转换、人际缺失等治疗主题。中间阶段（5~8 次）的任务是在治疗主题的框架下工作，治疗主题包括悲伤、角色转换、人际冲突、人际缺失四个方面。结束阶段（3~4 次）的主要任务是处理分离，并为未来做准备。

（二）针对焦虑症患者的社区服务

焦虑是一种紧张和恐惧状态，是对威胁或危险做出的正常的人类反应。当焦虑体验的频率和强度过高，与刺激不成比例，影响到人的心理社会功能时，焦虑便成为精神障碍的一类。据统计，焦虑症的一年期患病率是 17%，终身患病率是 25%。30% 的女性和 19% 的男性在一生中遭遇过此病。在精神障碍的人群中，药物依赖的终身患病率最高，其次就是焦虑障碍。女性患者多于男性患者。低收入和低教育水平者更容易表现出焦虑障碍。

焦虑可以分为成长性焦虑和神经性焦虑。成长性焦虑指有助于个体发展和适应的焦虑感，神经性焦虑指导致障碍的过度焦虑。

---

① CCS 原则：Continuous，持续的；Coordinating，整合协调的；Self determination，自决的。

焦虑障碍的类型主要包括：①惊恐障碍，以对未预期的恐慌侵袭和对预期的复发焦虑为特征；②广场恐惧，对似乎无助的地方或情境表现出害怕和逃避反应；③社交恐惧和特定恐惧，指对预期在人们面前的行为和被他人观察的情境的非理性恐惧；④广泛性焦虑障碍，这是一种普遍而长期的恐惧反应；⑤强迫障碍，特征是持续、非理性、令自己讨厌的思维和意向，以及刻板和仪式化的行为；⑥创伤后压力障碍，指对感到威胁自己或他人的生命，或者威胁到躯体完整的事件的焦虑反应质所致的焦虑障碍；⑦血糖低、心衰、肺病、脑炎、酒精、可卡因、咖啡因等导致的焦虑。

认知行为治疗被认为是对焦虑患者（特别是惊恐障碍和伴有广场恐惧的患者）有效的心理治疗方式。这一方案可以运用于医院、学校、社区等广泛的场所，一般由每周一次、共10～15次的面谈构成，可以是个体的咨询形式，也可以运用于团体咨询，主要包括五个工作主题。第一个主题（1～2次）是介绍治疗环节，教导案主什么是恐慌发作，解释和说明治疗方案，要求案主描述他们的经历，记录每天心境、焦虑强度和特别症状。第二个主题（3～5次）是练习过度换气和深呼吸，直到症状消失，解释认知重建，了解夸大恐慌的后果和灾难化倾向。第三个主题（6～9次）的焦点转移至内在暴露，引入内在暴露练习，推进到引发案主躯体感觉而回避的自然性任务上，引导出认知并进行重构。第四个主题（10～11次）是回顾家庭作业，讨论暴露情境。可带入重要他人，并提供可用的多人练习。第五个主题是（12～15次）与重要他人一起参与回顾并探索可能遇到的困难，计划新的任务。这个主题是工作的结束阶段，因此通常可以每两周一次。

（三）针对物质依赖与滥用患者的社区服务

资料显示①，美国有 27% 的 15 岁以上人口在其一生中有酒精依赖等物质依赖或滥用问题，这一数据显示出物质依赖与滥用问题的普遍性和严峻形势。CCMD 和 DSM 所描述的"精神活性物质所致精神障碍"与物质依赖与滥用一致。这些物质常常是可影响精神活动并可能导致成瘾的物质。常见的精神活性物质有酒精、鸦片、大麻、催眠药、抗焦虑药、麻醉药、兴奋剂、致幻剂和烟草等。除依赖与滥用外，患者还有可能导致其他精神障碍，如中毒、戒断综合征、精神病性症状、情感障碍，以及残留性或迟发性精神障碍等。

实际上，这是一种慢性恢复的疾病，但在许多健康照顾和健康保险计划中很少对此类病人提供持续性的照顾，反而主要是采用急性治疗模式来治疗和评估疗效。对于物质依赖与滥用患者，在治疗和康复过程中，支持性心理治疗十分重要。病人大多意志薄弱，对治疗缺乏信心，因此必须经常鼓励和支持病人坚持治疗，鼓励病人参加各项文体活动，转移其对瘾药的注意力。家庭和单位的社会支持，对病人出院后的巩固疗效十分关键。出院后应坚持门诊观察两年，预防复发。建议建立起治疗与辅助住房、辅助就业、积极社区治疗小组等多方位治疗的整合疗法。在疗效评估时，既要关注病人的改变，也必须同样关注辅助治疗体系的效

---

① Roberta G. Sands：《精神健康：临床社会工作实践》，412 页，何雪松、花菊香译，上海，华东理工大学出版社，2003。

果，比如在评估和服务中考虑到案主及其家庭等要素。

⟴ 本章回顾

内容小结

本章主要从临床心理学的角度介绍社区在临床心理学应用中的途径和作用。

在现代社会中，与临床心理学相关的心理健康已经是人的健康的重要组成部分。生理心理社会视角的医学模式，更加注重社区在促进心理健康，在帮助精神病患者和心理障碍患者中的核心而重要的作用。虽然我国大力推动的是医院治疗加社区康复的精神卫生模式，但在世界上许多国家，特别是在发达国家，以社区为中心的精神障碍的治疗与康复模式已经实施了半个多世纪，并在临床中取得了明显的效果。随着精神科药物的普遍使用，社区在精神健康中的作用日益突出。但在社区治疗与康复中，治疗组织体系的构建、治疗投入的预算、本土文化下的相关问题，都值得关注和研究。

关键词

临床心理学　心理健康　精神疾病　精神障碍　心理障碍　社区康复　身心疾病疼痛症
重性精神疾病　抑郁症　焦虑症　物质依赖与滥用

⟴ 思考与练习

一、简答题

1. 心理健康、心理障碍、精神疾病三者是怎样的关系？
2. 什么是去机构化运动？
3. 社区应该如何开展心理健康服务？
4. 如何在社区开展针对抑郁症、焦虑症患者的治疗与服务？
5. 什么是重性精神疾病？什么是重性精神疾病报告制度？
6. 列出5种常见的精神疾病类型，并查阅资料了解各种疾病的症状和表现。

二、论述题

全球精神卫生组织专家在印度开展的针对低收入和发展中国家的精神分裂症的临床研究对我们的社区心理健康工作有怎样的启示？

三、案例分析

请以你生活中接触到的一个精神患者或有心理障碍的人为例，在不对他（她）有可能造成伤害和影响的情况下，尽可能多地通过各种线索了解他（她）的状况，然后从生理心理社会的视角，收集并分析他（她）的资料，并从社区精神康复的视角尽可能多地提出可能对他（她）有益的各种建议。

第七章 社区归属感、社区精神及社区抗逆力

本章概要

本章介绍社区归属感、社区精神、社区抗逆力等与社区密切相关的概念，这些概念构成社区心理学的独特而重要的内容。

社区归属感是指社区居民把自己归入某一地域人群集合体的心理状态，这种心理既有对自己社区身份的确认，也带有个体的感情色彩，主要包括对社区的投入、喜爱和依恋等感情。社会学家普遍认为，社区归属感是影响社区存在和发展的重要因素，是社区最本质的特征。

社区精神是一个结合了社区归属感和社区抗逆力的具有中国本土特色的概念，也是国内社区研究比较集中的一个领域。

抗逆力是指个体在面对苦难和挫折时的适应和回复能力。抗逆力高的人能更容易地从压力情境下的消极情绪中恢复过来，进而得到更好的成长。在面对重大灾害时，作为应对风险的直接主体，社区成了承担抗灾援助的最小单位，因此社区抗逆力的概念是指社区作为一个社会单位，面对风险和挫折时的适应和回复能力。

学习目标

了解社区的概念变迁；理解社区归属感的内涵；理解社区归属感的影响因素；了解以居民为中心的社区建设的必要性；掌握社区精神的内涵与特点；了解社区精神的功能及培育途径；掌握社区抗逆力的内涵、构成要素，以及社区抗逆力与突发事件的关系。

学习建议

对于第一节，应当了解社区概念的变迁过程；从社会变迁的角度明确研究社区归属感的必要性，懂得社区归属感的影响因素及培育社区归属感的途径。

第二节的学习重点在于明确现代社区精神的内涵与特点，理解社区精神的功能及培育和塑造社区精神的方法。

学习第三节时应重点了解社区抗逆力的内涵，并结合自己生活的社区，分析本社区的社区抗逆力现状及提升策略。

引　言

上千年以来的乡村，有亲缘关系的村民相聚而居，共同劳动，创造了历时久远的身份和情感的归属。20世纪90年代以前，一个大院里的城市居民，大多工作在同一个单位，相似的文化水平、工作领域与生活方式，创造出另一种密切的邻里关系，以及认同感、归属感。但随着住宅的商品化，以及城市化速度的加快，在短短的时间里，以前的巷陌、里弄逐渐消失了，通过有效改善市民居住条件，商品房小区取而代之，形成了城市里的一个又一个"圈子"。"独门独户"的生活让现在的市民越来越缺少邻里间的交流。那么，在现代社会，如何才能实现邻里守望的社区意蕴？如何才能增强居民的社区归属感？如何才能让社区成为居民心仪的场所？

第一节　社区归属感

一、社区归属感的界定

社区是人类群聚生活的栖息地和群体心灵的归属地。提起社区，人们自然而然将会想到德国社会学家费迪南德·滕尼斯（Ferdinand Tönnies）。在他的《社区与社会》一书中，滕尼斯提出，社区内人们之间的关系是一种亲密的、合作的、真挚同质性的关系，社区关注的不仅是成员的地域共同体，还包括血缘共同体和精神共同体，社区是一个社区成员有强烈的社区归属感、彼此间关系亲密、出入相望、富有人情味的社会团体。在滕尼斯的研究之后，一些学者在其研究基础上提出了"三要素"的观点：第一是物质要素，也就是社区的物理空间环境；第二是社会要素，也就是社区成员的交往互动程度；第三是心理要素，这是指社区成员对社区的认同和归属程度。此后，一些学者还提出了"四要素"说和"五要素"说，但无论何种观点，他们的共同之处就是都把社区的心理因素也就是社区归属感作为社区构成不可缺少的一环。从以上陈述可以看出，社区归属感是社区构成中不可缺少的一个要素。

在心理学上，社区归属感描述了社区成员个体在地域集群下产生的认同和依恋等主观心理体验。所谓社区归属感，是指社区居民把自己归入某一地域人群集合体的心理状态，这种心理既有对自己社区身份的确认，也带有个体的感情色彩，主要包括对社区的投入、喜爱和依恋等感情。社会学家普遍认为，社区归属感是影响社区存在和发展的重要因素，是社区最本质的特征，离开了社区成员的社区归属感，社区的地域性和群体性都变得毫无意义。社区归属感可分为社区地域归属感和社区成员群体归属感两类。社区地域归属感是基于生活、劳动就业方式、潜在发展机会及可利用社会资源等物质经济条件而产生的对该社区的认同和依恋，它主要影响人们的迁入、定居或迁出；而社区群体归属感则是居民基于对社区群体的存在状态、运行模式及自己在群体中的地位和作用等因素的认知而产生的对该群体的认同和依恋，它是群体凝聚力的重要源泉。

社区作为社会的基层组织，存在于其中的归属感无论对于社区还是社区居民都有重要意义。对社区而言，社区归属感表现为居民认可的社区亲切感和向心力，有助于维持社区乃至整个社区的稳定与和谐，是保持社会稳定的整合机制；对社区居民而言，社区归属感为居民提供了一种除家庭之外的感情寄托的场所，有助于消除社区居民的孤独感和离群感，也有助于居民将个人目标和社区目标结合统一起来，有助于社区的发展和社会目标的实现。

随着我国现代化和社区化建设的深入，人口的密集性和流动性不断加大。与此同时，居住模式的变迁和社会的多元化发展也极大程度地分化了个体的志趣和观念。这一切使得社区人群的同质化大大降低，而体现出的异质性不断上升。在这种情况下，人们的社区归属感将日渐消弭。正如滕尼斯所言，"社区生活的特征——正式的、契约性的、非人格化的、专门化的关系"代替了朋友、血缘关系，人们间的关系变得短期化、表层化、无名化。虽然人与人的物理距离大大缩短，人际关系却日益疏远，而这也引发了一系列社会问题。以致如今，全社会都在不遗余力地重拾人际关系，在陌生的社区中寻求归属感。只有对社区具有真正的归属感，人们才会觉得自己和社区及社区中的其他人有相互依赖的关系，否则，就只是被地域限制在一起的个体。

二、社区归属感的影响因素

普遍来说，人们在社区内的社会关系越多，参与的社区活动越频繁，所感受到的社区归属感就越强烈。具体而言，个体在社区内的活动和交往越能满足其个人志趣和价值，其获取的社区归属感越能得到增强。此外，对居住条件的认同程度也影响着社区归属感，对社区内部提供的设施和服务以及周边环境的评价都影响着居民的心理感受。换言之，那些更愿意成为所居住社区的居民的人，所拥有的社区归属感更强。

周晓虹在《现代社会心理学》一书中指出，根据西方社会学家和我国社会学工作者在社区归属感方面的研究可以发现，影响居民社区归属感的主要原因有五大方面，分别为：①居民对社区生活条件的满意程度；②居民的社区认同程度；③居民在社区内的社会关系；④居民在社区内的居住年限；⑤居民对社区活动的参与程度。还有学者根据对社区居民的实证研究得出结论，影响社区居民社区归属感的最重要因素是社区居民的社区满意度。

居民对社区活动的参与程度是影响社区认同感形成的主要因素之一，居民对社区参与越多，社区归属感和认同感也就越强。社区要想将越来越松散、越来越游离的"社会人"有效地组织起来，使社区居民主动承担起维护社会稳定和民族团结的公民责任，激发社区居民建设社区的主人翁意识，使社区组织真正成为社区居民的主心骨和坚强领导核心，就必须强化居民的社区意识、培育居民的社区归属感。

三、培养社区归属感的途径①

当前很多社区成员对社区的认同感和归属感处于弱势状态，表现为：居民对社区认知不够。部分居民，甚至一些机关干部，对社区建设这一与自身生活息息相关的工作知之甚少，对社区管理、社区建设缺乏正确的认识。居民邻里意识淡薄，也是社区居民对自己的社区缺乏认同感和归属感的体现之一。

（一）完善社区自治体制，增强社区居民自治意识

社区自治和参与是社区认同和归属的核心价值。完善社区自治，关键是要落实《社区居民代表会议议事规则》《社区自治章程》与"居规民约"，成立社区代表大会，由社区代表大会选举产生社区居委会及其他社区组织。社区居委会、社区范围内的业主代表大会、物业管理委员会及其他中介组织都要对社区代表大会负责，进而跳出政府主导下的社区居委会行政化运作模式，在党和政府领导下，真正使社区居民在社区中当家做主。通过这种社区自治模式，按民主程序决定社区重大事项，激发社区居民参与社区事务管理的主动性和积极性，增强社区居民的民主自治意识，不断提升社区自我教育、自我服务、自我管理和自我监督的水平，增强社区居民的认同感和归属感。

（二）提高服务水平，增强社区凝聚力

首先，社区要结合本社区固有的特点，联系实际，着力解决居民反响强烈、要求迫切、矛盾聚集的热点、难点问题，多为群众办实事、办好事。通过解决社区居民的具体生活困难和问题，使社区居民在社区建设中得到实实在在的利益，进而削弱社区居民的疏离感，增进社区居民的认同感、依赖感、归属感。

其次，社区服务应针对不同居民的情况分层次进行有效服务。对经济困难居民，侧重于物质上的帮助和扶助；对于经济条件较好但在照顾子女或老人方面存在困难的居民，应以提供信息服务、帮助监护服务为主。满足不同种类、不同层次的居民需求，既可以在一定程度上解决居民群众的实际生活困难，又可以增进邻里的感情，从而增强社区凝聚力。

最后，深入走访群众，排查调处矛盾纠纷，及时消除各种不稳定因素，维护社区稳定，建立和谐、安全的社区软环境，提高居民生活满意度，增强社区凝聚力。

（三）创新社区活动载体，激发居民参与活力

通过开展思想教育、伦理道德、科学知识、法律常识、文化娱乐等活动，使居民积极参与到社区活动中来，使群众觉得这些活动看得见、摸得着、做得到、能共享。通过评选学习型家庭、科普型家庭、学法守法家庭等特色家庭等活动，提高居民参与创建活动的积极性。组建社区文体队伍，让社区文体骨干能有机会参与到社区活动中来，带动更多的人一起娱乐、休闲。通过组织形式多样、健康有益的文化、体育、科普、教育、娱乐、互助等群众性活动，加强社区成员间、不同群体间的社会团结，激发他们"热爱社区、建设社区"的热情。

---

① 陈微：《如何培养居民的社区归属感》，载《中国民政》，2002（4），24～25页。

（四）开展特色社区创建，提高社区文化的维系力

在对社区资源进行充分调研的基础上，根据各个社区的不同特点，开展相应的特色社区创建活动，力争打造一批自治型、文化型、服务型、学习型和安居型等特色社区，形成各自社区建设的统一理念，培育社区居民共同的价值体系、伦理观念和道德规范，提升社区人群的文化维系力。

（五）加大宣传力度，营造"社区是我家"的浓厚氛围

做好宣传工作，要让社区居民了解、熟悉社区服务的各项职能，发挥好党和政府联系群众的桥梁、纽带作用，做到上情下达，下情上传。通过社区宣传阵地，宣传社区的服务宗旨、服务内容、工作性质，特别要抓好居民代表、居民巷道（楼）长、党员干部的宣传教育工作。结合开展有关社会、法律、道德、科普知识与文化艺术等的宣传活动，大力宣传社区的好人好事。通过针对性的宣传教育、群众性的创建活动，宣传群众最关心的事，让社区居民走进社区、认识社区、信任社区。

（六）加强教育培训，建立一支专业的社区干部队伍

目前在社区第一线工作的社区工作者，多数未经过社区工作的专门培训，社会工作能力欠缺，对于如何促进居民参与，发展居民新的共同价值观，扩展各类居民的活动范围，促进居民间相互适应与合作，还力不从心，在社区建设中不可避免地重复单调的工作内容，且工作方法陈旧，很少有所创新，难以激发居民参与热情。因此，加强对社区干部进行业务培训的力度，不断提高他们的业务水平、政治素质和工作能力，培养一批有较强专业知识的社区干部队伍，势在必行。

四、以居民为中心的社区建设

社区建设是我国社区经济社会发展到一定水平、一定阶段的必然产物，是社区现代化建设的重要基础。社区现代化的实现离不开广泛的社区参与。社区发展的根本目的在于通过居民的积极参与，锻炼、提高社区参与和社区自治的能力与水平。居民参与是社区参与和社区自治的主体，社区自治是居民参与的高级形式，也是居民参与的制度保障条件之一。然而，现阶段我国的社区居民参与积极性不高，参与质量较低，已成为制约社区进一步发展的瓶颈。如何有效调动社区居民参与的积极性，提高参与的有效性，已经成为十分重要且迫切的问题。

社区的居民是社区治理中最主要的参与对象。社区治理与政府行政管理不同的是，其权力运行方式并不总是单一的、自上而下的。社区治理并不能通过发号施令、制定执行政策等来达到管理目标，而是通过协商合作、协同互动、协作共建等来建立对共同目标的认同，进而依靠居民内心的接纳和认同来采取共同行动，使居民联合起来对社区公共事务进行良好的治理。多维度、上下互动的过程使得社区治理源于人们的同意和认可，而不是外界的强制和压力。

要实现以居民为中心的社区建设，除了物质层面的需求，精神层面的文化活动更是成为增强人们归属感的重要保障。在社区建设初期，基础设施的规划将决定人们社区互动的质量，公共空间的规划将决定人们社区互动的容量。在社区开展的社会活动中，应在社区工作者的领导下体现居民的自主，把更多社区活动的支配权交还给大众，让社区人群在自治中进行主动沟通和交流，形成更强的社会互动，继而更合理地整合群体的价值观，加强社区内彼此的信任和依存，最终实现社区归属感的提升。这样，社区归属感更强的人们会更加认同和维护社区的共同利益，最终达到一种良性循环下共同价值的实现。

第二节　社区精神

社区不是给以前的地域区划冠上全新的名称，它强调区域中群体生活之基础的人际关系特质——社区精神，如群众的整合力，社群公共生活的参与性，基于群体生活的意识的认同感、归属感、互助性和公益精神等。传统社区往往拥有这种良好的精神文化和价值取向。①

一、社区精神的内涵

精神是人的灵魂，人性的根本。人若没有精神，就没有生气，无知无识，浑浑噩噩，凡事听凭本能，生活了无生趣，与动物没有任何区别。这是人之为人的精神，因为人如果没有精神追求，就难以成为一个健全的、和谐的、全面发展的人。与此同理，精神是一个国家、一个民族、一个地区的生机和活力，是前进的动力和发展的保证。一个人要有精神，一个社区亦然。一个社区有了精神，发展就有了目标，前进就有了动力，社区居民就有了生气！

对于社区精神，继滕尼斯提出"社区"概念以来，国内外学者进行了较多研究，但仁者见仁，智者见智，以至于至今尚未形成统一的、权威性的概念界定和完整的理论体系。从概念上溯源，社区精神的研究缘起于19世纪晚期经典社会学家对"传统"与"现代"社会全貌性对比的论证。这一时期，大工业文明席卷欧洲，传统农业宗法社会濒临瓦解，社会学家从哲学与法学传统中解放出来，出现了一系列经典的社会类型研究范式。立身于西方工业化高潮时期的三位社会学家滕尼斯、埃米尔·涂尔干（Emile Durkheim）和马克斯·韦伯（Max Weber）都注意到现代文明带来的社会失序、情感冷漠、伦理失范等问题，不约而同地对群体生活的两种结合类型的社会结构差异进行了思考。此后，社区精神在不同的时代语境中被不断丰富，还经历了概念本土化阐释的过程。诚如安乐尼·吉登斯（Anthony Giddens）所言，传统是相对于现代性而言的，现代之前没有传统。中国关于社区精神的研究，同样也是基于改革开放以来现代社会的发展变化及对传统的反思。其论述涉及社区精神的内

---

① 左伟清：《论现代文明中社区精神的失落与重建》，载《华南理工大学学报（社会科学版）》，1999（2），63页。

涵、功能、重建的意义，以及与和谐社区建设的联系等主题，体现了呼唤精神传统的时代诉求。不少学者也尝试提出了个人对社区精神内涵的解读。[①]

20世纪80年代以来，中国处于社会急剧转型、社区化迅猛发展、人口流动空前频繁的特殊时期。随着改革开放的不断深入，中国传统礼俗社会受到极大冲击。"失范""道德真空"等指涉工业文明负面影响的术语逐渐为中国学术界所知晓。一批致力于重塑传统人文精神、呼唤社区团结的学者对"社区精神"进行了中国式的解读和阐释。

周建国在《共同体精神与和谐社区》一文中首先总结了滕尼斯的"共同体精神"所包含的共同生活基础、共有性、相似性、亲密性四方面内容，其次讨论了中国传统社会的"共同体精神"是以家庭、家族和宗族为基础而形成的礼俗文化及维系家庭、家族、或乡邻之间情感关系的人情。[②] 左伟清则认为社区精神是区域和区划中群体生活之基础的人际关系特质。[③] 而奚从清认为，社区精神是指在一定的历史条件下，一定的社区成员在长期的社会实践过程中，在正确的价值观念体系的支配和滋养下，逐步形成和优化出来的一种社区意识。它是社区成员自觉认同的价值观念、理想、信仰、意志、作风、职业道德、行为规范的综合体现和集中反映。它是社区建设和发展的精神动力。[④]

基于诸学者的研究，我们对社区精神作出如下界定：社区精神是指在特定的社区中，基于一定社会、历史条件，通过社区居民长期的社会实践，逐渐形成的一种与社会主流价值观相符的社区共同意识，它是社区成员自觉认同的价值观念、理想、信仰、意志、作风、职业道德、行为规范、生活方式的综合体现和集中反映，是社区建设和发展的精神动力。

二、现代社会社区精神的特征

现代社会社区精神，不是简单地将传统社区的"守望相助，出入相友"等精神加以梳理归纳，贴到现代社区精神的旗帜上，而是一种继承、扬弃和创新，它具有如下特征：

第一，社区精神是群体精神与个性精神的融合，是一种共性与个性相统一的精神。社区精神是中华民族群体精神与社区个性精神的融合。社区精神一方面反映了中华民族优秀传统文化的共性，如爱国爱乡、集体主义、团结奉献、自强不息、艰苦奋斗、淳朴务实、吃苦耐劳，另一方面由于其地域和成员构成等社区要素的不同而形成了一种富于社区个性特色的社区精神，反映本社区优秀传统文化的个性。但在"共性"与"个性"二者之中，社区精神作为一种地域性的精神文化成果，其个性特征应当更为鲜明突出。社区文化正是在社区个性的张扬中突显自身的特质，取得与众不同的发展业绩。例如温州精神的个性特征，是"敢为人先，特别能创业"，他们在经济建设的大潮中不断地释放自己的潜能，创造出一个又一

---

① 童莹：《社区精神与精神社区》，硕士论文，中南民族大学，2012。

② 周建国：《共同体精神与和谐社区》，载《华东理工大学学报》，2007（4），7～14页．．

③ 左伟清：《论现代文明中社区精神的失落与重建》，载《华南理工大学学报》，1999（12），62～67页。

④ 奚从清：《论社区精神》，载《浙江大学学报》（人文社会科学版），2002（3），125页。

个奇迹。温州精神正是在激烈的市场竞争中磨砺和显现出来的，并为中华民族群体精神注入了"敢为天下先"的勇于进取、敢于冒险的精神。

社区精神又是社区群体精神与社区成员个性精神的融合。社区成员生于斯，长于斯，在社区的共同生活、共同活动的实践过程中，逐步整合了社区成员各自富于个性特征的价值观和价值取向，将自发的、分散的、不系统的观念融合为比较自觉的、集中的、系统的社区共有的价值观和价值取向。"从群众中来"，从社区成员个性中来，正是社区精神获得认同的深厚的群众基础，也是社区精神不竭的力量之源。

第二，社区精神是传统精神与创新精神的结合。继承传统不是墨守成规的刻板沿袭，而是一种创造性的传承。社区精神不仅是对中华民族优秀的文化传统、民族精神的继承和发扬，而且是对特定社区的优秀文化一脉相承的延续和发展，是对传统社区精神的发扬，是传统社区人文精神的复归，社区也因此而保持、张扬了自己的独特个性。

社区精神是一种创新精神。社区精神的不断创新不仅是推动社区兴旺发达的不竭动力，也是整个中华民族整个国家兴旺发达的最深厚最基本的动力。

第三，社区精神是一种民主与自治精神。现代人对社区的依赖越来越大，社区越来越成为民众生活的主要空间。社区通过民主和自治的方式实现自我管理、自我服务，因而"社区精神"就完全不同于"单位精神"，不同于"市场法则"。在社区里，人们可以不必按单位或市场的行动逻辑行事，这种环境与氛围的基础就是民主、自治。我们要通过社区精神的培育和发扬来实现民主和自治，达到友爱、互助、温馨、和谐的社区人文境界。

三、社区精神的功能

"精神"是看不见、摸不着、抓不住的东西，但是，精神是可以爆发、转化为物质力量的。社区精神蕴涵着社区的神韵和魂魄，是一个社区基本特征的集中体现，并且在社区的发展进程中不断得以丰富和升华。社区精神作为社区长期实践的精神积淀，成了社区居民认同的精神纽带、心理依存、行为导向和实践哲学，成了社区开展工作的思想基础以及推动社区发展的精神动力，成为社区居民所共识公认、自觉遵守、引为自豪、自我激励的座右铭，是社区发展的灵魂和精髓，是全体社区居民心目中的一面旗帜。社区精神对一个社区的发展非常重要，它是一种人文资源形态，是一种软环境，是一种地缘优势。一个社区有没有社区精神，有怎样的社区精神，关系着这个社区的进步和发展。社区精神是社会发展的内在力量，社区的兴起和成长，是人类社会的巨大进步。社区精神引领、催生和滋润着社区发展。社区精神可以说是社区兴盛的秘密武器。它一旦形成，具有相对的稳定性，深刻地影响着现在和未来。

概而言之，社区精神有以下四大功能：

（一）凝聚功能

社区精神是一个社区的"精、气、神"，它是社区建设不可估量的无形资产，是凝聚和激励全体社区成员的重要力量。由于这种精神建立在全体社区成员共同追求的目标和利益的基础上，所以它能使社区各种力量相互作用、相互吸引，从而形成一种向心集中、聚合、凝结的合力，即凝聚力。社区精神的凝聚性是通过集中人们的智慧而创造出的独具特色的"社区语言"，使之成为社区意识形态的标志、社区最高目标的象征、社区文化的核心、群体行动的指南。社区精神作为一种凝聚各方力量、调动各方积极性的"黏合剂"，具有凝聚人、团结人、激励人、鼓舞人的特殊功效。培育和塑造社区精神，就能使大家"心往一处想，话往一处说，劲往一处使，事往一处干"，同心同德地朝着一个共同的目标而奋进。

（二）塑造功能

社区精神是社区形象的核心内核，可以从更深层次塑造社区形象。它是社区风气在精神层面的积淀与升华，又对社区风气具有强大的引领作用，为社区的发展提供精神动力和环境支持。社区精神一经形成，就会产生强大的精神动力，其原因在于，社区精神是一种心理能源，它把认同感、归属感、责任感融为一体，生发出一股强劲的进取精神。这种进取精神是通过物质因素或经济杠杆难以取得的。一个社区没有精神，就没有灵魂，就没有准确的核心理念和定位，就没有奋勇争先的精神动力源泉。只有打造出自己的社区精神，才能对外树立形象、对内凝聚人心，使社区居民团结一致、共谋发展。尤其是对于发展中的社区而言，打造社区精神可以进一步增强社区居民的认同感、归属感和责任感。

社区精神的塑造功能体现在三个方面：第一，它体现为塑造具有时代感的社区形象。社区形象是一个整体概念，它包括社区外观形象、成员形象、领导形象、行业形象、发展形象等方面，其中任何一个局部形象的偏差都会影响整体形象。社区精神的凝聚功能有助于社区形象的塑造。第二，它体现为塑造具有个性化的人格。从社会学观点看，人格是人在社会化过程中形成的具有一定倾向的心理特征的总和。因此，人格不是先天的，而是在社会环境、文化环境中通过社会化逐步培养和塑造起来的。第三，它体现为塑造规范化的行为模式。社区精神作为一种无形的力量，能把社区居民的行为引导到社区所崇尚的行为目标上来。社区提倡什么，居民就会重视什么，比规章制度更有效。社区精神不仅会深刻地影响社区成员的心态，而且能塑造社区居民规范化的行为模式，使社区居民明确自己应该做什么，不应该做什么，能够做什么，不能够做什么，增强民主法制观念，提高伦理道德水准。

（三）融合功能

社区精神是社区居民在创造性的、多姿多彩的社会实践中培育和生长起来的，它是生活在社区中的人的精神。社区精神作为一种群体意识，融合了群体的共同目标、信念和优良传统。反过来，它又能使每个成员在潜移默化中接受这些信念和价值观。一个新居民入住社区后，通过耳濡耳染，会自觉不自觉地接收社区精神的信息，能够比较自然地融合到这个社区中去，在行动中自觉产生对社区的归属感。

（四）推动功能

一个社区现代化建设的进程，在很大程度上取决于人的现代化程度。人的现代化不仅包括物质上的富裕，更为重要的是包括精神上的富有。所以，社区领导者要十分重视精神文明建设，用社区精神来激励社区成员的政治热情，促进社区成员培养现代的思想观念、现代的心理结构、现代的情感方式、现代的生活方式及现代的行为方式等，提高人的整体素质。同时，社区精神一旦为社区广大人民群众所掌握，就能转化为改造自然和社会的物质力量，并且推动社区广大人民群众在改造客观世界的同时改造主观世界，不断地塑造自己，提高自己，发展自己。

四、培植和塑造社区精神

在市场经济条件下，社区建设实际上是对社会结构进行的重组，大量"单位人"或"社会人"转变为"社区人"，社区渐渐成为社会成员的集聚点、社会需求的交汇点、政府社会管理的着力点。

社区是社会的基本单元，社区治理是社会治理的重要基础，也是国家治理的重要基础。社区建设中，除了转变政府职能为社区治理提供广阔空间，发扬基层民主为社区治理带来强劲动力，扩大社会参与为社区治理增添不尽活力，提高服务水平满足社区居民更高需求之外，还必须大力培植社区精神，涵养社区公共文化。为此，我们应该做到以下几点：

（一）科学把握社区精神的提炼原则

社区精神的提炼原则主要有前瞻性原则、本土化原则、以人为本原则和柔性原则。

1. 前瞻性原则

社区精神应该具有一定的前瞻性，既不可脱离实际，又应比现存状态有明显提升，有明确的目标感，有可以追求和努力的空间。这种前瞻性所关注的不仅是社区本身的因素，还要求考虑社区所在的区域位置、作用，以及时代潮流、文化走向等因素，并具有一种广阔的全球化的视野。

2. 本土化原则

社区精神不是空中楼阁，不能脱离该社区的历史遗传和地域特色，更不能脱离社区现状，而应该是构筑在原有基础上的改造和出新，若全盘摒弃原有的地域精神痕迹，也就丧失了其本身的特色，使所谓社区精神变得"千城一貌"、毫无意义。

3. 以人为本原则

人的全面发展是社区发展的最重要的目标。大力培育和弘扬社区精神，就要坚持以人为本原则，把人作为主体，把提高人、发展人作为根本目的。一切服从于唤醒人的自知、提升人的素质的需要，关心人的长远发展的全过程，侧重人的全面发展的需要。有人才有精神，发展包含人的发展。培养和弘扬城市精神，必须着眼于社区居民这个主体、这个根本，实现社区发展和人的发展的有机统一和良性互动。

4. 柔性原则

文化的魅力在于以柔克刚，社区精神以柔软的方式在潜移默化中陶冶人、改造人。与法律和制度的"刚性"相反，社区精神属于软文化的范畴，应该遵循一种柔性的原则，更多地通过内心情感的调动、环境氛围的营造、文化活动的感染及榜样的力量等文化手段来塑造。[1]

---

[1] 陈柳钦：《论城市精神及其塑造和弘扬》，载《太原理工大学学报》（社会科学版），2010（3），3 页。

（二）注重社区精神的内容

培育和塑造社区精神，既是加强社区建设、提升社会文明的重要内容，也是提升社区治理软实力的必然要求。其内容既包括把践行社会主义核心价值观作为社区治理的重要内容，融入制度建设和治理工作中；也包括形成科学有效的诉求表达机制、利益协调机制、矛盾调处机制、权益保障机制，最大限度地增进社区和谐；还包括完善社区公约，强化规章制度实施力度，在日常社区治理中鲜明彰显社会主流价值观，实现家庭和谐幸福、邻里团结互助、人际关系融洽；更包括建立健全社区志愿服务制度，完善激励机制和政策法规保障机制，组织开展各类志愿服务活动，推动形成"我为人人、人人为我"的社会风气。[1]

（三）形成求实、价值、群众、垂范、长期的观点[2]

1. 求实的观点

任何一种社区精神都产生于具体的、特定的历史环境和文化背景之中，因而具有鲜明的个性。培育社区精神，必须坚持从实际出发、实事求是的观点。只有如此，才能突显社区精神的个性特征，才能贴近社区成员的思想，并体现出他们通过长期的、艰苦的努力而获得的价值观念。也只有如此，这种精神才能起到巨大的凝聚、激励与推动作用。

2. 价值的观点

作为社区精神核心的价值观，是人们对客观事物意义的总的评价和总的看法，是社区精神中最稳定、最持久的因素。因此，培育社区精神，必须重视正确的价值观的树立。要体现现代精神的主导价值观，即爱国、爱乡、理想、富裕、文明、创业、服务。在培育社区精神时，最重要的任务就是要使这种主导价值观在社区成员中形成高度一致的价值共识，把实现社区的奋斗目标变为社区成员的自觉行动。

3. 群众的观点

群众是实践的主体。一种社区精神的提炼和培育，必须始终坚持"从群众中来、到群众中去"的观点，这与"从实践中来、到实践中去"是统一的过程。惟其如此，社区精神才具有深厚的群众基础，并能够通过群众的实践转化为群众的自觉行动，使群众在改造客观世界的同时也改造自己的主观世界。需要指出的是，培育社区精神，必须通过多层次、多渠道的有效方法和途径，才能使广大社区成员真正理解社区精神的真谛，使社区精神植根于群众心里。

4. 垂范的观点

一个社区要培育和树立具有鲜明特色的社区精神，社区领导者首先要做出表率。优秀的社区领导者不仅是发展社区事业的精心组织者，而且是培育社区精神的积极倡导者和模范实践者。事实上，他们的思想、作风、行为，也直接影响着社区精神的感召力。社区成员能否自觉地把社区精神化为自觉的行动，在很大程度上取决于社区领导者的表率示范作用。从某

---

① 张蔚蓝：《建立"人人都是社区人"意识 大力培育社区精神》，载《经济日报》，2014 – 11 – 12。
② 奚从清：《论社区精神》，载《浙江大学学报》（人文社会科学版），2002（3），125 页。

种意义上说，社区精神本身就是社区领导者优秀的思想品质、工作作风、管理风格的深刻反映。因此，只有社区领导者率先垂范，不断提高自身的素质，注重自己的形象，才能真正使培育起来的社区精神植根于社区成员心里，并与社区成员共同努力，树立良好的社区形象，从而有力地促进社区各项事业的建设和发展。

5. 长期的观点

培育社区精神是一项长期的系统工程，这与精神的本质特征有很大的关系。它不可能通过强制性的手段培育起来，不可能一蹴而就，而要靠一个个阶段的发展去积累，要经历一个长期的潜移默化的过程，才能被社区成员自觉地认同、接受和内化。也只有在此基础上，社区精神才能代代相传，弘扬开来，成为社区建设和发展的重要精神动力。

第三节 社区抗逆力

一、社区抗逆力的概念

"抗逆力"一词最初来源于机械力学，用于描述一个物体在受到外力而产生形变但没有断裂的情况下恢复到初始状态的能力，后来延伸到心理学领域，描述个体在面对苦难和挫折时的适应和恢复能力。抗逆力是优势视角理论的一个核心内容，是指当个人面对逆境时能够理性地做出建设性、正向的选择和处理的一种能力。抗逆力是个人的一种资源和资产，能够引领个人在恶劣环境中懂得如何处理不利的条件，从而产生正面的结果。同时，抗逆力处于发展的过程中，可以通过学习获得并且不断增强。在应对压力的过程中，抗逆力反映了人们应对压力事件的个体差异。抗逆力高的人能更容易地从压力情境下的消极情绪中恢复过来，进而得到更好的成长。

抗逆力研究涉及的种类繁多，有自然抗逆力、社会抗逆力、工程抗逆力和经济抗逆力等。就抗逆力的承载主体而言，又可分为个体抗逆力、社区抗逆力、国家抗逆力乃至全球范围的抗逆力等。社区抗逆力是一个多层次、多方面的复合型概念。社区抗逆力研究的指标体系是从社区抗灾角度进行界定的。在面对重大灾害时，作为应对风险的直接主体，社区成了承担抗灾援助的最小单位，因此社区抗逆力的概念随即被提出。

社区抗逆力的研究是对个体心理抗逆力研究的拓展，二者既有共性也存在异质性。社区抗逆力和个体抗逆力的共性是二者都是遭受风险时状态恢复的特质、能力及过程，而异质之处在于二者的主体不同，后者的主体是个人，而前者的主体是特定规模的社会组织。[①]

社区环境是社区人员和资源运行的平台。社区外部环境主要是指社区所在的区域对社区的友善和支持程度。社区内部环境包括社区价值观、文化、结构等多种因素，尤其重要的是社会资本、分权结构、分享氛围等。社会资本是指个体或团体之间的关联——社会网络、互

① 朱华桂：《论风险社会中的社区抗逆力问题》，载《南京大学学报》（哲学·人文科学·社会科学），2012（5），49页。

惠性规范和由此产生的信任，是个体在社会结构中所处的位置并由此带来的资源。深厚的社会资本源于社区人员之间良好的互动，良好的互动源于自尊、诚实、信任。

从整个社区的角度看，抗逆力较强的社区往往能更好地适应外部环境的急剧变化和内部个体的多样性，通过积极地调动现有资源，提供更多的社会支持，更灵活地进行复杂处境下的压力应对。具体来说，物资的供给、日常的心理建设、紧急事件下的应急预案及训练有素的社区工作者都是评判社区抗逆力的重要因素。其中，社区的社会资本是社区抗逆力的核心要素，代表着处于该社区下的个体所能享用到的一切资源。拥有深厚社会资本的社区更容易建立支持网络，能更好地使得人们相互依赖，进而促进资源的共享与思想的交流。因此，社区抗逆力是一项可以被培育的指标，保持积极的内部建设和外部沟通都将有效地提升社区抗逆力。

── **资料窗** ·

抗逆力的表现形式及构成要素

就表现形式而言，抗逆力有常规和非常规两种。前者通常表现出常规的亲社会取向的行为方式，遵从社会规范与道德，认同主流社会文化，同时也得到社会的认可和接纳。后者通常表现出反传统、反社会、反主流的行为倾向，具有挑战常规、对抗成人、批判现实的特征，往往会受到成人的指责、朋辈群体的排斥、公众舆论的压力。

就构成要素而言，抗逆力有外部支持因素（I have）、内在优势因素（I am）及效能因素（I can）三个部分。

（1）我们所生活的环境，尤其是在这个环境中与我们发生交互影响的那些人，能够帮助我们增强抗逆力，构成了抗逆力的外部支持因素，包括拥有正向的连接关系、坚定清晰的规范、关怀支持的环境、积极合理的期望、有意义的参与机会。

（2）内在优势因素包括完美的个人形象感、积极乐观感。我们观察自己所得到的结论和从别人那里得到的反馈称为自我形象，这对于青少年非常重要。积极乐观感是一个人面对各种问题的态度选择，能够从希望、优势、积极的角度解释和面对问题。

（3）效能因素包括人际技巧、问题解决能力、情绪管理能力及目标制订能力。人际技巧是指适应不同文化的灵活性、同理心、幽默感及沟通能力；解决问题能力是指懂得运用资源及寻求帮助的能力；情绪管理能力是指察觉自己的情绪并正面表达出来的能力；目标制订能力是指了解自己的目标，并具备制订计划的能力，从而达到自己的目标。

二、社区抗逆力的要素分析[①]

社区抗逆力是一种基于社区自身资源的防灾抗灾、自救自保能力。研究社区抗逆力，必

──────────

① 朱华桂：《论社区抗逆力的构成要素和指标体系》，载《南京大学学报》（哲学·人文科学·社会科学），2013（5），70页。

须确定其构成要素和评价指标。社区抗逆力的评价指标是指既能反映社区抗逆力的构成要素又能用数学的方法进行量化分析的变量。有了评价指标体系，通过计算就能得出社区的抗逆力系数，从而可以比较不同社区的抗逆力水平。

在灾害社会学研究中，国内学界对社区抗逆力构成要素的研究尚处于探索阶段，国外在这方面有些研究成果可供我们参考。例如，美国学者格拉翰·托宾（Tobin Graham A.）基于佛罗里达州的受灾情境，通过对比大量真实案例后发现，人口结构、男女差异、教育水平、收入结构、社会资本和政治背景等因素，对社区抗逆力及社区的可持续发展有显著的影响（1999）。弗兰·诺里斯（Norris Fran H.）认为，社区抗逆力是"防灾—抗灾—灾后重建"过程中的种种能力，包括经济状况、社会资本、信息流和社会支持四个维度（2008）。苏珊·卡特尔（Susan Cutter）依托美国社区和区域抗逆力研究所（Community and Regional Resilience Institute），在考察生态抗逆力、社会抗逆力、经济抗逆力、机构抗逆力、基础设施抗逆力和社区资本的基础上，构建了地方灾害抗逆力模型。该模型着重考虑了社会制度、生态环境及建筑物等应对灾害冲击的能力（2010）。艾鲁丁（Ainuddin）则关注社区中的人在抗逆力发挥过程中的重要作用，强调灾害发生后社区内人群的集体行为与再组织能力对增强抗逆力的影响（2012）。凯瑟琳·施雷布（Kathleen Sherrieb）认为，个体如何提升自身的灾害应对能力才是社区抗逆力提升的关键。他以个体应对灾害的能力为核心，选取了灾害事件本身、信息传递、经济状况、社会资本、社会支持等要素，建立了一个社区抗逆力的网络模型（2010）。

综合这些研究成果，可以发现，影响社区抗逆力的因素相当复杂，种类繁多，涵盖了社区脆弱性、生态、社会、经济、文化、制度及社区成员的自身能力等方面。我们只有结合实践，提取出其中的关键因素，才能构建出一个科学的社区抗逆力评价指标体系。

三、突发事件与社区抗逆力[①]

突发事件，是指突然发生，造成或者可能造成严重社会危害，需要采取应急处置措施予以应对的自然灾害、事故灾难、公共卫生事件和社会安全事件。社区抗逆力的强弱直接关系到突发事件应对能力的强弱。

抗逆力的作用过程是社区内部和外部各种因素相互作用的过程，社区抗逆力的大小正是各种因素相互作用的结果。一个系统产生抗逆力需要四大属性：健壮性、冗余性、快速性和外部支持性。健壮性是指抵抗一定水平的压力刺激而没有退化和损失的能力，同时还被用来表明资源的强度，即资源被破坏的概率。冗余性是社区内资源和人员的富余程度，是提供替换解决方案的能力。与冗余性相关的是资源的多样性，多样性的资源能防止社区对某一资源过度依赖而导致发生意外时缺少替换方案。快速性是针对控制损失、及时完成任务和目标的

---

① 朱华桂：《论风险社会中的社区抗逆力问题》，载《南京大学学报》（哲学·人文科学·社会科学），2012（5），51 页。

能力而言的。这三种属性是社区抗逆力的内在衡量标准。但是，社区作为更大系统中的子系统，并不是封闭的，外部的资源、人员、信息等支持同样重要。外部支持性与社区以往对所在区域的贡献、社区的重要程度、所在区域对其的重视程度及社区遭到破坏的程度等许多复杂因素有关。

　　个体是社区最重要的资源。如果一个社区的个体抗逆力普遍较弱，很难想象这个社区的抗逆力会很强。在已有的抗逆力研究中，个体特质（如自信、自尊、创造能力等）被认为与抗逆力有关。结合社区的特点，我们认为，应该强调自我效能感、问题应对能力、社区归属感。自我效能感是个体能否完成任务的整体感觉，是个体的一种自我保护因素。自我效能感影响个体认知的坚定性、面对灾难时的态度、情绪及行为表现。自我效能感受个体经验、替代经验、情绪唤醒和言语劝说等因素影响。当风险来临时，个体必须解决一些过去从未触及的问题，即使处理一些常规任务，由于资源和人员的退化也需要根据实际情况创造性地处理，这就涉及问题应对能力。问题应对包括定义问题、使问题概念化、提出方案、选择方案、实施方案等过程。社区归属感是个体对社区的一种依恋、承诺和忠诚状态。具有社区归属感的个体认同社区规范，倾向于维护社区利益。当社区遭遇灾难，导致功能紊乱时，利益冲突在所难免，具有强烈归属感的个体会努力地参与恢复工作，甚至在必要时牺牲个人利益。社区归属感与多种因素相关，包括信任氛围、人员满意度等。

　　社区环境和社会资本都对社区抗逆力有直接影响。社区环境是社区人员和资源运行的平台。社区外部环境主要是指社区所在的区域对社区的友善和支持程度。社区内部环境包括社区价值观、文化、结构等多种因素，尤其重要的是社会资本、分权结构、分享氛围等。社会资本是指个体或团体之间的关联——社会网络、互惠性规范和由此产生的信任，是指由个体在社会结构中所处的位置带来的资源。深厚的社会资本源于社区人员之间良好的互动，良好的互动源于自尊、诚实、信任。

　　深厚的社会资本对社区抗逆力的影响体现在四个方面：一是社区人员更容易产生相互依赖，促进资源交换；二是社区人员更容易接受他人不同的观点，促进彼此合作；三是深厚的社会资本使得社区人员更关注伙伴间的长期利益，从而忍耐一定的即时损失，有利于资源的调用；四是深厚的社会资本有助于连接社区内外，快速建立资源和支持网络。分权结构是风险环境中对社区权利和责任的一定分散。在社区抗逆过程中，不需要等级森严的金字塔结构，因为在环境迅速变化、信息和资源有限的情况下，更加依赖人力资源的及时应对能力，而这些能力在分权结构下更易获得。分权结构是一种柔性结构，能够快速适应和应对复杂多变的环境。分享氛围能够促进人员之间的信任和依赖。一个具有分享氛围的社区会鼓励社区人员之间交流知识、信息、思想等，社区人员可以感知且迅速获得想要的支持，从而增强社区归属感，改善社区学习能力，提高社区资源的易得性。要建立良好的分享氛围，不仅需要建立正式的信息沟通渠道，而且需要建立非正式的信息沟通网络。

　　社区不是一个独立的系统，它存在于一个更大的外部环境中。外部环境包括社区所在区域和由外部区域组成的更大区域这两个层次。社区所在区域越容易感受到社区风险，救援与支持就越容易到达。而由外部区域组成的更大区域，由于离社区远，信息反馈慢，需要较长的物流时间等，对社区的支援会相对滞后。在社区的外部环境中，支持社区的资源和人员流入要速度快、数量多，更重要的是匹配程度要高。因此，社区要注重与外部环境的融合，要建立良好的信息沟通渠道，以便能够快速、准确地进行信息传递。

—— **资料窗** ●

突发事件的概念和特征①

我国《突发事件应对法》将突发事件界定为：突然发生，造成或者可能造成严重社会危害，需要采取应急措施予以应对的自然灾害、事故灾难、公共卫生事件和社会安全事件。

从整体来看，突发事件具有以下共同特征：

（1）突发性。绝大多数突发事件是在人们缺乏充分准备的情况下发生的，使人们的正常生活受到影响，使社会的有序发展受到干扰。

（2）不确定性。一是发生状态的不确定性。突发事件在什么时间、什么地点、以何种形式和规模暴发，通常是无法预知的。二是事态变化的不确定性。突发事件发生之后，由于信息不充分和时间紧迫，绝大多数情况下的决策属于非程序化决策，响应人员与公众对形势的判断和具体的行动，以及媒体的新闻报道都会对事态的发展造成影响。

（3）破坏性。突发事件的破坏性来自多个方面：对公众生命构成威胁；对公共财产造成损失；对各种环境造成破坏；对社会秩序造成紊乱；对公众心理造成障碍。如果对突发事件的处置不当或不及时，还可能带来经济危机、社会危机和政治危机，造成难以预计的不良后果。

（4）衍生性。衍生性是指由原生突发事件的产生而导致其他类型突发事件的发生。有两种情况：一种情况是衍生突发事件的危害程度、影响范围低于原生突发事件，社会的主要力量和精力集中于原生突发事件的处置，应急活动的主要对象不会发生改变；另一种情况是衍生突发事件的危害程度、影响范围高于原生突发事件。

（5）扩散性。随着社会的进步和现代交通与通信技术的发展，地区、地域和全球一体化的进程在不断加快，相互之间的依赖性更为突出，突发事件造成的影响不再仅仅局限于发生地，而是会通过内在联系引发跨地区的扩散和传播，波及其他地域，形成更为广泛的影响。

（6）社会性。社会性是指突发事件会对社会系统的基本价值观和行为准则构架产生影响，其影响涉及的主体是公众。在突发事件的应对过程中，整个社会会重新审视以往的群体价值观念，通过认识和思考，重新调整社会系统的行为准则和生活方式，重新塑造自身的基

---

① 衡阳党政门户网，http：//www. hysgq. gov. cn/main/zwgk/xxgk/yjgl/f0662a5e－af8e－4392－a692－3e80d2c36cc2/default. shtml，2013－04－30。

本价值观。

（7）周期性。突发事件都要经历潜伏期、暴发期、影响期和结束期四个阶段，这也就是突发事件的生命周期。从管理的角度出发，可以以社会恢复正常运行状态为结束标志；从过程的角度出发，可以以危害和影响完全消除作为结束标志。

四、培育社区抗逆力的途径

抗逆力理论认为，社区具有巨大的抗逆力，这种抗逆力随着时间的推移能保持充权状态，持续致力于改善社区生活，特别是在社区出现冲突、挣扎和挫折时抗拒放弃的诱惑，越挫越勇。社区抗逆力最重要的意义在于能让社区进行能力建设，强化社区的保护性因素，以应对快速的社会变迁和社区出现的种种危机，预防社区的衰败和解体。

社区抗逆力直接关系到社区在应对各种风险时的应急能力，但是，罗马不是一天建成的，社区抗逆力的培育需要从社区各种要素入手，进行长期培育。综合而言，社区要素主要包括社区居民、社区机构等。因此，应该从系统角度进行多方位的抗逆力培育。

（一）培育社区居民的抗逆力

对于社区居民而言，每个个体都应该具有面对风险、困难迎难而上的抗逆力，只有个体的抗逆力强了，整个社区才会有抗拒力。因为说到底，人的因素是第一位的。具体而言，因为不同的群体面对的或潜在的风险是不同的，所以我们应对社区群体的抗逆力进行分类培育，其中，培育青少年的抗逆力尤为重要。

在经济全球化背景下的中国青少年，面临着积极因素与消极因素并存的外部世界和社会文化环境。一方面，人类基本价值观的趋同化，例如关于自由、平等、民主、公正的观念，以人为本，不同文明对话、和谐共处的理念，等等，对于青少年的人格发展和能力培养具有积极的影响。另一方面，社会的日益复杂和充满竞争、价值的多元、社会阶层的分化、家庭结构的变化等都会对青少年产生消极的影响。青少年在学校、生活中面对的各种各样的学业问题、人际问题、行为问题和情感问题，都对他们的抗逆力提出了挑战，抗逆力已经成为他们生存和发展的关键能力。了解青少年抗逆力的本质，进行有针对性的培养，不仅对他们顺利地进行自己的学习和生活有帮助，而且能促进其积极人格的形成，为他们的健康成长与终身幸福奠定基础。为此，在青少年的成长过程中，家庭、学校、社会必须通过正确方法和途径引导和培育青少年对生活压力、创伤、风险和危机的承受力、恢复力、适应力和耐受力。

同样，对于社区中的中老年人，社区也应该从这些群体的特征入手，增强其风险意识、培育其应对风险的抗逆力。

研究者发现，良好的人际技巧和情绪管理是个体抗逆力的重要构成因素，因此，在日常社区服务中，也可以创建各种活动、课程、资料、问题解决训练等情境，有意识地培养和提升社区居民的相关能力。

—— · 资料窗 · ——

深圳坪东社区开展 "Yes，I can" 抗逆力成长小组活动①

为了给儿童、青少年提供一个健康成长的环境，促进坪东儿童、青少年健康成长，增强儿童、青少年的抗挫折能力，坪东社区服务中心开展了 "Yes，I can" 抗逆力成长小组活动。

活动开始，即第一个环节，由社工为青少年巧妙地解释小组的主题——抗逆力，由拍手掌游戏来引出主题。社工提问："你们觉得自己10秒钟能拍多少下手掌？"大家纷纷举手表达，有答"20下"的，有答"15下"的。然后开始拍手掌，第一次平均在20下，第二次平均在30下，第三次最高的达43下，充分表明了人是有潜力、有抗逆力的。第二个环节，大家通过抛线拉网的游戏互相认识，相互了解组员的兴趣爱好。第三个环节，组员之间签订契约，制定了小组规范，例如不迟到早退、不扰乱纪律等，组员积极发言。第四个环节，即最后一个环节，制作愿望树。组员纷纷发言，表达自己的愿望，有的希望自己能在大家面前勇敢一点，不怯场，勇于表演节目；有的则希望自己能够把字写得更漂亮一些；有的希望自己与朋友相处的时候不吵架、不流泪；等等。小组活动顺利完成。

通过此次活动，组员之间相互认识，制定了小组契约，每个组员也都为自己制定了一个愿望。在下节的小组活动中，组员将通过游戏进一步认识抗逆力，提升自己能力。

（二）注重社区社会支持和良好社区氛围的营造

从抗逆力的角度来看，社区不仅仅是个体居住和休息的物理场所，也是产生和应对突发问题的重要场所。因此，在日常的社区建设中，需要给予高度重视并积极地从多方面进行改进。

例如，从社区的空间环境的角度来看，社区居民的数量、人口素质结构等都需要在社区规划中给予考虑。近年来，我国政府为了给经济收入较低的社会人口提供住房福利，各地建设了大量以低收入群体为对象的廉租房社区。同时这些社区出现了就业困难、残疾、疾病甚至吸毒、犯罪人口相对集中等社区管理问题。从社区抗逆力的角度来看，廉租房应该集中建设还是分配在普通的商品房小区；日常管理中除物业服务外，社区建设还需要怎样的人员、内容、经费、政策的配套工作，值得社区管理者深入思考和探索。从一般的居住社区来看，社区布局是一排一排整整齐齐的规划，还是围绕社区形成一个中心圈的规划，更适宜于社区居民形成良好的互动分为和社区支持；社区活动区域的布置和面积应该如何和居住人口的数量和特征配合，这些问题都需要在科学研究的指导下与开发商的经济利益需求相互平衡。

社区在日常管理中，需要创造各种条件帮助居民进行心理建设，这有利于个体和社区抗逆力的提高；通过日常管理不断优化社区内的信息沟通，保持畅通、有效、真实、正向的沟

---

① 深圳老年在线，http：//www.hllnw.com/news/2015/02/45867/，2015－02－10。

通途径；建设信任、友善的社区人际互动氛围。

(三) 大力培育社区机构的抗逆力

在现代社区中，一个完备的社区通常有社区物业、业委会、居委会、教育机构、商业机构等的存在。而这些机构在面对各种风险时的抗逆力对于社区的健康发展和良性运行起着至关重要的作用。因此，培育社区机构的抗逆力，对于整个社区而言十分必要。

如果按作用时段划分，组织抗逆力包括危机前对危机的防范和感知能力，以及危机后从逆境中恢复及发展的能力两个部分。首先，与组织对危机的防范能力和感知能力紧密联系的是组织对于危机的预期，包括领导者的危机意识，对现状的反省，对环境信息的收集、处理及侦测等。组织的领导者应有强烈的危机意识；组织要经常反省现状，不因为既往的成功而陷于经验的泥潭，也不因过度的自信而盲目采取新战略，以至于身处危机的旋涡。组织应本着积极客观的态度预测未来，建立情报系统，收集及处理内外部环境信息，以便更敏感地捕捉危机信号，防患于未然。此外，即使组织感知到危机，也不可能预知危机情境中的所有细节。所以，当组织真实地面临危机时，又如何从危机中恢复甚至提升组织能力呢？一个重要的方法是组织在危机情境中的即兴发挥。组织即兴是组织为了适应环境变化，能动地接受各类反馈信息，通过不断优化、协调内部结构，促使整体能力得到质的飞跃和提高，并生成原有系统所不具备的、新的、更高层次能力的过程，表现为组织及其成员根据环境的变化，利用必要的资源，进行一定的"即兴发挥"。可见，组织即兴要达到良好的效果，还有赖于具体情境中一切可利用的物质、知识、情感等社会资源。[1]

为此，社区机构需要采取体系化的策略和手段来提升抗逆力。构建刚柔相济的组织结构和保持组织资源的适度冗余，是组织抗逆力形成的资源和结构基础，也是其他策略顺利实施的根本保证。更为柔性的组织结构有助于增强组织对环境的感知程度。成员是组织的细胞，提升成员的个体心理抗逆力就是提升组织抗逆力的基础：保持对环境的敏锐度，能够将组织陷入逆境的风险控制到最低。社区应营造信任度高的组织环境，为成员提供在逆境中即兴发挥的舞台，从而促进组织即兴，使组织在危机中即兴学习，在逆境中获得成长。[2]

➔ 本章回顾

内容小结

所谓社区归属感是指社区居民把自己归入某一地域人群集合体的心理状态，这种心理既有对自己社区身份的确认，也带有个体的感情色彩，主要包括对社区的投入、喜爱和依恋等感情。社会学家普遍认为，社区归属感是影响社区存在和发展的重要因素，是社区最本质的特征，离开了社区成员的社区归属感，社区的地域性和群体性都变得毫无意义。

---

[1]　罗东霞、时勘、彭浩涛：《组织抗逆力问题研究》，载《中国人力资源开发》，2010 (8)，10~11页。
[2]　罗东霞、时勘、彭浩涛：《组织抗逆力问题研究》，载《中国人力资源开发》，2010 (8)，10~11页。

社区精神是指在特定的社区中，基于一定社会、历史条件，社区居民通过长期的社会实践逐渐形成的一种与社会主流价值观相符的社区共同意识，它是社区成员自觉认同的价值观念、理想、信仰、意志、作风、职业道德、行为规范、生活方式的综合体现和集中反映。它是社区建设和发展的精神动力。社区精神具有凝聚、塑造、融合及推动功能。

社区抗逆力是一种基于社区自身资源的防灾抗灾、自救自保能力，研究社区抗逆力必须确定其构成要素和评价指标。社区的社会资本是社区抗逆力的核心要素，代表着处于该社区的个体所能享用的一切资源。拥有深厚社会资本的社区更容易建立支持网络，更好地使得人们相互依赖，进而促进资源的共享与思想的交流。因此，社区抗逆力是一项可以被培育的指标，保持积极的内部建设和外部沟通都将有效地提升自身抗逆力。

关键词

社区归属感　社区自治　居民满意度　社区自治　社区精神　社区抗逆力　常规抗逆力
非常规抗逆力

➜思考与练习

一、简答题

1. 培养社区归属感的途径有哪些？
2. 什么是社区精神？
3. 简述社区精神的功能。
4. 简述现代社区精神的特征。
5. 提炼社区精神需要注意哪些原则？

二、论述题

结合自己生活社区的情况，分析社区抗逆力的现状并针对存在的问题提出提升本社区抗逆力的策略。

三、案例分析

某市工读学校甲班中，学生都是曾有打群架、抢夺钱物、小偷小摸等不良行为的"问题"青少年。工读学校的社会工作者对甲班情况进行分析后，发现绝大多数学生都是独生子女，自我管理能力差，在原来学校都被看作"差生"，成为老师和同学讨厌的对象。这些学生有江湖习气，在自己的圈内很讲哥们儿义气。工读学校专业管理人员配备不足，规章制度繁多，有些管理制度相互矛盾。学校一再强调要树立老师的"权威"，经常惩罚学生，学生抵触情绪很大。现在，大多数学生都有自暴自弃的想法，有人经常自嘲"我们就是社会的垃圾"，也有人认为"我们是社会的弃儿"。

请结合案例，设计培养这些学生抗逆力的策略。

第八章 社区支持与社区行动

CHAPTER

本章概要

本章从压力与社区支持、社区赋权、社区行动，以及社区服务计划的策划、实施等各个方面，就社区心理学开展的一些主要内容、方法、工具等问题进行阐述，期望能够为学习者开展实际工作提供一些具体的参考。

压力与社区支持是从社区层面对个体的心理进行调试的一些经验，扩展以往以个体为核心的调试方式，注重从社区层面开展工作，关心社区与个体的良性互动的建立。社区赋权是社区心理学重要的价值理念和工作途径，也是社区心理学的出发点和落脚点。社区行动也被称为社区参与、参与式行动。本章从理论和实务两方面介绍社区行动的主要观点。

社区心理学作为一个注重行动的偏向实务的学科，参与和实施各种与社区心理学相关的服务计划，是社区心理学家常常面对的工作。本章从理论和实务两方面，阐述社区服务计划的策划和实施，帮助学习者理解和开展以项目为本的社区服务。

学习目标

掌握社区支持、社区赋权、社区行动等基本概念，了解这些概念在实际应用中的相关经验；在此基础上，结合自身周边的实际，尝试运用这些知识设计社区社会服务计划。

学习建议

社区心理学的最终目的是将相关知识运用到实际中去，本章内容也是基于这样的目标。因此，建议在学习过程中，组建自己的学习小组（学习社区），不断结合自身的社区知识和社区经验，讨论各种主题在解决实际问题中的可能性，并从反馈中不断丰富知识和经验。

引　言

前不久，家住陆家社区的武敏英阿婆发现自家水龙头坏了，情急之下她按下了社区为她安装的"幸福一点通"按钮，工作人员在终端接收信息并了解情况后，马上为她联系了一名维修人员，没多久就把水龙头修好了。其实，这个"幸福一点通"几乎覆盖镇区所有80岁以上的老人家。一旦老人遇到什么麻烦事，只需动动手指，就会有专人为其提供帮助。

"幸福一点通"呼叫服务工程是陆家镇今年的实事工程之一，由政府购买第三方服务，为全镇80岁以上老人提供包括"养老生活规划、居家护理、家务服务、代办服务、咨询服务、精神文化服务"六大服务项目，着重构建"一点即通、通之能应、应之能来"的现代居家养老体系。"这项工程于2014年10月底全部安装完成，所有的呼叫设备安装及通话费用均由政府买单。同时，对于84岁以上的老人，政府还额外补贴每月3小时的免费服务时间。"陆家镇相关负责人表示。

类似的报道在今天的媒体中越来越多。以社区为核心的各项服务正是我国社会目前大力建设和发展的社会建设的重要内容。纵观中外，越是经济发展文明进步的社会，越是在社区服务中有更多的历史和丰富的经验。①

第一节　压力与社区支持

一、压力及其应对

压力感是伴随着人类工业化、城市化的一个重要问题。在社会经济发展较快的地区，人们体验到的压力感更大，而且在感受到压力的同时伴随着更多、更普遍的心理问题。在心理学上，压力是一种消极的主观情绪体验，这种体验反映了个体对所处情境的适应程度。当人们主观判断自身条件难以应对所处情境的挑战时，就会感受到压力的存在，并且这种压力将反作用于个体，产生相应的生理变化，从而影响人们的认知和行为。可以说，压力是人与环境相互作用的产物。如果人认为内外环境的刺激超过自身的应对能力及应对资源，就会产生压力。因此，压力是由于内外需求与机体应对资源的不匹配破坏了个体的内稳态所致。从心理学角度看，压力是外部压力源引发的个体内在冲突和与之相伴的情绪体验，是一种身心的紧张焦虑状态。这种紧张状态源于外部环境要求与自身应对能力之间的不平衡。适度的心理压力，是促进个人成长的有利因素，但毫无压力或者压力过大反而妨碍了人的成长。心理压力也是一种主观感受的反应，同样的外部因素，相同的个人能力，不同的人所体验到的不平衡感是不一样的。

我们把产生压力的根源称作压力源，一般而言，压力源有三种：①生物性压力源，躯体创伤或疾病、饥饿、性剥夺、睡眠剥夺、噪音、气温变化；②精神性压力源，错误的认知结构、个体不良经验、道德冲突、不良个性心理特点；③社会环境性压力源，纯社会的、由自身状况造成的人际适应问题。

---

① 管玉婷：《社区特色服务覆盖特殊群体》，载《昆山日报》，2014 – 11 – 27。

　　生活中的一些变化能给人们带来明显的压力，包括：①就任新职、就读新的学校、搬迁新居等；②恋爱或失恋，结婚或离婚等；③生病或身体不适等；④怀孕生子，初为人父、人母；⑤更换工作或失业；⑥进入青春期；⑦进入更年期；⑧亲友死亡；⑨步入老年。此外，家庭、工作与环境状况之间的关系、所从事工作的性质等，也是能造成心理压力的情境。

　　完全没有心理压力的情况是不存在的。假定有这样的情形，那一定比有巨大心理压力的情境更可怕。换一种说法就是，没有压力本身就是一种压力，它的名字叫作空虚。无数的文学艺术作品描述过这种空虚感。那是一种比死亡更没有生气的状况，一种活着却感觉不到自己活着的巨大悲哀。

　　为了消除这种空虚感，很多人选择了各种方式甚至极端的举措来寻找压力或者刺激，一部分人在工作、生活、友谊或爱情之中找到了；而有一些人在寻找的过程中甚至付出了生命的代价，比如一部分吸毒者，就是被空虚引上绝路的。

　　心理学研究表明，一个人对成功与失败的体验，包括对挫折的体验，不仅依赖于某种客观的标准，而且更多地依赖于个体内在的欲求水准。任何远离这一欲求水准的活动，都可能产生成功或者失败的体验。在现实生活中，这一事实体现为，取得相同的成绩，不同的人会有不同的反应。比如，考试得了80分，对于高喊"60分万岁"的人来说，已经是很大的成功了。可以这样认为，一个人的欲求水平和主观态度，是决定是否产生挫折的最重要原因。中国有句俗话，"知足者常乐"，就是鼓励人们降低欲求水平，以减少欲求来减少压力。

　　由各种压力事件产生的压力都会对个体的生存状态、生活质量和活动效果产生性质不同的、或大或小的影响。这些压力事件是不以个体的意志为转移的客观存在，特别是个体面对极具挑战性的工作任务，置身于各类激烈竞争，承受着沉重的家庭负担，各种压力事件交织在一起，会使个体经常处于过度压力之下。当个体感受到压力后，心理的评估机制随即启动。在第一阶段，个体将评估压力的威胁性和挑战性，对压力的量级和方向做出大致的判断。在随后的第二阶段，个体开始根据前一阶段的评估结果继续评估自身的应对能力，即审视所拥有的经验和资源是否足以化解这样的压力。这种对于自身应对能力的评估包括内部因素和外部因素，内部因素涵盖个性、情绪状态、自尊强度、个人能力等主观特征，而外部因素则包含时间、财力、外力支持等客观条件。通过成功的压力应对，各项生理指标将得到优化，个体将恢复至压力介入前的生活状态。因此，压力应对能力的差异是个体在相同压力下表现出不同反应的直接原因。

　　当个体面临较大压力时，要主动对各种压力事件反映出的压力源进行理性分析。首先，要正视压力事件。应做到不回避、不掩饰，承认压力是生活的一部分，是自然的、不可避免的，这是有效应对压力的前提。其次，要准确分析压力事件。压力是一种主体感受，个体所感受到的压力，常常不是由单一的压力事件引起的，而是很多压力事件累积并相互作用的结果。所以，要根据压力事件的性质及其对自身的影响，学会分解生活、工作中的外界压力源，把自己感到有压力的事情按照影响程度的大小列一份压力名单。分解压力将有利于更好地控制和驾驭压力。最后，要区分轻重缓急，有选择地采取行动。一个压力事件的解决，意味着某种压力的解除。当面对很多压力事件时，要对压力事件有选择地采取行动。有的先为，有的后做，有的忽略，使压力事件对自身的影响保持在一定的限度内。

─── 资料窗 ●────────────────────────

心理健康自测：你的压力超标了吗？①

俗话说，有压力才会有动力。的确，适当的压力能激发做事的热情，使人为实现目标而努力奋斗。但是，压力过重，会对身心健康造成极大的伤害。那么，怎样判断自己的压力是否过大呢？不妨来自我测试一下吧。

（1）感到与朋友和家庭疏远，或在人群中有一种挥之不去的孤独感。

（2）突然感到害羞，或在人群中有一种暴露感，或总觉得别人对自己品头论足。

（3）很难回忆起最近的谈话或诺言，经常感到困惑，理解力和记忆力明显下降。

（4）不愿接电话，对其他人失去兴趣，也不愿意接受他们的关心。

（5）尽管经常感到疲倦，入睡却非常困难。

（6）很容易流泪，情绪变幻不定，时而高兴，时而沮丧。

（7）可能几分钟也坐不住，经常摆弄手指或戒指等。

（8）会因为微不足道的原因就放弃做某件事，或者和周围的人过不去，容易怀疑其他人在指责自己。

（9）把工作作为逃避问题的手段。（这是压力的典型症状，尽管在压力下你会表现为漫不经心。）

（10）出现不由自主的过度饮食、抽烟或购买，日常生活变得千篇一律，很难再有什么新兴趣。

（11）不再对食物感兴趣，要么不吃不喝，要么对冰箱里的食物不加选择地"清剿"。

（12）安静可能使你不安，所以你与他人在一起时总会喋喋不休。一个人在家时会打开收音机或电视，但对噪声也难以忍受。

（13）害怕形象变"坏"，会过度关注容颜和体重变化，有时会强迫自己运动和减肥，或者频繁去美容、染发等。

以上症状如在你身上有 3~5 项同时出现，并持续 3 个月以上，说明压力对你心理和生理方面已造成伤害，应该注意调整和休息，必要时可求助心理医生。

────────────────────────────

二、压力的社区支持

社区支持的概念来源于社会支持理论。社会学视野下的社会支持是以心理失调的社会原因为研究对象的社会病原学所采用的理论，用以说明互动、社会网络和社会环境对社会成员

───────────

① 康路网，http://test.kanglu.com/1164/219417.html#one，2012－12－06。

的心理受挫折感和剥夺感所产生的影响，着重对社会生活有困难者减轻心理应激反应、缓解精神紧张、提高社会适应能力的研究①。社区支持就是在社会支持的基础上衍生出的概念。

众所周知，社区是构成社会的基本单位，社区作为社会的基本细胞及缩影，虽不能反映社会的全部特征，但是社区和社会之间存在不可分割的联系。

从范围上来看，社区是社会的基本组成部分，社会是由不同类型的社区构成的，社会的发展离不开社区，社区是社会与国家的对接口；从内容上来看，社区是社会的缩影，社区是具备完整意义的社会实体。社会存在的现象必然会反映于社区，社区是认识和分析社会的窗口。随着城市化进程的加快，社会基层组织面临新的问题，以前的单位社区作为基本的社会组织载体的时代已经过去，各类各级社会组织下放的社会职责大都归于社区，同时社区也会承担为应对城市发展中出现的新情况而增加的社会功能。社区逐步成为城市基层组织的运行主体，成为社会的基本组成部分。

综上所述，社区支持主要是指社区运用一定的物质、精神和心理手段对社区内的需求人口进行帮助的一种选择性社会行为。社区支持的主体包括个体、群体以及政府，这些主体构成社会大网络；社区支持的客体则是社区内在物质、精神和心理上的弱势群体。

研究表明，社会支持较多的人拥有更积极的心理体验和更健康的生理状态。因此，社会支持是抗压因素中最为重要的外部因素。任何个体的发展都离不开他人和外部环境的协助，部分学者认为，社会支持是指个体所感受到的来自其社会网络的关心和重视，是提高归属感和个人价值的重要来源。

社会支持理论把个体置于社会环境下，关注个人对周围环境的适应程度和资源可得性。社会支持理论认为，个体是社会环境的产物，因此关注个人对周围环境的适应程度，关注个人获得周围资源的可能性。根据社会支持理论，如果提高社会支持的强度，个人的社会整合度就会得到提升，也因此有助于提升个体在环境中的适应性。直接效应假说则认为，社会支持具有钝化压力体验的普遍积极效应，无论受到支持的人处于什么样的状态。由此可见，社区支持并非针对弱势群体的扶助或是针对特定事件的应急处理，而是通过对资源的整合以及针对性的规划使同一环境下的人类群体普遍受益。近些年的研究表明，社会支持并非只使受帮助者获益，提供帮助者的身心健康同样得到了提升并可维持在较高的水平。作为一种互惠互利的社会支持模式，社区建设的开展所带来的社会支持也备受推崇。调查研究显示，在社会支持的多个方面，提供社交群体、信息支持和情感支持成为效果最为明显的手段。而从提供支持的方式上来看，无形支持最为有效，即被帮助者没有明显察觉到自己受到有意的帮助，这种支持以最自然的形态发生。因此，社区支持存在的意义主要在于通过日常的服务全面提高社区生活的品质，使人们的心理处于健康状态，而不仅是作为干预在特定情况下介入。

---

① 马学理、张秀兰：《中国社区建设发展之路》，92页，北京，红旗出版社，2001。

●── 资料窗 ──●────────────────────────

压力调适方法①

每个人都会有心理压力，尤其是现代社会的工作、房子、感情、婚姻等问题让我们的心理压力越来越大。对于心理压力，我们不但要学会调整，也要学会调试，大家不妨参考以下方法：

（1）充分休息，不管多忙，每天必须保证8小时的睡眠。

（2）调适饮食，禁烟少酒。酒精和尼古丁只能掩盖压力，不能解除压力。

（3）性爱是很好的减压药。富有激情的性生活，对缓解心理压力大有益处。

（4）参加社交活动，多与知心朋友交流沟通。

（5）敢于说"不"。对自己感到难以承受的工作和义务，要敢于拒绝，量力而为。

（6）不要凡事要求完美。只要尽心尽力做好每件事，即使达不到预期目标，也不必自怨自艾。

（7）不要将他人的过错归因于自己，无须对他人的情绪承担责任。

（8）不要太心急，遇到婚姻、就业、购房、升迁等重大问题，要提醒自己：只有时间才能解决问题。

（9）遇到困难，先设想一下最坏的结果，这样会对自己的应变能力更具信心。

（10）不为自己无权干预、无力监管的事情操心。

（11）打开相册，重温过去的美好时光。

（12）关上电视机，在惬意的温水浴盆里休息一会儿。

（13）打开收音机，闭上眼睛，聆听熟悉且美妙的音乐。

（14）回忆曾经拥有的最幸福时刻。

（15）享受大自然，去郊外畅游。

（16）参加健身活动，身心完全放松。

（17）给爱说笑的朋友或亲人打电话。

（18）享用美食。

（19）去商场为自己挑选礼物。

（20）解不开的心底烦恼，应请心理医生帮助解决。

────────────────────────────

第二节　社区赋权

一、赋权理论

在西方，心理赋权的概念以马克·齐默曼（Marc Zimmerman）的理解最具影响力，他

────────────────────────────

① 放心医苑网，http://www.fx120.net/xinli/201005/xinli_617640.html，2012-08-01。

认为，心理赋权包括个人关于自身能力的信念，施加控制的努力，以及对社会政治环境的理解①。社区心理学是研究赋权最多的领域之一②。针对该主题的研究主要集中在个体、社区和组织水平。个体层面的赋权即所谓心理赋权，社区层面的赋权即社区赋权，组织层面的赋权即组织赋权。

赋权是与权威指导相对应的一个概念，强调研究对象等实际情境中的人才能够真正了解自身的需求，才能真正找到最适合他们的改变途径。因此，以干预为目标的行动和研究，需要抛弃以往以专家精神为中心的工作方式，即专家不再扮演中心角色，而是扮演促进者的角色，不是直接指导和分析，而是组织和授权。最初，查尔斯·凯福尔（Chris Kieffer）使用质性研究方法来描述社区领导者的心理赋权发展，并提出赋权包括由积极的能力感和自我概念所构成的参与能力的发展，对社会政治环境的分析理解，以及为了社会行动而培育个人与集体资源。随后，齐默曼经过大量研究，提出了心理赋权的三维模型，包括个人内心成分、相互作用成分和行为成分。其中，个人内心成分是指人们如何看待自身，它包括觉察到的控制、自我效能、能力和动机；相互作用成分是指分析与理解人们的社会政治环境的能力，包括批评意识、决策、问题解决和领导能力；行为成分则指可以直接影响结果的行动，包括参与集体行动，参加自愿或互助团体，或者独自努力去影响社会政治环境。自此之后，齐默曼的心理赋权模型便一直主导着西方心理赋权研究。

二、影响社区赋权的相关因素

齐默曼认为，个人内心成分的赋权并不必然伴随着相互作用成分的出现，如个体感受到赋权，却并不知道如何获得控制感、个体的认知风格、应对方式、社区依恋、社会支持、团体认同等。

一些早期的研究和新近的研究均发现，心理赋权在性别变量上并不存在显著差异。而另一些研究却得出了相反的结论。例如，性别变量对心理赋权的影响并不能被简单地归纳为有或无，二者之间应该存在更复杂的关系。性别对心理赋权的主效应并不显著，但当性别与参与行为交互作用时，心理赋权便呈现出显著的性别差异。这一结果也得到了另一些研究的证实，即当女性的社区感较高或男性的社区感较低时，社区参与才能有效地预测心理赋权的个人内心成分和相互作用成分。

也有学者考察了年龄、受教育程度、居住时间、宗教信仰及所处区域等变量对社区居民心理赋权的影响。研究结果发现，心理赋权会随着年龄和居住时间的增长而呈现上升趋势；学历、宗教信仰及所属区域不同，被试的心理赋权水平本身也会呈现出差异。这也印证了齐

---

① Perkins D. D, Zimmerman M. A. Empowerment theory, research, and approach action. American Journal of Community Psychology, 1995, 23（5），569－579。

② Hur M. H. Empowerment in termsoftheo—retical perspectives：Exploringaty pologyofthepro—. cess and Componentsa cross disciphnes. Journal of Community Psychology, 2006, 34（5），523－540。

默曼等研究者的观点，即心理赋权会随着时间推移、人群变化而表现出不同的趋势。此外，社会阶级也是影响个体心理赋权的一个重要的变量，它同心理赋权的个人内心成分呈正相关，且二者之间不存在交互作用；就心理赋权的相互作用成分而言，社会阶级是一个负性预测因子，且二者之间存在交互作用。

情境特征心理赋权具有情境指向性。其中一个重要的情境问题便涉及心理赋权的生态一致性和生态特异性。即在不同的情境中，组织特征均会影响成员的赋权；或只在特定的情境下，某些组织特征才会影响心理赋权。研究者依据齐默曼的心理赋权模型对此进行了论证。通过将组织特征操作化为领导能力、机会角色结构、支持系统和团体信念系统，对社区中三种不同类型的组织进行研究之后发现，组织特征是影响心理赋权的一个重要因素。同时，不同情境下的组织特征对心理赋权的影响是不同的，表现出生态特异性——而且不存在明显的生态一致性。对一个服务于家庭暴力和性侵犯幸存者的社会工作组织的研究也印证了生态特异性。该研究将组织特征操作化为组织支持和工作条件，研究结果表明，具有高组织支持的社工，其心理赋权水平更高；而工作条件与心理赋权之间并不存在相关关系。

在西方，齐默曼的心理赋权理论长期占据主导地位，深深地影响了近几十年来的心理赋权研究。从对文献资料的分析可以发现，众多研究均以齐默曼的观点作为研究的理论基础。近几十年来，针对心理赋权的研究进展虽然缓慢，但也已取得了一些重大的进步。从将心理赋权视为一个稳定的特质，到提出它的动态性品质；从将心理赋权单纯地视为一种结果或过程，到发现二者之间的互动关系，均体现了对这一概念认识及理解的不断深入。同时，越来越多的研究证实，心理赋权是多种因素相互作用的结果。一些学者已开始尝试从理论层面出发，探索影响心理赋权的发展机制；或从文化差异这一角度，开展心理赋权的本土化研究，从而大大推进了心理赋权理论的发展，为心理赋权的实证研究提供了强有力的理论支持。但是，当前针对心理赋权的研究仍存在一些不足之处。

心理赋权的已有研究主要集中于社区组织、学校这些地域性社区，而针对宗教团体、网络社区等关系性社区的研究几乎处于空白状态。另外的重要的研究问题是时间因素，它显然是影响心理赋权的一个极其重要的变量，而当前针对心理赋权的研究多以横断研究为主，几乎没有涉及具有时间跨度的纵向研究。

心理赋权的干预研究尚处于探索阶段，较常用的方法是培训（或教育）。尽管该途径的有效性备受争议，但总体而言，它仍被视为一种颇具价值的心理赋权手段。在 2000 年，克拉瑞克（Clrake）考察了英国的一项社区服务培训计划。将心理赋权的评估指标确定为觉察到的来自他人的控制、自我效能、自尊、对服务方法掌握情况的自我觉察、对服务和权力知识掌握情况的自我觉察。研究结果发现，培训虽然促进了服务者对服务与自身权力的了解、增加了他们参与制订服务计划的机会，却没有发现任何成分的心理赋权的提升。而另一些研究结果则相反，研究者发现培训是发展和提升心理赋权水平的有效途径。伯格（Berg）等人采用准实验研究法，以一项青年预防行动研究（旨在以赋权为基石，减少青年的药物滥用及性行为，同时增加个体及集体的效能和教育期望）为对象，也证实了这一结论。伯格等人的计划包括两个阶段，先通过课程培训促进个体青年之间形成团体认同和凝聚性，成为社区中的行动者；随后在社区水平开展行动研究。通过为期三年的干预，系统观察、访谈、焦点团体和其他材料均证实，这些青年之间实现了彼此交流，获得了分析及探究的技能、形成了一种集体的心理赋权感和采取社会行动的自我效能。

阿西亚·斯蒂奎（Siddiquee Asiya）和卡洛琳·卡根（Kagna Carolyn）的社区网络计划也是一个成功的培训案例。该计划的独特之处体现在网络媒介的应用。研究者以英国某社区中的难民妇女为赋权对象，对她们展开至少 25 小时的培训，使她们学会网络使用技能（如收发邮件、信息检索）。这一项目的结果是：她们重新联结了过去的社会支持网络，并发展了本土化的支持网络，从而减少了焦虑和隔离感。网络技能的掌握使得她们可以轻易地获得各种信息。研究者以齐默曼的心理赋权模型作为分析框架，发现在个人内心水平方面，这些妇女对其在英国的生活有了更强的独立性和控制感；在相互作用水平方面，她们获得了知识和资源，从而增强了她们对自身处境的批判意识；在行为水平方面，她们可以结合社区条件采取行动。

首先，从心理赋权的成分来看，有学者指出，心理赋权的两个成分会同时出现。不管怎样，依据齐默曼的理解，虽然心理赋权的三种成分并不一定会同时产生，但任何一种成分的出现都意味着心理赋权水平的提升。

其次，从区分心理赋权的结果与过程来看，某些过程，诸如学习决策技能、管理资源及与他人共事，均具有赋权的可能性；作为一种结果，参与、控制和批评意识是赋权的基本层面，在个体水平上具体体现为一个人关于自身控制能力方面的信念、决策参与，以及对因果关系中动因的理解，它们分别属于心理赋权的个人内心成分、行为成分及相互作用成分。

我国学者结合我国社区现状提出了心理赋权的本土化理论模型，包括批评倾向、动机的自我评价、主动调控三个成分。其中基于变革的批评倾向是指城市居民对所住社区各方面的认可和接纳程度，它是心理赋权产生的先决条件；参与动机的自我评价是指城市居民对社区事务的参与及干预程度的自评；参与动机的主动调控是指城市居民在社区事务的具体实践中对所遇困难的应对方式和心理状态，以及居民参与社区活动的内驱力。这一跨文化研究对促进心理赋权理论的发展具有十分重要的意义。

总之，作为与服从权威相对而言的社区赋权，是社区心理学的一个重要的研究问题，并已取得了一些有影响力的研究成果。这些成果将社区赋权概括为个体内心因素、相互作用因素、行为因素三个成分，并通过实证研究发现了教育对这些成分的明显影响。

第三节　社区行动

一、社区行动与行动研究

把"行动"和"研究"两者结合起来表述为"行动研究"是 20 世纪 30 年代的事情。美国的约翰·柯利尔（John Collier）在 1933 年至 1945 年担任美国印第安人事局局长期间安排专业人士和非专业人士一起研究改善印第安人和非印第安人关系的方案。在这一过程中他得到启发，专家研究的结果还须依靠实际工作者执行和评价，倒不如让实际工作者根据自身的需要，对自身工作进行研究，或许效果更好。他称此法为行动研究法。行动研究法对实际问题解决的适宜性使它很快得到发展。自 20 世纪 50 年代以来，社区行动理论在社区工作领域中得到普遍应用。社区行动也称为社区参与行动，是参与行动法在社区工作中的运用，也是社区心理学重要的理念和方法之一。我们先来系统了解一下参与行动研究，再来看参与行动研究如何应用于社区行动。

（一）行动研究的概念界定和方式

1. 行动研究的概念界定

实验社会心理学的创始人、格式塔心理学的重要代表人物库尔特·勒温在研究团体动力的过程中，最早提出行动研究的概念。他认为行动研究是将科学研究者与实际工作和之智慧与能力结合起来以解决某一事件的一种方法。这个概念强调行动研究是一种由专家和实际参与者共同解决实际问题的方法。

奇米斯和麦克塔格特（Kemmis & McTaggert，1990）认为，行动研究是指按照螺旋式进行加工和组织，包括计划、行动、对行动结果的评估几个成分。为了理解并改造一定的社会实践，社会科学家必须在调查的各个阶段纳入真实社会的从业者。这个概念对行动研究过程进行了更详细的描述。

约翰·埃里奥特（John Eliot）认为，行动研究是对社会情境的研究，是从改善社会情境中行动质量的角度来进行研究的一种研究取向。这个概念强调行动研究不仅仅是为了解决实际问题，更是一种有价值的、可推广的研究方法。

奇米斯（Chimis）认为，行动研究是社会情境（包括教育情境）的参加者为提高对所从事的社会或教育实践的理性认识，加深对实践活动及其依赖的背景的理解而进行的反思研究。这里强调了反思过程在行动研究中的独特价值。

行动研究具有参与性的特点，因此也被称为参与式行动研究（Participatory Action Research，PAR）。参与式行动研究，并不是研究者炫耀自己高潮的知识和技术，而是尊重被研究者和基层社区的知识，将他们视为合作伙伴或者共同研究者；不是单纯依赖研究者的文化背景和知识来解释事实，而是与被研究者一起采用他们当地的价值观、信念、风俗、艺术去解释事实；不是用晦涩难懂的科学知识的风格去传达研究结果，而要用更加整合的方式去传播从当地人那里学到的东西。

综上所述，参与式行动研究与其他自然主义的研究相比，是通过研究结果去发现解决社会问题的策略，需要同时在提高服务和改善组织氛围的目标指引下去评估社区需要和采取的行动，是一种通过过程联结参与者和研究者的研究方法，是贯穿了从最初的研究概念架构、问题界定阶段到后面的数据搜集、研究结果的交流阶段的独特方法。通过研究进程中的合作及共研究者的参与，以政策、方案或研究进展的形式来促发研究小组所期望的改变。其中，研究者一改以往的权威角色，履行支持和催化的功能，而不是去支配和控制研究的进行，最终通过研究过程促进参与者转化，提出更符合实际运用需求的解决社会问题的方案。

2. 行动研究的方式

行动研究包括诊断性研究、参与性研究和实验性研究三种方式。诊断性研究侧重于对行动本身的研究。它可能以一项试行性研究探索某项行动在实践中的运用和可能收到的效果，也可能对行动过程本身加以描述。诊断性研究主要为被诊断的组织的领导服务，研究报告仅供领导参考，所以它多在行动付诸实施之前或之后进行。在行动之前进行的研究称为试行性研究；在行动之后进行的研究称为评估性研究。这两类研究可采用专家评估法、访谈法或实证性研究法进行。

诊断性研究仅对组织中的领导负责，诊断建议是否被采纳是领导的事情。参与性研究与实验性研究则在研究工作进行的各个阶段始终都与被诊断组织中的所有成员保持联系，并强调该组织的各种活动都必须符合其变革的需要，如改进各层级人员的人际关系，促进人们对组织变革意义的认识，等等，所以，应由研究人员采取一定措施，使组织中所有人员都参与到变革中来。参与性研究和实验性研究并不完全是解决问题式的诊断工作，还应该对行动加以严格的科学观察和控制，从而通过研究发现对研究现象本质起决定作用的那些法则或定律。参与性研究采用现场研究法；实验性研究采用现场实验法。

（二）行动研究的过程与方法

行动研究的过程主要包括计划、考察、行动、反思四个工作过程。每个过程的任务分别如下：

1. 计划——形成协作研究团队

这个阶段第一步的工作任务包括构建多元化的研究团队，在研究者的引导和催化下，由团队共同讨论和确定研究题目或工作项目，并共同讨论完成题目或项目的具体研究设计和具体研究方法的选择。在研究初期，必须形成全体研究团队的集体式领导风格，并注意在一开始就不断形成反思的机制和设置。通过这些工作，研究团队要确定问题，明确被试范围，提出研究假设，选择研究方法，在团队工作的基础上不断地搜集资料，形成有关研究做什么、怎么做的整体工作方案。

2. 考察——创造团体学习的情境

在这个阶段，必须在研究问题与研究团队建设之间建立平衡，必须关注和形成团体之间分歧解决的协议或章程，同时继续搜集资料、落实计划等。这个过程的工作任务是在多元平衡中的不断讨论、分工、合作的基础上，使多元团队形成良好的工作氛围。否则，行动研究就无法顺利进行下去。

3. 行动——解决研究的问题

这是经过计划、在团队讨论基础上形成的研究计划的落实阶段，是将研究计划付诸行动的阶段。在这个阶段中，如果发生疑问，必须由团队协商面对，不能假装忽视，也不能由单一的成员来独立决定和负责，必须坚持尊重集体的智慧。在行动过程中，必须有对工作过程中每个环节的反思记录，如果遇到问题，马上进行对话和再选择，甚至可能需要返回去再从资料收集开始，但这本身就是行动研究的意义所在。

4. 反思——捕捉和解释经验，构建研究的意义，总结出新的经验和观点

即使对于同一个问题，不同的个体也会因为自己的经验产生不同的理解，因此既需要每个人具备觉察和表达自己经验的能力，也需要在不同观点中碰撞和提升。行动研究的反思过程，更倾向于寻找与主流价值观不同的观点，更关注以往没有被大多数人觉察和认可的观点，建议从多角度、多方法的视角来看待同一个问题。也鼓励研究者将反思过程提供给公共大众，获得反馈，再用于反思。

行动研究与以往的以研究者为主体、为中心的研究不同，它更适合于需要解决问题的研究，并且更有益于研究结论的推动和落实。

(三) 社区中的行动研究

社区行动是指发生在社区当中、与社区生活直接相关的具有普遍参与性的社会活动或互助行为。社区行动以社区大多数成员的广泛参与为特征；其行动目标是尝试解决涉及大多数社区成员的共同生活问题。

社区行动是一个动态的发展过程。20 世纪 50 年代，农村社会学家、场域论社区研究学派的创始人哈罗德·考夫曼（Harold F. Kaufman）将社区行动区分为五个发展阶段，包括：①行动意向的产生；②行动发起人的组织和推进；③目标的决定和具体的实现操作方式；④参与者的努力和维持；⑤目标实现手段的执行。另有人认为，行动研究的过程包含熟悉社区及需求评估、行动计划、实施和反馈评估四个阶段（Lawrence F. Salmen，1987）。在社区工作实践过程中，社会工作者以此为指导，组织社区行动，推动社区问题的顺利解决。在实际运用过程中，人们也将社区行动理论引进社区发展的实际工作当中，把社区行动理论与社区建设和社区发展研究结合起来，从而开辟了一种崭新的研究思路，他强调社区活动计划的制订和实施，为社区行动理论的广泛运用拓宽了发展空间。

二、社区服务项目的设计与实施[①]

(一) 社区服务项目的含义

无论在国外还是在国内，很多社区心理学的实践都是以服务项目的形式，通过申请各类资助，在组织者的具体执行下，根据不同的要求，在社区中开展实际服务的。社区服务是指"在政府的倡导和支持下、在社区范围内实施的具有福利性和公益性的各种社会服务活动。它主要面向社区中的弱势群体成员及其家庭，也包括面向全体居民的公益性服务活动，一般为无偿或低偿提供"[②]。社区服务具有福利性、互助性和地域性等特点，有助于解决社会问题、促进社会整合，还有助于促进人的全面发展。

---

① 郭荣茂：《社会学实践教学中社区服务方案的设计与应用——以厦门市昌岭社区小海豚伙伴营为例》，载《教学研究》，2014（3），108～110 页。

② 于显洋：《社区概论》，254 页，北京，中国人民大学出版社，2006。

── ● 资料窗 ●────────────────────

越秀举办"爱心越秀 幸福社区"社区服务项目对接会①

开设老人饭堂、开设4点半学堂、"失独家庭"有人关爱……越秀区在东山街五羊社区举办"爱心越秀 幸福社区"社区服务项目对接会，越秀区辖内8个市、区两级"幸福社区"创建试点率先推动社区服务项目对接事宜，越秀区政协委员、区工商联会员企业等对8个社区共100个服务项目进行对接认领。

活动现场，社区服务项目承接方对拟开展服务项目的目的、内容、服务覆盖群体及数量、项目资金预算、承接期限及承接方自身情况进行了介绍，并与代表项目服务对象的社区居委会签订服务项目对接协议。需要资金捐助的服务项目，由现场嘉宾进行认捐，并当场与服务承接方、代表项目服务对象的社区居委会三方签订项目对接协议书。每个项目根据现场认捐嘉宾的认捐数额，由一名或多名认捐嘉宾共同认领一个项目。东山街五羊社区共推出了"长者慈善饭堂""社区应急防火墙工程"等14个社区服务项目，活动现场全部签订项目对接协议书。

据了解，越秀区结合幸福社区创建工作，在东山街五羊社区、广卫街都府社区、北京街盐运西社区、华乐街华侨新村社区、农林街东园新村社区、白云街东湖新村社区、六榕街盘福社区、光塔街杏花巷社区8个市、区两级"幸福社区"创建试点率先推动社区服务项目对接事宜。8个社区结合辖内实际，广泛挖掘本社区居民群众的各类服务需求，并设计包装成具体项目，共计100个服务项目。通过广泛发动辖内专业机构、团队组织、居民群众及其他各方社会组织具体承接落实项目，通过发动区政协委员、区工商联会员企业、区慈善会、街道人大代表、属地机团单位、属地个体劳协工商户等对具体项目进行资金认捐。越秀区社工委有关负责人表示，接下来，越秀区还会陆续在其他7个社区开展社区服务项目对接活动，并形成社区服务项目对接长效机制，逐步推广覆盖到全区所有社区。

────────────────────────

(二) 社区服务方案的设计与实施

要做好社区服务，就必须有好的社区服务方案。社区服务方案是指对某项工作，从目标要求、工作内容、方式方法及工作步骤等做出全面、具体、明确安排的计划类文书，是应用写作的一种文体。设计社区服务方案应立足现实，放眼未来，强调微观考察和宏观分析相结合。在着手设计社区服务方案前，应对社区进行全面的深入调查，以此了解社区服务的现状、问题或需求、资源等情况，确定社区服务的目标，并在此基础上进一步确立近期目标和长期目标，以及实现目标所需采取的具体措施和策略。具体服务活动设计应由小到大、先易后难、分步实施，而且，在设计具体措施与步骤的时候，要切合实际，体现科学性和可操作性。

从社区服务的需求分析视角看，首先应界定社区问题和需求，其次应分析造成问题或需求的原因，以及问题或需求带来的影响，最后应提出解决问题或需求的策略。一般有以下四个步骤：

（1）问题界定与需求评估。表明社区服务活动推行前的状况或背景因素，以及在这种背景下产生的问题状况与严重程度（后果）。所谓社区问题，是指阻碍社区大多数居民生活并给社区居民带来不便的事与物。从问题衍生的需求角度，说明需求的内涵、数量、迫切性，以及何种需求需要通过转化服务来满足。

（2）目标与目的。描述活动所要达成的理想境界，也就是社区服务主要关心的议题，希望对某一特定人群所带来的最终影响，同时说明在特定时间内预期达到的明确、具体、可测量的结果。

（3）服务设计。确定活动的人力、物力、财力等资源投入，活动的形式、内容和方法，参加人数和次数等。

（4）服务方案成效评估。活动结束后进行反思，检讨工作的得失，从服务数量、服务质量、短期效果和长远影响等方面考虑检验服务方案的成效。在社区服务过程中应经常检讨考评，减少误差，以便及时发现误差并进行纠正。成效评估除了可避免执行的偏差外，也可作为制订下一步计划的借鉴。工作得失的检讨主要包括活动目标是否实现、方法是否得当，如考察此次活动服务对象所接受和完成的服务量，有多少受益者，受益的情况如何。

在设计好社区服务方案之后，就是社区服务方案在实际工作中的执行过程了。一般而言，在无特殊情况下，应该按照既定服务方案执行。

—— ● 资料窗 ● ——

领展"爱·汇聚计划"①

领展"爱·汇聚计划"成立于2013年1月，为领展房地产投资信托基金（简称"领展"）创办的慈善及社区参与项目，旨在支持符合资格的慈善机构在领展物业邻近地区开展社区服务，促进社区可持续发展，实践领展"服务社群并提升社区人士生活品质"的愿望。

领展"爱·汇聚计划"集中资助以下范畴的项目：长者的福祉；儿童及青少年的教育、培训及发展。拨款类别包括：社会服务资助、地区项目资助及领展奖学金。

社会服务资助的主要评审准则为：①为社会需要提供具创意的解决方案；②顾及受惠对象的长远需要；③项目长远的持续性；④有提供类似服务的经验；⑤适切善用领展的物业、商户网络及义工团队；⑥具备健全机制以评估其成效，如使用社会投资回报率作为评估及量化价值的方法；⑦符合成本效益原则，善用慈善拨款。

地区项目资助的主要评审准则为：①为地区特定需要提供解决方法；②对建设地区遗产及对地区有贡献的项目优先考虑；③适切善用领展的物业、商户网络及义工团队；④符合成本效益原则，善用慈善拨款。

---

① 领展官网，http://www.linkreit.com/TC/corporate/Pages/linktogetherinitiatives.aspx，2014-01-02。

(三) 项目书的撰写

项目书,也被称为项目申请书、项目建议书、项目策划书等,通常是一份用来申请资助的书面文件。资助方对项目书会有不同的要求,如有些资助方要求填写特定的表格。但是无论怎样,项目书总有一些通用的要点,根据这些要点,按照资助方的格式要求,可以形成不同的项目书文本。

项目书具有以下功能:第一,申请者通过申请书向有关主管部门陈述申请研究的理由和需求事项,以此获得评审通过及取得支持;第二,在完成项目研究的过程中,将项目书作为供有关主管部门指导、检查、督促和鉴定工作的基本依据之一;第三,在开展研究的每个阶段,将项目书作为布置和完成各个环节工作的任务书。

可以说,项目书不但起着一般书面请示的作用,而且具有课题论证的功能。因此,项目书应该准确地表述课题设计和课题论证的最基本内容。可见,项目书的主要目的是说服项目评审专家支持你所申请的项目。由于项目书不是申请方和评审专家的对话,没有补充说明的机会,因此,一定要使评审专家通过阅读就能够清楚地了解这个项目的重要性、必要性;了解你所在的组织有完成的能力;了解项目将产生的社会效果;了解项目的可持续性;等等。也就是说,让资源方放心和满意,使他们确信他们的资助会被很好地利用,产生他们所希望的结果。一般来讲,写项目书就是要交代清楚上面这些问题。具体步骤可以概括为:了解资助方向,确定项目选题,撰写项目申请。

1. 了解资助方向

在申请项目之前,首先要了解你所申请的资源方的资助方向、明确目的。申请的项目如果不是资助方向,就会徒劳无功。因为政府购买的目的是为社会提供服务,而属于其他政府部门事务范围之内的项目,政府是不会购买的。如果你所设计的服务与政府部门的职责交叉了,政府就不会购买。购买社会服务的政府部门一般强调购买新增服务、填补空白的服务,比如心理咨询、专业社工服务等。项目内容应符合公共财政资金支持范围和社会建设发展方向,能起到扩大社会公共服务、填补空白的作用。属于党委、政府部门职责的已由部门预算保障的项目,仍由原经费渠道解决;通过任何途径已由市级财政资金支持的项目,不能作为购买对象。另外,应该由市场解决的,政府也不会购买,比如家政服务、物业管理等。所以,在申报项目之前必须首先根据当年政府公布的项目指南了解其资助方向。

2. 确定项目选题

选题是一个项目申请的关键,一个能够抓住评审专家眼球的选题获批的成功概率较高。而对于社会工作项目而言,选题是否是社会急需的,是否具有创新性、可行性、效益性等,往往是专家评判的标准。一般而言,社会(社区)服务项目选题需符合以下几个原则:

(1) 需要性原则。政府购买的社会服务项目往往是社会急需但政府又没有精力和时间去做的事情。政府主要鼓励以满足社会需求、解决社会问题为重点,主要支持扩大和新增公共服务、多元参与社会治理和社会公益项目。因此,最好是雪中送炭,而不是锦上添花。要以事实为依据,以社会需求为出发点,不要主观臆想。只有社会、社区急需且符合实际的项目才会获批。

（2）创新性原则。每年申请项目的机构很多，因此新颖的项目当然会得到评审专家的更多关注。创新可以是有时代感、观点新、服务方式新，也可以是提出新的问题、新的可能性，或是以新的角度去看旧的问题，达到新的效果。

（3）可行性原则。这是指所选项目具有可操作性，确定选题时应从实际出发，结合社工机构自身的方向及驾驭该项目的主客观条件，具有组织、协调、执行能力，有一定的前期工作，项目组成员组合合理，工作条件和时间有保证，等等。

3. 撰写项目申请

在撰写项目书之前，如果有可能再了解一下对方都资助过哪些组织，有助于预先自我评估中标的可能性。对自己要申请的项目的背景、重要性、必要性、可行性、可持续性，一定要心中有数。做不到这一点，就不可能在项目书中写清楚，更不能让评审专家读懂。

项目申请书一般包括：封面（项目类别、项目名称、申报单位、主责单位、填表日期）、数据表、申报单位简介、项目论证（具体包括：项目实施的必要性、可行性；项目实施的已有基础、具体方法和途径，以及进度安排、预期效果及完成时间；项目实施涵盖的范围、实施的规模、服务的人群，创新之处等）、经费预算等。在填写项目申请书时对于以上各项需要认真填写。具体应注意以下几点：

（1）简明扼要地概括项目名称。项目名称是对项目目的、项目内容的高度概括，要简单、明了，让人一看就知道这个项目属于哪一个工作领域、哪个方向、哪个类别。醒目的标题会吸引评审专家的注意，并将其引至你所希望其关注的问题上来。比如，"××市××区青少年戒除网瘾干预服务项目"，从这个名称，我们可以初步得到的信息是，这是一个干预性公益项目，在某个城市的特定群体中进行，因此，这个项目名称说明了项目的领域（网瘾）、目的（通过社会工作专业介入，改变目标人群的网络成瘾行为），实施地点和目标人群（××市××区网瘾青少年）。

（2）准确写明申请组织信息。申报表中的数据表主是关于项目申请方的信息，包括：项目申报单位、通信地址、电话号码、传真号码、电子邮箱、联系（负责）人、主责单位、负责人等。这些信息都应该认真核对，确保无误。项目申报单位简介部分，要正确书写组织名称，并对本组织的历史和能力作简要介绍。如果是不为人知的小组织，最好提供一些对组织的诚信度有利的证据，比如，组织的合法性证据、其他有影响力组织的推荐、曾经组织的有影响的活动等。

（3）充分翔实地进行项目论证。项目论证部分是项目申请书的核心，是决定项目申请成败的关键。项目论证的思想要清楚、明确、严谨，逻辑性要强；学术用语要准确，语言表达要具体，新概念要解释清楚；书写要突出创新点，要有连贯性，前后照应；不写错别字，要使你的项目论证能充分、真实地反映出申请机构的专业能力和项目承接能力，使参加评审的专家对申请的项目形成较全面的了解，给你的申请投上赞成的一票。因此，写出既符合要求又突出申报机构特色、具有说服力的项目论证，必须按照项目申请书的表格要求逐项填写。

根据以往申请项目的经验，我们将这一部分的撰写方式概括为以下八点：

第一，着眼需求，阐明项目实施的必要性。这部分的陈述相对于项目书来说是比较重要的，是评审专家着重审核的环节，填写时切忌"空、虚、泛"。研究内容要语言精练、重点突出、目标明确，尤其是拟解决的关键问题要表达清楚。一个社工机构申请的项目首先应该是社会有所需求的项目，因此，项目实施的必要性部分就要论述清楚为什么要申请这一项目、实施它有什么价值。一般可以先从现实需要方面论述，指出现实当中存在这个问题，需要社工去介入、去解决，再指出该项目的实施有什么实际作用，会带来什么社会效益。对于项目实施必要性的陈述，应该让人感到所申请的项目是特定区域重要而迫切需要的。因此，进行一些调查和分析，并把这些精确、具体的证据合理地加入项目书中，会增强说服力。

第二，结合实际，表明项目实施的可行性。项目实施的可行性就是指项目在现实生活中能否执行下去，是否具有执行的环境。因此，在撰写这一部分时，应该结合实际进行分析，例如可以从机构能力、政策环境、社会支持等方面入手。社会工作的目的就在于整合个体、群体和社区的可用资源（包括显在资源或潜在资源）来助人与自助，因此，可以说明实施该项目有哪些资源可供使用。

第三，分类整合，说明项目实施的前期基础。每个项目对人员和设备方面都有不尽相同的要求，要讲清开展该项目已经具备的基本条件。研究条件包括主客观两个方面，客观方面是指申请机构的人力、物力、财力等是否允许其承担此项目；主观方面是指项目申请机构是否具备承担此课题的知识、经验和能力，实施过哪些项目，已取得哪些相关项目成果。一般而言，一个机构成立以来都实施过一些项目，因此在申请新的年度项目时就应该对以往相关项目进行合理归类，凡是与申请项目相关的经验或者活动，均可作为新申请项目的前期基础。

第四，专业指导，确定项目实施的方法和途径。社会工作机构申请的项目应该体现社会工作的专业性，因此在设置具体实施方法和途径时应该请社会工作督导或者社会工作领域的专家学者针对项目服务对象存在的问题确定具体的实施方法和介入途径，这样才会收到事半功倍的效果。在项目书中还要介绍采用什么方法、开展什么活动来实现这些目标。在介绍方法时，要特别说明这种方法的优越性。可以同时列举出其他相关方法，并对它们进行比较，还可以引用专家的观点和其他失败或成功的案例，等等。总之，要充分说明你所选择的方法是最科学、最有效、最经济的。同时，也要说明你的机构在采用这种方法时也存在一定的风险与挑战。此外，还要提到为了执行这一解决方案需要哪些条件与资源，主要包括：谁，在什么时候，使用什么样的设备，做什么样的事情，做这些事情的人要具备什么样的能力与技能，等等。

第五，合理安排，规划项目实施进度。一般而言，政府购买服务项目的服务周期为一年时间，因此，在制定项目实施进度时要综合考虑人力、物力、时间等因素，既要考虑社工机构的情况，也要考虑服务对象的情形。比如，对于一些上班族的服务就应该考虑避开他们的上班时间。总之，实施进度的设置要以为机构和服务对象提供便利为原则。

第六，注重绩效，确保预期效果及完成时间。设置项目时应注重项目实施的绩效，否则项目考核会无从下手。因此，要明确项目预期的效果有哪些。预期研究成果要有力度，有数量，更要有质量。在这一部分，可以简明扼要地介绍项目的总目标、具体目标及衡量指标。

总目标是一个长期的、宏观的、概念性的、比较抽象的描述，如"从行为习惯方面引导边缘青少年，以便使其回归到正常的学习生活轨道上来"。具体目标是一系列的在项目周期内可实现的、有可衡量指标的具体任务，如"通过社会工作干预措施有效帮助 20 个网瘾少年戒除网瘾，通过社区宣传、咨询向 1 000 人传递青少年教育理念及方法"。同时要切记：对目标的陈述一定要非常清楚。最重要的是，制定的预期目标要切合实际，不要承诺做不到的事情。要牢记，资助者希望在项目完成报告里看到的是：项目实际上实现了这些既定目标。当然，如果你还有其他的机构合作伙伴，也要明确说明。

第七，服务为先，锁定项目实施范围、规模及人群。社会工作服务项目的目的就在于为社会中的特定群体提供专业性服务。因此目标人群通常是项目的受益人群。在这一部分中，一定要写明目标人群及其数量，因为这直接关系到项目投入与产出的效益。必要时，还可以把目标群体分为直接目标群体和间接目标群体。比如"青少年戒除网瘾服务项目"的直接目标人群是项目地区的网瘾青少年，但间接目标人群是这些青少年的父母或其朋辈群体、相关学校人员、商业及服务业工作者、社区居民、社区工作者等。因为通过社会工作项目服务，一方面可以帮助社区网瘾青少年戒除网瘾，另一方面可以向网瘾青少年的父母讲解正确教育子女的方式方法，向周围人群教导一些与网瘾青少年沟通的方法，提前关注一些有可能出现问题的青少年。因此，此外，对目标人群参与的项目活动也可作更为详细的描述，包括项目设计、项目活动内容、活动主题、活动时间等。

第八，与时俱进，写明项目创新所在。创新是在他人没有做过的或是在已有的项目基础上的再创造。它可以是结合实际提出的新观点、新发现、新设想、新见解，也可以是通过项目实施建立新理论、新技术、新方法或开拓新领域。这一部分要求项目申请者写明所申请的项目创新具体体现在何处，要突出该项目的时代性、新颖性。

（4）合理编制项目预算。这一部分要叙述和分析项目中的各项活动费用，包括人员经费、设备费用等。其中，人员经费类别可以包括工资、各种补贴和咨询专家的费用；非人员经费类别可以包括差旅、场地、交通、设备、通信等其他活动费用。通常资助方要求对这些支出详细地列明计算根据，比如印刷宣传单费 3 000 元，计算根据是每份 0.5 元，印制 6 000 份。如果已经有了一部分资金来源，也要注明。而且，要很明显地写出你还需要经费支持的总数。

如有必要，与项目相关的财务与审计方法也要在这部分中提到。有些资助方希望了解项目的投入与产出的效益。事实上，非政府组织服务的一大特点是社会效益。尽管社会效益比较难以量化，但还是可以尽量找一些数据来分析一下社会效益，哪怕只是估算也好。比如，一个戒毒人员的服务机构虽然为吸毒人员提供免费服务，没有任何收入，但是，还是可以估算出通过服务于一个吸毒人员可以减少哪些方面的社会问题，进而可以对吸毒人员的医疗、失业、犯罪等相关费用进行估算。总之，你越明确地算出单位成本的投入可以产生的效益，就越能说明你的方法的优越性，也就越有可能得到资助方的认可。

至此，应该说基本完成一个项目计划书的主要内容了。希望申请者意识到，申请项目的组织数往往要数倍于实际获得资助的组织数，争取项目资金的竞争之激烈是显而易见的，因此，写好项目书，往往是获得资助的最关键一步。尽管优秀的项目申请书没有统一的模板，但在成功的项目申请书中仍蕴含着许多一致的原则，了解上述这些原则越早越好。

━━ • 资料窗 • ━━━━━━━━━━━━━━━━━━━━━━━━━

社区项目书范本

一、数据表

项目名称	
项目申报单位	
通信地址 _____	邮政编码 _____
电子邮箱 _____	传真电话 _____
法定代表人 _____	法人代码 _____
姓名 _____ 职务 _____	办公电话 _____ 手机 _____
负责人	
联系人	
申请经费（万元） _____	计划完成时间 _____

二、申报单位简介（200 字以内）

（略）

三、项目论证

1. 项目介绍
2. 项目必要性及可行性
3. 项目已有基础
4. 项目目标
  4.1 项目总目标
  4.2 项目具体目标
5. 项目受益群体
  5.1 直接受益人群
  5.2 间接受益人群
6. 项目服务内容与方法
  6.1 服务内容
  6.2 服务方法
7. 项目实施计划

四、经费预算

序号	经费开支科目	金额（元）	备注
1			
2			
3			
合计（万元）			

五、申报单位承诺

我们确认项目申报内容的真实性，并愿意承担相应的责任。

负责人签字：　　　　　　　　　　　申报单位公章

年　月　日

六、初评意见

项目符合社会需要程度	□ 强	□ 一般	□ 弱
内容创新性	□ 强	□ 一般	□ 弱
申报单位承接能力	□ 强	□ 一般	□ 弱
经费预算额度	□ 偏高	□ 合适	□ 偏低

其他意见及建议：
□建议／□不建议立项

×× 基金会

××××× 项目

专家评审委员会

年　月　日

七、立项意见

经北京市××基金会××××××项目专家评审委员会会议讨论，决定＿＿＿＿＿＿＿（同意/不同意）《＿＿＿＿＿＿＿＿＿＿＿＿＿＿＿＿＿＿》作为本年度北京市××基金会××××××项目购买社会组织服务项目，核定预算金额为＿＿＿＿＿＿＿＿万元。

决定＿＿＿＿＿＿＿＿＿＿＿作为本项目承接单位。

××基金会（盖章）

年 月 日

本章回顾

内容小结

本章讨论了社区支持、社区赋权、社区行动等主要概念和实践，也对社区服务项目及其申请进行了介绍。

心理压力是现代社会人们非常普遍的反应，社区心理学的一个重要研究议题就是建立社区支持，以有效降低个体的心理压力，提升心理健康能力。赋权是社区心理学中的一个核心理念，是与权威指导相对立的一个概念，强调心理学家在社区服务中，需要依赖和挖掘社区居民的主动性和创造性。社区行动是社区心理学家在赋权理念下进行的社区研究，也被称为行动研究。现代社区服务中，常常需要用项目的方式来设计和实施具体的服务计划，以有效监督和评估服务效果。

关键词

社区支持 心理赋权 社区赋权 组织赋权 参与研究 行动研究 社区行动 社区服务项目

思考与练习

一、简答题

1. 什么是社区支持？

2. 什么是社区赋权？

3. 什么是社区行动研究？

4. 社区行动研究的主要过程和方法是什么？

5. 社区服务项目的内容包括哪些？

6. 如何撰写社区服务项目书？

二、论述题

为什么在社区心理学中需要强调赋权？这与我国目前的社区发展背景和社区居民素质之间会有怎样的相互作用？这种理念是否适合于我国农村社区？

三、案例分析

以下面"爱·汇聚计划"中的几个服务项目为例，谈谈你对社区服务项目的认识，在此基础上，结合你对社区心理学的学习和理解，设计出一个微型的适合你所在社区的服务项目计划。

"爱·汇聚计划" 2014/2015 年度获资助项目

服务类别	机构	项目名称	服务简介／受惠人数	服务区域
长者服务	寰宇希望	长者康健在社区	在领展商场为长者进行跌倒风险评估、安排职业治疗师跟进高危长者，由义工带领长者走出社区；同时，进行防跌公众教育活动 受惠人数：1 600 人	屯门、元朗、葵涌、观塘、东区、将军澳、北区、南区
	香港循理会	汇聚耆乐在社区	为长者提供抑郁症评估及转介服务，教育大众关注抑郁症长者，建立社区支持网络 受惠人数：3 000 人	观塘及黄大仙区
儿童及家庭支援服务	庭恩儿童中心	声星相惜在领展	提供家长培训课程，协助有言语障碍儿童的家长掌握在家中训练的技巧，在社区推行公众教育活动，提升社会对言语障碍的认知，及早协助有需要的儿童 受惠人数：510 人	黄大仙、东区、将军澳、南区、观塘
青少年服务	协青社	Heat Up 街头	教授街舞或其他技艺，吸引夜间流连街头的青少年，从而培养他们的兴趣和技能，帮助他们建立自信，让他们参与街头巡回演出及商场表演，甚至参加国际知名的街舞比赛 受惠人数：11 200 人	屯门、元朗、天水围
共融服务	世界绿色组织	食物送出爱——长幼共融剩食回收计划	举办绿色工作坊，教授处理回收剩余食物的知识，建立商户、长者及青少年网络，宣扬减废的信息 受惠人数：4 710 人	葵涌、屯门

参考文献

[1] [美] 戴维·谢弗. 社会性与人格发展. 5 版. 陈会昌, 等, 译. 北京: 人民邮电出版社, 2012.

[2] [美] 戴维·迈尔斯. 社会心理学. 侯玉波, 译. 北京: 人民邮电出版社, 2013.

[3] [美] 哈彻森. 人类行为与社会环境: 心理暨社会取向. 洪贵真, 刘嘉雯, 任凯, 译. 台北: 洪叶文化事业有限公司, 2012.

[4] [美] 詹姆士·H·道尔顿, 等. 社区心理学: 联结个体和社区. 2 版. 王广新, 等, 译. 北京: 中国人民大学出版社, 2010.

[5] [美] 詹姆斯·汉斯林. 社会学入门: 一种现实分析方法. 7 版. 林聚仁, 等, 译. 北京: 北京大学出版社, 2010.

[6] [美] 萨尔瓦多·米纽庆, 李维榕, 乔治·西蒙. 掌握家庭治疗: 家庭的成长与转变之路. 高隽, 译. 北京: 世界图书出版公司, 2010.

[7] [美] 南希·科布. 青春期心理手册. 孟莉, 译. 北京: 中国人民大学出版社, 2009.

[8] [美] 罗伯特·费尔德曼. 发展心理学: 人的毕生发展. 4 版. 苏彦捷, 等, 译. 北京: 世界图书出版公司, 2007.

[9] [美] D·M·巴斯. 进化心理学. 熊哲宏, 张勇, 晏倩, 译. 上海: 华东师范大学出版社, 2007.

[10] [美] 卡伦·G·杜菲, 等. 社区心理学. 许维素, 译. 台北: 心理出版社, 2005.

[11] [美] 乔斯·B·阿什福德, 克雷格·温斯顿·雷克劳尔, 凯西·L·洛蒂. 人类行为与社会环境: 生物学、心理学与社会学视角. 2 版. 王宏亮, 译. 北京: 中国人民大学出版社, 2005.

[12] [美] 理查德·格里格, 菲利普·津巴多. 心理学与生活. 16 版. 王垒, 等, 译. 北京: 人民邮电出版社, 2003.

[13] [美] 道格拉斯·肯里克, 弗拉达斯·格里斯克维西斯. 理性动物. 魏群, 译. 北京: 中信出版社, 2014.

[14] [美] 美国精神医学学会. 精神障碍诊断与统计手册. 5 版. [美] 张道龙, 等,

译．北京：北京大学出版社，2015.

[15]［英］理查德·道金斯．自私的基因．卢允中，等，译．北京：中信出版社，2012.

[16] R. Paul Olson. 四国精神卫生服务体系比较：英国、挪威、加拿大和美国．石光，栗克清，译．北京：人民卫生出版社，2008.

[17] Roberta G. Sands. 精神健康：临床社会工作实践．何雪松，花菊香，译．上海：华东理工大学出版社，2003.

[18] 黄希庭．社区心理学研究．第 1 卷．广州：暨南大学出版社，2015.

[19] 隋玉杰．个案工作．北京：中国人民大学出版社，2007.

[20] 郝伟，于欣．精神病学．7 版．北京：人民卫生出版社，2013.

[21] 刘视湘．社区心理学．北京：开明出版社，2013.

[22] 江光荣．心理咨询的理论与实务．2 版．北京：高等教育出版社，2012.

[23] 龙立荣．组织行为学．2 版．大连：东北财经大学出版社，2012.

[24] 夏建中．社区工作．北京：中国人民大学出版社，2011.

[25] 朱东武，朱眉华．家庭社会工作．北京：高等教育出版社，2011.

[26] 栗克清，等．常见重性精神疾病社区防治手册．北京：人民卫生出版社，2011.

[27] 马文元．社区医学心理学．北京：人民军医出版社，2009.

[28] 胡德海．教育学原理．兰州：甘肃教育出版社，2008.

[29] 王光荣．文化的诠释：维果茨基学派心理学．济南：山东教育出版社，2009.

[30] 杨国枢，黄光国，杨中芳．华人本土心理学．重庆：重庆大学出版社，2008.

[31] 黄希庭．心理学导论．2 版．北京：人民教育出版社，2007.

[32] 孟莉，徐建平．发展心理学．北京：中国医药科技出版社，2005.

[33] 库少雄．人类行为与社会环境．武汉：华中科技大学出版社，2005.

[34] 陶勑恒．小学生心理辅导．北京：高等教育出版社，2004.

[35] 陈旭，李左人．民族·旅游·文化变迁：在文化社会学的视野中．成都：四川人民出版社，2009.

[36] 林崇德．发展心理学．杭州：浙江教育出版社，2002.

[37] 林志斌，李小云．性别与发展．北京：中国农业大学出版社，2001.

[38] 郭祖仪．小学教育心理学．北京：高等教育出版社，2000.

[39] 叶浩生．西方心理学的历史与体系．北京：人民教育出版社，1998.

[40] 万明钢．文化视野中的人类行为：跨文化心理学导论．兰州：甘肃文化出版社，1996.

［41］邵瑞珍．教育心理学．上海：上海教育出版社，1983．

［42］马学理，张秀兰．中国社区建设发展之路．北京：红旗出版社，2001．

［43］于显洋．社区概论．北京：中国人民大学出版社，2006．

［44］万明钢．把民族平等观念植入公民信念．中国民族教育，2015（5）：14．

［45］朱华桂．论风险社会中的社区抗逆力问题．南京大学学报：哲学·人文科学·社会科学，2012（5）：47－53．

［46］朱华桂．论社区抗逆力的构成要素和指标体系．南京大学学报：哲学·人文科学·社会科学，2013（5）：68－74．

［47］张蔚蓝．建立"人人都是社区人"意识 大力培育社区精神．经济日报，2014－11－12．

［48］童莹．社区精神与精神社区．硕士论文，中南民族大学，2012．

［49］陈晓娟，陈永胜．社区背景下的心理赋权研究：回顾与展望．社会心理科学，2011（10）：71－77．

［50］陈微．如何培养居民的社区归属感．中国民政，2002（3）：24－25．

［51］魏成．政策转向与社区赋权：台湾古迹保存的演变与经验．国际城市规划，2011（3）：91－96．

［52］金庆英．社区心理学研究综述．中国社区医师·医学专业，2010（12）：15－16．

［53］包开亮．社区心理学综述．硕士论文，陕西师范大学，2010．

［54］王健．社区心理学在社区卫生中的运用及意义研究．中外医疗，2010（4）：154．

［55］陈柳钦．论城市精神及其塑造和弘扬．太原理工大学学报：社会科学版，2010（3）：1－6．

［56］封周奇．贵阳市社区心理健康服务现状及其体系构建初探．魅力中国，2009（19）：83－84，79．

［57］王琪．西方社区心理学中的赋权研究．科教文汇，2009（11）：288．

［58］赵环．从"关闭病院"到"社区康复"：美国精神卫生领域"去机构化运动"反思及启示．社会福利，2009（7）：57－58．

［59］刘盛敏，陈永胜．西方社区心理学形成背景与发展历程考略．社会心理科学，2009（4）：18－21．

［60］刘盛敏，陈永胜．西方社区心理学若干理论问题探讨．宁波大学学报：教育科学版，2007（5）：16－18．

［61］李锦宏，金彦平．喀斯特乡村旅游的社区参与与社区赋权，特区经济，2008（6）：162－163．

［62］王广新．西方现代社区心理学述评．吉林师范大学学报：人文社会科学版，2008（3）：90－93．

［63］周建国．共同体精神与和谐社区．华东理工大学学报：社会科学版，2007（4），7－14．

［64］江光荣，林孟平．三种人的本质观及其对心理治疗的影响．中国临床心理学杂志，2003（2）：153－156．

［65］奚从清．论社区精神．浙江大学学报：人文社会科学版，2002（3）：125－129．

［66］陈香，张日昇．青少年的发展课题与自我同一性：自我同一性的形成及其影响因素．张家口师专学报，2000（4）：64－71．

［67］左伟清．论现代文明中社区精神的失落与重建．华南理工大学学报：社会科学版，1999（2）：62－67．

［68］罗东霞，时勘，彭浩涛．组织抗逆力问题研究．中国人力资源开发，2010（8）：10－11．

［69］郭荣茂．社会学实践教学中社区服务方案的设计与应用：以厦门市昌岭社区小海豚伙伴营为例．教学研究，2014（3）：108－110．

后　记

　　《社区心理学》教材的编写是一项具有挑战性与探索价值的工作。一方面，社区心理学目前在我国还处于起步状态，研究者与研究成果甚少；另一方面，由于社会管理的思路不同，社区的特点差异巨大，国外已有的资料也很难直接应用。但从社会教育的角度来看，这门学科又具有非常重要的价值和意义。为此，北京建筑大学社会工作系的孟莉老师、赵仲杰老师、王伟老师和兰州财经大学社会工作系的王立冬老师，携手对国内外相关研究成果和资料进行了搜集与梳理，依据我国当前社会需求与实际状况，编写成了本教材。尽管由于各种客观和主观因素，内容与表述多有不尽如人意之处，但相信此教材会起到抛砖引玉的作用。

　　社区心理学已有的资料十分有限，像任何一个新的学科一样，各种社区心理学教材的结构差异非常大，众多专家对社区心理学结构的看法各有理由，无法统一，在此背景下，完成一本教材难度极大。但我们相信，随着我国社会治理理念和行动的进展，这是一个有价值的、会使更多人受益的领域。在本教材的编写过程中，编写团队所有老师都体会到了这种意义感，感受到这部教材的价值，甚至立刻决定在学科建设总增加这门课程，这种反馈又令我们感到欣慰。我自己能不断体会到这种意义感，团队的所有老师都反映，在写作中越来越感到这部教材的价值，甚至立刻决定在学科建设中增加这门课程。

　　孟莉老师承担了本教材的组织和大纲编写工作，并负责编写前言、第一章、第二章、第六章、后记；王伟老师负责编写第三章；王立冬老师负责编写第四章、第五章；赵仲杰老师负责编写第七章、第八章。全书由孟莉老师统稿。

　　非常感谢国家开放大学的孙玫老师、张遐老师及其团队的支持与帮助。本教材从动议到大纲拟定，再到内容编写，其中的每一个步骤都离不开他们在背后所做的大量精细的工作。在与他们的合作过程中，我感受到了他们的聪慧与认真，支持与严格，细致与开创，也了解到了国家开放大学在一门课程的建设中所投入的巨大精力与财力。

　　在教材的审定过程中，北京师范大学的许燕教授，姚梅林教授，首都师范大学的方平教授，北京理工大学的贾晓明教授，北京大学医学部的霍莉钦教授，中华女子学院的矫扬教授，以及国家开放大学的诸多学者，参与审读、点评、建言，使本教材日臻完善，体现出集体智慧的伟大。

本教材在编写中参阅了国内外学者的大量著述、资料、案例，对此，编写者、出版者表示衷心谢意。

在完成教材的轻松与欣喜中，也伴有诸多的遗憾与不安。作为一个新的领域，本教材一定存在各种问题，期望得到大家的批评指正，更期待在工业化和城市化的进程中，我国的社区发展越来越好，人们在社区中的幸福感越来越高。

孟莉

2015 年 12 月于北京海淀

社区心理学课程组

组　　　长　孙　玫

主　　　编　孟　莉

编写组成员　王立冬　赵仲杰　王　伟

主 持 教 师　孙　玫